# TRANZLATY

## La Langue est pour tout le Monde

언어는 모든 사람을 위한 것입니다

# L'appel de la forêt

## 야생의 부름

## Jack London
## 잭 런던

Français / 한국어

# Dans le primitif
## 원시 속으로

**Buck ne lisait pas les journaux**
벅은 신문을 읽지 않았다.

**S'il avait lu les journaux, il aurait su que des problèmes se préparaient.**
그가 신문을 읽었더라면 문제가 생길 것이라는 걸 알았을 겁니다.

**Il y avait des problèmes non seulement pour lui-même, mais pour tous les chiens de la marée.**
문제는 그 자신에게만 있는 것이 아니라 모든 조수 개에게 있었습니다.

**Tout chien musclé et aux poils longs et chauds allait avoir des ennuis.**
근육이 튼튼하고 털이 따뜻하고 긴 개들은 모두 곤경에 처할 것입니다.

**De Puget Bay à San Diego, aucun chien ne pouvait échapper à ce qui allait arriver.**
퓨젯 베이에서 샌디에이고까지, 어떤 개도 다가오는 일에서 벗어날 수 없었습니다.

**Des hommes, tâtonnant dans l'obscurité de l'Arctique, avaient trouvé un métal jaune.**
사람들은 북극의 어둠 속에서 더듬거리다가 노란 금속을 발견했습니다.

**Les compagnies de navigation et de transport étaient à la recherche de cette découverte.**
증기선과 운송 회사들이 그 발견을 추적했습니다.

**Des milliers d'hommes se précipitaient vers le Nord.**
수천 명의 사람들이 북쪽 땅으로 달려갔습니다.

**Ces hommes voulaient des chiens, et les chiens qu'ils voulaient étaient des chiens lourds.**
이 남자들은 개를 원했는데, 그들이 원했던 개는 몸집이 큰 개들이었습니다.

**Chiens dotés de muscles puissants pour travailler.**
힘든 일을 할 수 있을 만큼 강한 근육을 가진 개.

Chiens avec des manteaux de fourrure pour les protéger du gel.

서리로부터 몸을 보호하기 위해 털이 있는 개.

Buck vivait dans une grande maison dans la vallée ensoleillée de Santa Clara.

벅은 햇살이 가득한 산타클라라 밸리의 큰 집에서 살았습니다.

La maison du juge Miller s'appelait ainsi.

밀러 판사의 집이라고 불렸습니다.

Sa maison se trouvait en retrait de la route, à moitié cachée parmi les arbres.

그의 집은 길에서 멀리 떨어져 있었고, 나무 사이에 반쯤 숨겨져 있었습니다.

On pouvait apercevoir la large véranda qui courait autour de la maison.

집 주변에 펼쳐진 넓은 베란다를 엿볼 수 있었습니다.

On accédait à la maison par des allées gravillonnées.

그 집은 자갈길을 따라 접근했습니다.

Les sentiers serpentaient à travers de vastes pelouses.

길은 넓게 펼쳐진 잔디밭 사이로 구불구불하게 이어져 있었습니다.

Au-dessus de nos têtes se trouvaient les branches entrelacées de grands peupliers.

머리 위로는 키 큰 포플러나무 가지가 서로 얽혀 있었습니다.

À l'arrière de la maison, les choses étaient encore plus spacieuses.

집 뒤쪽은 훨씬 더 넓었습니다.

Il y avait de grandes écuries, où une douzaine de palefreniers discutaient

12명의 신랑이 이야기를 나누고 있는 큰 마구간이 있었습니다.

Il y avait des rangées de maisons de serviteurs recouvertes de vigne

포도나무로 덮인 하인들의 오두막이 줄지어 있었습니다.

Et il y avait une gamme infinie et ordonnée de toilettes extérieures

그리고 끝없이 질서정연하게 늘어선 변소들이 있었습니다.

Longues tonnelles de vigne, pâturages verts, vergers et parcelles de baies.

긴 포도 나무, 푸른 목초지, 과수원, 딸기 농장.

Ensuite, il y avait l'usine de pompage du puits artésien.

그리고 자연 샘물을 위한 펌핑 시설도 있었습니다.

Et il y avait le grand réservoir en ciment rempli d'eau.

그리고 물이 가득 찬 큰 시멘트 탱크가 있었습니다.

C'est ici que les garçons du juge Miller ont fait leur plongeon matinal.

여기서 밀러 판사의 아들들이 아침 수영을 했습니다.

Et ils se sont rafraîchis là-bas aussi dans l'après-midi chaud.

그리고 그들은 더운 오후에도 그곳에서 식었습니다.

Et sur ce grand domaine, Buck était celui qui régnait sur tout.

그리고 이 광대한 영역 전체를 통치하는 사람은 벅이었습니다.

Buck est né sur cette terre et y a vécu toutes ses quatre années.

벅은 이 땅에서 태어나서 4년 동안 이곳에서 살았습니다.

Il y avait bien d'autres chiens, mais ils n'avaient pas vraiment d'importance.

물론 다른 개들도 있었지만, 그들은 정말 중요하지 않았습니다.

D'autres chiens étaient attendus dans un endroit aussi vaste que celui-ci.

이처럼 넓은 장소에는 다른 개들이 있을 것으로 예상되었습니다.

Ces chiens allaient et venaient, ou vivaient à l'intérieur des chenils très fréquentés.

이 개들은 왔다가 갔거나, 바쁜 개집 안에서 살았습니다.

Certains chiens vivaient cachés dans la maison, comme Toots et Ysabel.

어떤 개들은 투츠와 이사벨처럼 집 안에 숨어서
살았습니다.

**Toots était un carlin japonais, Ysabel un chien nu mexicain.**
투츠는 일본산 퍼그이고, 이사벨은 털이 없는 멕시코산
개입니다.

**Ces étranges créatures sortaient rarement de la maison.**
이 이상한 생물들은 집 밖으로 거의 나가지 않았습니다.

**Ils n'ont pas touché le sol, ni respiré l'air libre à l'extérieur.**
그들은 땅을 밟지도 않았고, 바깥 공기를 맡지도
않았습니다.

**Il y avait aussi les fox-terriers, au moins une vingtaine.**
또한 폭스 테리어도 있었는데, 그 수가 적어도 20마리는
되었습니다.

**Ces terriers aboyaient férocement sur Toots et Ysabel à
l'intérieur.**
이 테리어들은 집 안에 있는 투츠와 이사벨을 향해
사납게 짖었습니다.

**Toots et Ysabel sont restés derrière les fenêtres, à l'abri du
danger.**
투츠와 이사벨은 창문 뒤에 숨어서 피해를 입지
않았습니다.

**Ils étaient gardés par des domestiques munies de balais et
de serpillères.**
그들은 빗자루와 걸레를 든 하녀들의 보호를
받았습니다.

**Mais Buck n'était pas un chien de maison, et il n'était pas
non plus un chien de chenil.**
하지만 벅은 집에서 키우는 개도 아니고, 개집에 있는
개도 아니었습니다.

**L'ensemble de la propriété appartenait à Buck comme son
royaume légitime.**
그 재산 전체는 벅의 합법적 영토에 속했습니다.

**Buck nageait dans le réservoir ou partait à la chasse avec les
fils du juge.**
벅은 탱크에서 수영을 하거나 판사의 아들들과 사냥을
갔습니다.

**Il marchait avec Mollie et Alice tôt ou tard le soir.**
그는 이른 아침이나 늦은 시간에 몰리와 앨리스와 함께
걸었습니다.

**Lors des nuits froides, il s'allongeait devant le feu de la bibliothèque avec le juge.**
추운 밤에는 그는 판사와 함께 도서관 불 앞에 누워
있었습니다.

**Buck a promené les petits-fils du juge sur son dos robuste.**
벅은 튼튼한 등에 판사의 손자들을 태워주었다.

**Il roula dans l'herbe avec les garçons, les surveillant de près.**
그는 소년들과 함께 풀밭에 뒹굴며 그들을 단단히
지켰다.

**Ils s'aventurèrent jusqu'à la fontaine et même au-delà des champs de baies.**
그들은 분수까지 갔고 심지어 베리밭을 지나치기도
했습니다.

**Parmi les fox terriers, Buck marchait toujours avec une fierté royale.**
폭스 테리어들 사이에서 벅은 언제나 왕족의 자부심을
가지고 걸었다.

**Il ignora Toots et Ysabel, les traitant comme s'ils étaient de l'air.**
그는 투츠와 이사벨을 무시하고 공기처럼 대했습니다.

**Buck régnait sur toutes les créatures vivantes sur les terres du juge Miller.**
벅은 밀러 판사의 땅에 사는 모든 생물을 다스렸습니다.

**Il régnait sur les animaux, les insectes, les oiseaux et même les humains.**
그는 동물, 곤충, 새, 심지어 인간까지 다스렸습니다.

**Le père de Buck, Elmo, était un énorme et fidèle Saint-Bernard.**
벅의 아버지 엘모는 거대하고 충성스러운 세인트
버나드였습니다.

**Elmo n'a jamais quitté le juge et l'a servi fidèlement.**
엘모는 판사 곁을 떠난 적이 없으며, 충실하게 그를
섬겼습니다.

Buck semblait prêt à suivre le noble exemple de son père.
벅은 아버지의 고귀한 모범을 따를 준비가 된 것 같았다.

Buck n'était pas aussi gros, pesant cent quarante livres.
벅은 그보다 조금 더 컸고, 무게는 140파운드였다.

Sa mère, Shep, était un excellent chien de berger écossais.
그의 어머니 셰프는 훌륭한 스코티시
셰퍼드견이었습니다.

Mais même avec ce poids, Buck marchait avec une présence royale.
하지만 그 무게에도 불구하고 벅은 당당한 위엄을
가지고 걸었다.

Cela venait de la bonne nourriture et du respect qu'il recevait toujours.
이는 맛있는 음식과 그가 항상 받았던 존경에서
비롯되었습니다.

Pendant quatre ans, Buck a vécu comme un noble gâté.
4년 동안 벅은 버릇없는 귀족처럼 살았습니다.

Il était fier de lui, et même légèrement égoïste.
그는 자신을 자랑스러워했고, 심지어 약간은 자만심이
강했습니다.

Ce genre de fierté était courant chez les seigneurs des régions reculées.
그런 종류의 자부심은 멀리 떨어진 시골 영주들에게서
흔히 볼 수 있었습니다.

Mais Buck s'est sauvé de devenir un chien de maison choyé.
하지만 벅은 자신을 애지중지하는 집고양이로 전락하는
것을 막았습니다.

Il est resté mince et fort grâce à la chasse et à l'exercice.
그는 사냥과 운동을 통해 날씬하고 강한 몸매를
유지했습니다.

Il aimait profondément l'eau, comme les gens qui se baignent dans les lacs froids.
그는 차가운 호수에서 목욕하는 사람들처럼 물을 매우
사랑했습니다.

Cet amour pour l'eau a gardé Buck fort et en très bonne santé.

물을 좋아하는 마음 덕분에 벅은 강하고 매우 건강하게
자랐습니다.

C'était le chien que Buck était devenu à l'automne 1897.
벅은 1897년 가을에 이런 개로 변했습니다.

Lorsque la découverte du Klondike a attiré des hommes vers
le Nord gelé.
클론다이크 파업으로 사람들이 얼어붙은 북쪽으로
이주하게 됐습니다.

Des gens du monde entier se sont précipités vers ce pays
froid.
사람들은 전 세계에서 추운 땅으로 몰려들었습니다.

Buck, cependant, ne lisait pas les journaux et ne comprenait
pas les nouvelles.
하지만 벅은 신문을 읽지 않았고, 뉴스도 이해하지
못했습니다.

Il ne savait pas que Manuel était un homme désagréable à
fréquenter.
그는 마누엘이 주변에 있으면 안 좋은 사람이라는 걸
몰랐다.

Manuel, qui aidait au jardin, avait un problème grave.
정원 일을 돕는 마누엘은 심각한 문제를 안고
있었습니다.

Manuel était accro aux jeux de loterie chinois.
마누엘은 중국 복권 도박에 중독되어 있었습니다.

Il croyait également fermement en un système fixe pour
gagner.
그는 또한 승리를 위한 고정된 시스템을 굳게
믿었습니다.

Cette croyance rendait son échec certain et inévitable.
그 믿음이 그의 실패를 확실하고 불가피하게
만들었습니다.

Jouer un système exige de l'argent, ce qui manquait à
Manuel.
시스템에 따라 플레이하려면 돈이 필요한데,
마누엘에게는 그게 없었습니다.

Son salaire suffisait à peine à subvenir aux besoins de sa
femme et de ses nombreux enfants.

그의 급여로는 아내와 많은 아이들을 부양하기
어려웠습니다.

La nuit où Manuel a trahi Buck, les choses étaient normales.

마누엘이 벅을 배신한 밤, 모든 것은 평범했습니다.

Le juge était présent à une réunion de l'Association des
producteurs de raisins secs.

판사는 건포도 재배자 협회 회의에 참석했습니다.

Les fils du juge étaient alors occupés à former un club
d'athlétisme.

그 당시 판사의 아들들은 운동 클럽을 조직하는 데
바빴습니다.

Personne n'a vu Manuel et Buck sortir par le verger.

마누엘과 벅이 과수원을 떠나는 것을 본 사람은 아무도
없었다.

Buck pensait que cette promenade n'était qu'une simple
promenade nocturne.

벅은 이 산책이 단순한 야간 산책일 뿐이라고
생각했습니다.

Ils n'ont rencontré qu'un seul homme à la station du
drapeau, à College Park.

그들은 칼리지 파크의 깃발 역에서 단 한 명의 남자를
만났습니다.

Cet homme a parlé à Manuel et ils ont échangé de l'argent.

그 남자는 마누엘에게 말을 걸었고, 그들은 돈을
교환했습니다.

« Emballez les marchandises avant de les livrer », a-t-il
suggéré.

"물품을 배달하기 전에 포장하세요."라고 그는
제안했습니다.

La voix de l'homme était rauque et impatiente lorsqu'il
parlait.

그 남자는 말할 때 거칠고 참을성 없는 목소리로 말했다.

Manuel a soigneusement attaché une corde épaisse autour
du cou de Buck.

마누엘은 벅의 목에 두꺼운 밧줄을 조심스럽게 묶었다.

« Tournez la corde et vous l'étoufferez abondamment »

"밧줄을 비틀면 그를 충분히 목졸라 죽일 수 있을 거야"

L'étranger émit un grognement, montrant qu'il comprenait bien.

낯선 사람은 웅얼거림을 내며 잘 이해했다는 것을 보여주었다.

Buck a accepté la corde avec calme et dignité tranquille ce jour-là.

그날 벅은 침착하고 조용한 품위로 밧줄을 받았습니다.

C'était un acte inhabituel, mais Buck faisait confiance aux hommes qu'il connaissait.

특이한 행동이었지만 벅은 자신이 아는 사람들을 신뢰했습니다.

Il croyait que leur sagesse allait bien au-delà de sa propre pensée.

그는 그들의 지혜가 자신의 생각을 훨씬 뛰어넘는다고 믿었습니다.

Mais ensuite la corde fut remise entre les mains de l'étranger.

하지만 그 밧줄은 낯선 사람의 손에 건네졌습니다.

Buck émit un grognement sourd qui avertissait avec une menace silencieuse.

벅은 조용한 위협으로 경고하는 낮은 으르렁거림을 냈다.

Il était fier et autoritaire, et voulait montrer son mécontentement.

그는 거만하고 권위적이었고, 자신의 불만을 표현하고 싶어했습니다.

Buck pensait que son avertissement serait compris comme un ordre.

벅은 자신의 경고가 명령으로 받아들여질 것이라고 믿었다.

À sa grande surprise, la corde se resserra rapidement autour de son cou épais.

그는 깜짝 놀랐다. 밧줄이 그의 두꺼운 목을 단단히
조였다.

Son air fut coupé et il commença à se battre dans une rage
soudaine.

그의 숨이 끊어지자 그는 갑자기 분노하여 싸우기
시작했습니다.

Il s'est jeté sur l'homme, qui a rapidement rencontré Buck en
plein vol.

그는 그 남자에게 달려들었고, 그 남자는 공중에서 벅을
빠르게 만났다.

L'homme attrapa Buck par la gorge et le fit habilement
tourner dans les airs.

그 남자는 벅의 목을 움켜쥐고 능숙하게 그를 공중으로
휘둘렀다.

Buck a été violemment projeté au sol, atterrissant à plat sur
le dos.

벅은 세게 내던져져 등을 땅에 박았다.

La corde l'étranglait alors cruellement tandis qu'il donnait
des coups de pied sauvages.

그는 격렬하게 발길질을 하는 동안 밧줄이 잔인하게
그를 질식시켰다.

Sa langue tomba, sa poitrine se souleva, mais il ne reprit pas
son souffle.

그의 혀가 빠지고, 가슴이 뛰었지만, 숨을 쉴 수 없었다.

Il n'avait jamais été traité avec une telle violence de sa vie.

그는 평생 그렇게 폭력적인 대우를 받은 적이
없었습니다.

Il n'avait jamais été rempli d'une fureur aussi profonde
auparavant.

그는 이전에 그렇게 깊은 분노에 사로잡힌 적이
없었습니다.

Mais le pouvoir de Buck s'est estompé et ses yeux sont
devenus vitreux.

하지만 벅의 힘은 약해졌고, 그의 눈은 유리처럼
변했습니다.

Il s'est évanoui juste au moment où un train s'arrêtait à proximité.

그는 근처에서 기차가 정차하는 순간 기절했습니다.

Les deux hommes le jetèrent alors rapidement dans le fourgon à bagages.

그러자 두 남자는 그를 재빨리 짐차에 집어넣었다.

La chose suivante que Buck ressentit fut une douleur dans sa langue enflée.

벅이 느낀 다음 느낌은 부어오른 혀에 느껴지는 통증이었습니다.

Il se déplaçait dans un chariot tremblant, à peine conscient.

그는 흔들리는 수레를 타고 움직이고 있었고, 의식은 희미했습니다.

Le cri aigu d'un sifflet de train indiqua à Buck où il se trouvait.

날카로운 기차 기적 소리가 벅의 위치를 알려주었다.

Il avait souvent roulé avec le juge et connaissait ce sentiment.

그는 종종 판사와 함께 말을 타고 다녔고 그 느낌을 알고 있었습니다.

C'était le choc unique de voyager à nouveau dans un fourgon à bagages.

그것은 다시 한번 수하물 운반차를 타고 여행하는 독특한 충격이었습니다.

Buck ouvrit les yeux et son regard brûla de rage.

벅은 눈을 떴고, 그의 시선은 분노로 불타올랐다.

C'était la colère d'un roi fier déchu de son trône.

이는 왕좌에서 쫓겨난 거만한 왕의 분노였다.

Un homme a tenté de l'attraper, mais Buck a frappé en premier.

한 남자가 그를 붙잡으려고 했지만 벅이 먼저 공격했습니다.

Il enfonça ses dents dans la main de l'homme et la serra fermement.

그는 그 남자의 손에 이빨을 박고 꽉 잡았다.

Il ne l'a pas lâché jusqu'à ce qu'il s'évanouisse une deuxième fois.

그는 두 번째로 기절할 때까지 놓지 않았습니다.

« Ouais, il a des crises », murmura l'homme au bagagiste.

"그래, 발작이 일어났지." 그 남자는 짐꾼에게 중얼거렸다.

Le bagagiste avait entendu la lutte et s'était approché.

짐꾼이 몸싸움 소리를 듣고 가까이 다가왔습니다.

« Je l'emmène à Frisco pour le patron », a expliqué l'homme.

"사장님을 만나러 그를 프리스코로 데려갈 거예요." 그 남자가 설명했다.

« Il y a un excellent vétérinaire qui dit pouvoir les guérir. »

"그곳에 훌륭한 개 의사가 있어서 그들을 고칠 수 있다고 합니다."

Plus tard dans la soirée, l'homme a donné son propre récit complet.

그날 밤 늦게 그 남자는 자신의 모든 사실을 진술했습니다.

Il parlait depuis un hangar derrière un saloon sur les quais.

그는 부두의 술집 뒤에 있는 창고에서 연설했다.

« Tout ce qu'on m'a donné, c'était cinquante dollars », se plaignit-il au vendeur du saloon.

그는 술집 주인에게 "제가 받은 건 겨우 50달러뿐이에요"라고 불평했다.

« Je ne le referais pas, même pour mille dollars en espèces. »

"다시는 그런 짓은 하지 않을 거예요. 천만 원의 현금을 준다고 해도요."

Sa main droite était étroitement enveloppée dans un tissu ensanglanté.

그의 오른손은 피 묻은 천으로 단단히 감싸져 있었습니다.

Son pantalon était déchiré du genou au pied.

그의 바지 다리는 무릎부터 발끝까지 찢어져 있었습니다.

« Combien a été payé l'autre idiot ? » demanda le vendeur du saloon.

"다른 놈은 얼마 받았지?" 술집 주인이 물었다.

« Cent », répondit l'homme, « il n'accepterait pas un centime de moins. »

"100달러면 한 푼도 덜 받지 않겠어요." 그 남자가 대답했다.

« Cela fait cent cinquante », dit le vendeur du saloon.

"그럼 150이 되는군요." 술집 주인이 말했다.

« Et il vaut tout ça, sinon je ne suis pas meilleur qu'un imbécile. »

"그가 그 모든 것의 가치가 있다면, 그렇지 않다면 나는 멍청이에 불과할 거야."

L'homme ouvrit les emballages pour examiner sa main.

그 남자는 포장을 뜯어 자신의 손을 살펴보았다.

La main était gravement déchirée et couverte de sang séché.

손은 심하게 찢어졌고 마른 피로 딱딱하게 굳어 있었습니다.

« Si je n'ai pas l'hydrophobie… » commença-t-il à dire.

"내가 공수증에 걸리지 않는다면…" 그는 말을 시작했다.

« Ce sera parce que tu es né pour être pendu », dit-il en riant.

"그건 네가 교수형에 처해지기 위해 태어났기 때문이겠지." 웃음이 터져 나왔다.

« Viens m'aider avant de partir », lui a-t-on demandé.

"떠나기 전에 좀 도와주세요." 그가 부탁을 받았습니다.

Buck était dans un état second à cause de la douleur dans sa langue et sa gorge.

벅은 혀와 목의 통증으로 멍해졌습니다.

Il était à moitié étranglé et pouvait à peine se tenir debout.

그는 반쯤 목이 졸려 있었고, 제대로 서 있기도 힘들었습니다.

Pourtant, Buck essayait de faire face aux hommes qui l'avaient blessé ainsi.

그럼에도 불구하고 벅은 자신을 그렇게 다치게 한 사람들과 마주하려고 노력했습니다.

Mais ils le jetèrent à terre et l'étranglèrent une fois de plus.

하지만 그들은 그를 다시 쓰러뜨리고 목을 조르더군요.

Ce n'est qu'à ce moment-là qu'ils ont pu scier son lourd collier de laiton.

그제서야 그들은 그의 무거운 황동 칼라를 떼어낼 수 있었습니다.

Ils ont retiré la corde et l'ont poussé dans une caisse.

그들은 밧줄을 제거하고 그를 상자 속으로 밀어 넣었다.

La caisse était petite et avait la forme d'une cage en fer brut.

상자는 작았고 거친 철제 우리 모양이었습니다.

Buck resta allongé là toute la nuit, rempli de colère et d'orgueil blessé.

벅은 밤새도록 거기에 누워 분노와 상처받은 자존심에 가득 차 있었습니다.

Il ne pouvait pas commencer à comprendre ce qui lui arrivait.

그는 자신에게 무슨 일이 일어나고 있는지 이해할 수 없었습니다.

Pourquoi ces hommes étranges le gardaient-ils dans cette petite caisse ?

이 이상한 남자들은 왜 그를 작은 상자에 가두었을까요?

Que voulaient-ils de lui et pourquoi cette cruelle captivité ?

그들은 그에게서 무엇을 원했고, 왜 이런 잔혹한 포로 생활을 했을까?

Il ressentait une pression sombre, un sentiment de catastrophe qui se rapprochait.

그는 어두운 압박감을 느꼈다. 재앙이 다가오는 느낌이 들었다.

C'était une peur vague, mais elle pesait lourdement sur son esprit.

그것은 막연한 두려움이었지만, 그의 정신에 깊이 자리 잡았습니다.

Il a sursauté à plusieurs reprises lorsque la porte du hangar a claqué.

창고 문이 덜컹거리자 그는 몇 번이나 뛰어올랐다.

Il s'attendait à ce que le juge ou les garçons apparaissent et le sauvent.

그는 판사나 소년들이 나타나서 자신을 구해줄 것으로 기대했습니다.

Mais à chaque fois, seul le gros visage du tenancier de bar apparaissait à l'intérieur.

하지만 그때마다 술집 주인의 뚱뚱한 얼굴만이 들여다보였다.

Le visage de l'homme était éclairé par la faible lueur d'une bougie de suif.

그 남자의 얼굴은 쇠기름 촛불의 희미한 빛으로 밝혀져 있었습니다.

À chaque fois, l'aboiement joyeux de Buck se transformait en un grognement bas et colérique.

그때마다 벅의 즐거운 짖는 소리는 낮고 화난 으르렁거림으로 바뀌었다.


Le tenancier du saloon l'a laissé seul pour la nuit dans la caisse

술집 주인은 그를 밤새도록 상자에 혼자 두었습니다.

Mais quand il se réveilla le matin, d'autres hommes arrivèrent.

하지만 아침에 깨어나 보니 더 많은 사람들이 오고 있었습니다.

Quatre hommes sont venus et ont ramassé la caisse avec précaution, sans un mot.

네 명의 남자가 와서 아무 말 없이 조심스럽게 상자를 집어 올렸습니다.

Buck comprit immédiatement dans quelle situation il se trouvait.

벅은 자신이 처한 상황을 즉시 알아챘다.

Ils étaient d'autres bourreaux qu'il devait combattre et craindre.

그들은 그가 싸우고 두려워해야 할 더욱 큰 괴롭힘이었습니다.

Ces hommes avaient l'air méchants, en haillons et très mal soignés.

이 남자들은 사악하고, 초라하고, 매우 형편없이
차려입은 모습이었습니다.

**Buck grogna et se jeta férocement sur eux à travers les barreaux.**

벅은 으르렁거리며 창살 너머로 그들에게 사납게
달려들었다.

**Ils se sont contentés de rire et de le frapper avec de longs bâtons en bois.**

그들은 그저 웃으며 긴 나무막대기로 그를 찔렀습니다.

**Buck a mordu les bâtons, puis s'est rendu compte que c'était ce qu'ils aimaient.**

벅은 막대기를 물어뜯다가 그것이 그들이 좋아하는
것이라는 걸 깨달았습니다.

**Il s'allongea donc tranquillement, maussade et brûlant d'une rage silencieuse.**

그래서 그는 조용히 누워서 침울한 표정으로 조용한
분노에 불타올랐습니다.

**Ils ont soulevé la caisse dans un chariot et sont partis avec lui.**

그들은 상자를 마차에 싣고 그를 데리고 떠났다.

**La caisse, avec Buck enfermé à l'intérieur, changeait souvent de mains.**

벅이 갇혀 있는 상자는 자주 주인이 바뀌었다.

**Les employés du bureau express ont pris les choses en main et l'ont traité brièvement.**

택배 사무실 직원들이 책임을 맡아 그를 잠깐
처리했습니다.

**Puis un autre chariot transporta Buck à travers la ville bruyante.**

그리고 또 다른 마차가 벅을 시끄러운 마을을 가로질러
태워갔다.

**Un camion l'a emmené avec des cartons et des colis sur un ferry.**

트럭이 그를 상자와 소포를 실은 채 페리보트에 실어
날랐다.

Après la traversée, le camion l'a déchargé dans un dépôt ferroviaire.

그는 강을 건너 철도 차량기지에서 트럭으로 내렸다.

Finalement, Buck fut placé dans une voiture express en attente.

마침내 벅은 대기하고 있던 급행열차에 태워졌습니다.

Pendant deux jours et deux nuits, les trains ont emporté la voiture express.

이틀 밤낮으로 기차가 급행차를 끌고 나갔습니다.

Buck n'a ni mangé ni bu pendant tout le douloureux voyage.

벅은 고통스러운 여행 내내 아무것도 먹지 않고 마시지도 않았습니다.

Lorsque les messagers express ont essayé de l'approcher, il a grogné.

급행사원들이 그에게 다가가려고 하자 그는 으르렁거렸다.

Ils ont réagi en se moquant de lui et en le taquinant cruellement.

그들은 그를 조롱하고 잔인하게 놀림으로써 대응했습니다.

Buck se jeta sur les barreaux, écumant et tremblant

벅은 막대에 몸을 던지고 거품을 내며 몸을 떨었습니다.

ils ont ri bruyamment et l'ont raillé comme des brutes de cour d'école.

그들은 큰 소리로 웃으며, 학교 괴롭힘꾼처럼 그를 놀렸다.

Ils aboyaient comme de faux chiens et battaient des bras.

그들은 가짜 개처럼 짖으며 팔을 퍼덕였다.

Ils ont même chanté comme des coqs juste pour le contrarier davantage.

그들은 그를 더욱 화나게 하기 위해 수탉처럼 울부짖기도 했습니다.

C'était un comportement stupide, et Buck savait que c'était ridicule.

그것은 어리석은 행동이었고, 벅은 그것이 터무니없다는 것을 알고 있었습니다.

Mais cela n'a fait qu'approfondir son sentiment d'indignation et de honte.

하지만 그것은 그의 분노와 수치심을 더욱 깊게 할 뿐이었습니다.

Il n'a pas été trop dérangé par la faim pendant le voyage.

그는 여행하는 동안 배고픔을 크게 느끼지 않았습니다.

Mais la soif provoquait une douleur aiguë et une souffrance insupportable.

하지만 갈증은 극심한 통증과 견딜 수 없는 고통을 가져왔습니다.

Sa gorge sèche et enflammée et sa langue brûlaient de chaleur.

그의 건조하고 염증이 있는 목과 혀는 열로 인해 타올랐다.

Cette douleur alimentait la fièvre qui montait dans son corps fier.

이 고통은 그의 거만한 몸 속에서 치솟는 열을 더욱 부추겼다.

Buck était reconnaissant pour une seule chose au cours de ce procès.

벅은 이 시련 동안 단 한 가지에 대해서만 감사했습니다.

La corde avait été retirée de son cou épais.

그의 두꺼운 목에 감긴 밧줄이 제거되었습니다.

La corde avait donné à ces hommes un avantage injuste et cruel.

그 밧줄은 그 남자들에게 불공평하고 잔인한 이점을 제공했습니다.

Maintenant, la corde avait disparu et Buck jura qu'elle ne reviendrait jamais.

이제 밧줄은 사라졌고, 벅은 그것이 다시는 돌아오지 않을 것이라고 맹세했습니다.

Il a décidé qu'aucune corde ne passerait plus jamais autour de son cou.

그는 다시는 자신의 목에 밧줄을 두르지 않겠다고 결심했습니다.

Pendant deux longs jours et deux longues nuits, il souffrit sans nourriture.

그는 긴 이틀 밤낮으로 아무것도 먹지 못하고 고생했습니다.

Et pendant ces heures, il a développé une énorme rage en lui.

그리고 그 시간 동안 그는 엄청난 분노를 품게 되었습니다.

Ses yeux sont devenus injectés de sang et sauvages à cause d'une colère constante.

그의 눈은 끊임없는 분노로 인해 충혈되고 사납게 변했습니다.

Il n'était plus Buck, mais un démon aux mâchoires claquantes.

그는 더 이상 버크가 아니라, 딱딱거리는 턱을 가진 악마가 되었습니다.

Même le juge n'aurait pas reconnu cette créature folle.

심지어 판사조차도 이 미친 생물을 알아보지 못했을 것이다.

Les messagers express ont soupiré de soulagement lorsqu'ils ont atteint Seattle

급행 배달원들은 시애틀에 도착하자 안도의 한숨을 쉬었다.

Quatre hommes ont soulevé la caisse et l'ont amenée dans une cour arrière.

네 명의 남자가 상자를 들어올려 뒷마당으로 가져왔습니다.

La cour était petite, entourée de murs hauts et solides.

마당은 작았고, 높고 튼튼한 벽으로 둘러싸여 있었습니다.

Un grand homme sortit, vêtu d'un pull rouge affaissé.

늘어진 붉은 스웨터 셔츠를 입은 큰 남자가 나왔다.

Il a signé le carnet de livraison d'une écriture épaisse et audacieuse.

그는 두껍고 굵은 글씨로 납품서에 서명했다.

Buck sentit immédiatement que cet homme était son prochain bourreau.

벅은 이 남자가 자신을 괴롭히는 다음 대상이라는 것을 즉시 감지했습니다.

Il se jeta violemment sur les barreaux, les yeux rouges de fureur.

그는 맹렬하게 쇠창살을 향해 달려들었고, 눈은 분노로 붉어졌다.

L'homme sourit simplement sombrement et alla chercher une hachette.

그 남자는 그저 어두운 미소를 지으며 도끼를 가져오러 갔다.

Il portait également une massue dans sa main droite épaisse et forte.

그는 두껍고 강한 오른손에 몽둥이를 들고 있었습니다.

« Tu vas le sortir maintenant ? » demanda le chauffeur, inquiet.

운전사는 걱정스러운 듯이 "지금 그를 데리고 나갈 건가요?"라고 물었다.

« Bien sûr », dit l'homme en enfonçant la hachette dans la caisse comme levier.

"물론이죠." 그 남자는 도끼를 상자에 지렛대 삼아 꽂으며 말했다.

Les quatre hommes se dispersèrent instantanément et sautèrent sur le mur de la cour.

네 남자는 즉시 흩어져 마당 담 위로 뛰어올랐다.

Depuis leurs endroits sûrs, ils attendaient d'assister au spectacle.

그들은 위쪽의 안전한 장소에서 그 광경을 지켜보았습니다.

Buck se jeta sur le bois éclaté, le mordant et le secouant violemment.

벅은 쪼개진 나무에 달려들어 사납게 물고 흔들었다.

Chaque fois que la hachette touchait la cage, Buck était là pour l'attaquer.

도끼가 우리를 칠 때마다 벅이 우리를 공격했습니다.

Il grogna et claqua des dents avec une rage folle, impatient d'être libéré.

그는 으르렁거리고 격노하여 자유로워지고 싶어 안달이 났다.

L'homme dehors était calme et stable, concentré sur sa tâche.

밖에 있는 남자는 침착하고 안정적이었으며, 자신의 임무에 집중하고 있었습니다.

« Bon, alors, espèce de diable aux yeux rouges », dit-il lorsque le trou fut grand.

"그럼, 붉은 눈의 악마야." 구멍이 커졌을 때 그는 말했다.

Il laissa tomber la hachette et prit le gourdin dans sa main droite.

그는 도끼를 떨어뜨리고 오른손에 곤봉을 쥐었다.

Buck ressemblait vraiment à un diable ; les yeux injectés de sang et flamboyants.

벅은 정말 악마 같았습니다. 눈은 충혈되어 불타오르고 있었습니다.

Son pelage se hérissait, de la mousse s'échappait de sa bouche, ses yeux brillaient.

그의 털은 뻣뻣해지고, 입에서는 거품이 솟아오르고, 눈은 반짝였다.

Il rassembla ses muscles et se jeta directement sur le pull rouge.

그는 근육을 움츠리고 빨간 스웨터를 향해 곧장 달려들었다.

Cent quarante livres de fureur s'abattèrent sur l'homme calme.

침착한 남자에게 140파운드의 분노가 날아들었다.

Juste avant que ses mâchoires ne se referment, un coup terrible le frappa.

그의 턱이 닫히기 직전, 끔찍한 타격이 그에게 가해졌습니다.

Ses dents claquèrent l'une contre l'autre, rien d'autre que l'air

그의 이빨은 공기 외에는 아무것도 없이 딱딱 부딪혔다.

une secousse de douleur résonna dans son corps
그의 몸에는 고통의 충격이 울려 퍼졌다
Il a fait un saut périlleux en plein vol et s'est écrasé sur le
dos et sur le côté.
그는 공중에서 뒤집어져 등과 옆구리를 땅에 박살냈다.
Il n'avait jamais ressenti auparavant le coup d'un gourdin et
ne pouvait pas le saisir.
그는 이전에 곤봉의 타격을 느껴본 적이 없었고 그것을
이해할 수도 없었다.
Avec un grognement strident, mi-aboiement, mi-cri, il
bondit à nouveau.
그는 비명과 짖는 소리, 비명과도 같은 괴성을 지르며
다시 뛰어올랐습니다.
Un autre coup brutal le frappa et le projeta au sol.
또다시 잔혹한 일격이 그를 강타하여 땅에 쓰러뜨렸다.
Cette fois, Buck comprit : c'était la lourde massue de
l'homme.
이번에는 벅이 깨달았다. 그것은 그 남자가 들고 있던
무거운 곤봉이었다.
Mais la rage l'aveuglait, et il n'avait aucune idée de retraite.
하지만 분노가 그를 눈멀게 했고, 후퇴할 생각은 전혀
없었다.
Douze fois il s'est lancé et douze fois il est tombé.
그는 12번이나 뛰어올랐고, 12번이나 떨어졌습니다.
Le gourdin en bois le frappait à chaque fois avec une force
impitoyable et écrasante.
그때마다 나무 곤봉은 무자비하고 파괴적인 힘으로 그를
내리쳤다.
Après un coup violent, il se releva en titubant, étourdi et
lent.
그는 강력한 타격을 한 번 받은 후 비틀거리며
일어섰는데, 멍하고 움직임이 느렸다.
Du sang coulait de sa bouche, de son nez et même de ses
oreilles.
그의 입, 코, 심지어 귀에서도 피가 흘러내렸습니다.

Son pelage autrefois magnifique était maculé de mousse sanglante.

한때 아름다웠던 그의 털은 피 묻은 거품으로 얼룩져 있었습니다.

Alors l'homme s'est avancé et a donné un coup violent au nez.

그러자 그 남자가 앞으로 나서서 코를 사악하게 내리쳤다.

L'agonie était plus vive que tout ce que Buck avait jamais ressenti.

그 고통은 벅이 느껴본 어떤 고통보다 더 극심했습니다.

Avec un rugissement plus bête que chien, il bondit à nouveau pour attaquer.

그는 개보다 짐승에 가까운 포효와 함께 다시 공격하려고 뛰어올랐다.

Mais l'homme attrapa sa mâchoire inférieure et la tourna vers l'arrière.

그런데 그 남자는 그의 아래턱을 잡아 뒤로 비틀었다.

Buck fit un saut périlleux et s'écrasa à nouveau violemment.

벅은 머리 위로 뒤집어져서 다시 세게 떨어졌다.

Une dernière fois, Buck se précipita sur lui, maintenant à peine capable de se tenir debout.

벅은 마지막으로 그에게 달려들었고, 이제는 서 있기도 힘들어졌습니다.

L'homme a frappé avec un timing expert, délivrant le coup final.

그 남자는 뛰어난 타이밍으로 마지막 일격을 가했다.

Buck s'est effondré, inconscient et immobile.

벅은 의식을 잃고 움직이지 못한 채 쓰러졌습니다.

« Il n'est pas mauvais pour dresser les chiens, c'est ce que je dis », a crié un homme.

"그는 개 훈련에 능숙한 사람이에요, 제 말은요." 한 남자가 소리쳤다.

« Druther peut briser la volonté d'un chien n'importe quel jour de la semaine. »

"드루더는 일주일 중 언제든지 사냥개의 의지를 꺾을 수 있어요."

**« Et deux fois un dimanche ! » a ajouté le chauffeur.**

운전사는 "그리고 일요일에도 두 번이나!"라고 덧붙였다.

**Il monta dans le chariot et fit claquer les rênes pour partir.**

그는 마차에 올라타 고삐를 당겨 떠났다.

**Buck a lentement repris le contrôle de sa conscience**

벅은 천천히 자신의 의식을 되찾았습니다.

**mais son corps était encore trop faible et brisé pour bouger.**

하지만 그의 몸은 여전히 너무 약하고 망가져서 움직일 수 없었습니다.

**Il resta allongé là où il était tombé, regardant l'homme au pull rouge.**

그는 쓰러진 자리에 누워서 빨간 스웨터를 입은 남자를 지켜보고 있었다.

**« Il répond au nom de Buck », dit l'homme en lisant à haute voix.**

"그는 벅이라는 이름을 따릅니다." 그 남자는 큰 소리로 읽으며 말했다.

**Il a cité la note envoyée avec la caisse de Buck et les détails.**

그는 벅의 상자와 함께 보낸 메모에서 자세한 내용을 인용했다.

**« Eh bien, Buck, mon garçon », continua l'homme d'un ton amical,**

"그래, 벅, 내 아들아." 그 남자는 친절한 어조로 말을 이었다.

**« Nous avons eu notre petite dispute, et maintenant c'est fini entre nous. »**

"우리가 잠깐 싸웠는데, 이제 우리 사이는 끝났어."

**« Tu as appris à connaître ta place, et j'ai appris à connaître la mienne », a-t-il ajouté.**

그는 "당신은 당신의 위치를 알게 되었고, 나는 내 위치를 알게 되었습니다"라고 덧붙였다.

**« Sois sage, tout ira bien et la vie sera agréable. »**

"착하게 지내면 모든 게 잘 될 거고, 인생은 즐거울 거야."

« Mais sois méchant, et je te botterai les fesses, compris ? »
"하지만 나쁜 짓을 하면, 내가 너를 혼내줄게, 알겠어?"
Tandis qu'il parlait, il tendit la main et tapota la tête
douloureuse de Buck.
그는 말하면서 손을 내밀어 벅의 아픈 머리를
쓰다듬었다.
Les cheveux de Buck se dressèrent au contact de l'homme,
mais il ne résista pas.
남자의 손길에 벅의 머리카락이 곤두섰지만 그는
저항하지 않았다.
L'homme lui apporta de l'eau, que Buck but à grandes
gorgées.
그 남자는 벅에게 물을 가져다 주었고, 벅은 그것을 크게
벌컥벌컥 마셨다.
Puis vint la viande crue, que Buck dévora morceau par
morceau.
그다음에는 날고기가 나왔는데, 벅은 그것을 조각조각
먹어치웠다.
Il savait qu'il était battu, mais il savait aussi qu'il n'était pas
brisé.
그는 자신이 패배했다는 것을 알았지만, 무너지지
않았다는 것도 알았습니다.
Il n'avait aucune chance contre un homme armé d'une
matraque.
그는 곤봉을 든 남자에게 대항할 수 없었다.
Il avait appris la vérité et il n'a jamais oublié cette leçon.
그는 진실을 깨달았고, 그 교훈을 결코 잊지 않았습니다.
Cette arme était le début de la loi dans le nouveau monde de
Buck.
그 무기는 벅의 새로운 세상에서 법의 시작이었습니다.
C'était le début d'un ordre dur et primitif qu'il ne pouvait
nier.
그것은 그가 거부할 수 없는 가혹하고 원시적인 질서의
시작이었습니다.
Il accepta la vérité ; ses instincts sauvages étaient désormais
éveillés.

그는 진실을 받아들였습니다. 그의 거친 본능이 이제 깨어났습니다.

**Le monde était devenu plus dur, mais Buck l'a affronté avec courage.**

세상은 더욱 가혹해졌지만, 벅은 용감하게 맞섰습니다.

**Il a affronté la vie avec une prudence, une ruse et une force tranquille nouvelles.**

그는 새로운 조심성과 교활함, 그리고 조용한 힘으로 삶에 맞섰습니다.

**D'autres chiens sont arrivés, attachés dans des cordes ou des caisses comme Buck l'avait été.**

더 많은 개들이 밧줄이나 상자에 묶인 채로 도착했습니다.

**Certains chiens sont venus calmement, d'autres ont fait rage et se sont battus comme des bêtes sauvages.**

어떤 개들은 차분하게 다가왔고, 어떤 개들은 맹수처럼 격노하며 싸웠습니다.

**Ils furent tous soumis au règne de l'homme au pull rouge.**

그들 모두는 붉은 스웨터를 입은 남자의 지배를 받게 되었습니다.

**À chaque fois, Buck regardait et voyait la même leçon se dérouler.**

그때마다 벅은 똑같은 교훈이 펼쳐지는 것을 지켜보았습니다.

**L'homme avec la massue était la loi, un maître à obéir.**

곤봉을 든 남자는 법이었고, 복종해야 할 주인이었습니다.

**Il n'avait pas besoin d'être aimé, mais il fallait qu'on lui obéisse.**

그는 좋아할 필요는 없었지만, 복종은 필요했습니다.

**Buck ne s'est jamais montré flatteur ni n'a remué la queue comme le faisaient les chiens plus faibles.**

벅은 약한 개들처럼 아첨하거나 꼬리를 흔들지 않았습니다.

**Il a vu des chiens qui avaient été battus et qui continuaient à lécher la main de l'homme.**

그는 구타당한 개들이 여전히 그 남자의 손을 핥는 것을
보았습니다.

**Il a vu un chien qui refusait d'obéir ou de se soumettre du
tout.**

그는 전혀 복종하거나 복종하지 않는 개 한 마리를
보았습니다.

**Ce chien s'est battu jusqu'à ce qu'il soit tué dans la bataille
pour le contrôle.**

그 개는 통제권을 놓고 싸우다가 죽을 때까지
싸웠습니다.

**Des étrangers venaient parfois voir l'homme au pull rouge.**

낯선 사람들이 가끔 빨간 스웨터를 입은 남자를 보러
오곤 했습니다.

**Ils parlaient sur un ton étrange, suppliant, marchandant et
riant.**

그들은 이상한 어조로 애원하고, 흥정하고, 웃으며
말했다.

**Lors de l'échange d'argent, ils partaient avec un ou plusieurs
chiens.**

돈을 교환한 뒤, 그들은 한 마리 이상의 개를 데리고
떠났습니다.

**Buck se demandait où étaient passés ces chiens, car aucun
n'était jamais revenu.**

벅은 이 개들이 어디로 갔는지 궁금했습니다. 아무도
돌아오지 않았거든요.

**la peur de l'inconnu envahissait Buck chaque fois qu'un
homme étrange venait**

낯선 남자가 나타날 때마다 벅은 미지의 두려움에
사로잡혔다.

**il était content à chaque fois qu'un autre chien était pris,
plutôt que lui-même.**

그는 자신이 아닌 다른 개가 데려가질 때마다
기뻤습니다.

**Mais finalement, le tour de Buck arriva avec l'arrivée d'un
homme étrange.**

하지만 마침내 벅의 차례가 왔고, 낯선 남자가
나타났습니다.

Il était petit, nerveux, parlait un anglais approximatif et
jurait.

그는 키가 작고, 힘없었으며, 엉터리 영어와 욕설로
말했습니다.

« Sacré-Dam ! » hurla-t-il en posant les yeux sur le corps de
Buck.

그는 벅의 몸을 보자마자 "신성하다!"고 소리쳤다.

« C'est un sacré chien tyrannique ! Hein ? Combien ? »
demanda-t-il à voix haute.

"이거 진짜 깡패 개잖아! 응? 얼마야?" 그가 큰 소리로
물었다.

« Trois cents, et c'est un cadeau à ce prix-là. »

"300달러면 그 가격에 선물이 되는 셈이죠."

« Puisque c'est de l'argent du gouvernement, tu ne devrais
pas te plaindre, Perrault. »

"정부 돈이니까 불평할 필요는 없지, 페로."

Perrault sourit à l'idée de l'accord qu'il venait de conclure
avec cet homme.

페로는 그 남자와 방금 한 거래를 보고 싱긋이 웃었다.

Le prix des chiens a grimpé en flèche en raison de la
demande soudaine.

급격한 수요 증가로 인해 개 가격이 급등했습니다.

Trois cents dollars, ce n'était pas injuste pour une si belle
bête.

그렇게 훌륭한 짐승에게 300달러는 불공평한 게
아니었습니다.

Le gouvernement canadien ne perdrait rien dans cet accord

캐나다 정부는 이 거래에서 아무것도 잃지 않을
것입니다.

Leurs dépêches officielles ne seraient pas non plus retardées
en transit.

공식적인 발송도 운송 중에 지연되지 않을 것입니다.

Perrault connaissait bien les chiens et pouvait voir que Buck
était quelque chose de rare.

페로는 개를 잘 알았고, 벅이 희귀한 존재라는 걸 알 수 있었습니다.

« Un sur dix dix mille », pensa-t-il en étudiant la silhouette de Buck.

그는 벅의 체격을 살펴보며 "만분의 1이겠지."라고 생각했습니다.

Buck a vu l'argent changer de mains, mais n'a montré aucune surprise.

벅은 돈이 바뀌는 것을 보았지만 놀라지 않았습니다.

Bientôt, lui et Curly, un gentil Terre-Neuve, furent emmenés.

곧 그와 뉴펀들랜드종 컬리는 끌려나갔습니다.

Ils suivirent le petit homme depuis la cour du pull rouge.

그들은 빨간 스웨터를 입은 그 작은 남자를 따라 마당으로 나갔습니다.

Ce fut la dernière fois que Buck vit l'homme avec la massue en bois.

그것이 벅이 나무 곤봉을 든 남자를 본 마지막 장면이었다.

Depuis le pont du Narval, il regardait Seattle disparaître au loin.

그는 나르월의 갑판에서 시애틀이 멀어져 가는 것을 지켜보았습니다.

C'était aussi la dernière fois qu'il voyait le chaud Southland.

그것은 또한 그가 따뜻한 사우스랜드를 본 마지막 순간이기도 했습니다.

Perrault les emmena sous le pont et les laissa à François.

페로는 그들을 갑판 아래로 데려가 프랑수아에게 맡겼다.

François était un géant au visage noir, aux mains rugueuses et calleuses.

프랑수아는 얼굴이 검고 손이 거칠고 굳은살이 박힌 거인이었습니다.

Il était brun et basané; un métis franco-canadien.

그는 피부가 검고 거무스름한 프랑스-캐나다 혼혈이었습니다.

**Pour Buck, ces hommes étaient d'un genre qu'il n'avait jamais vu auparavant.**

벅에게 이 남자들은 그가 전에 한 번도 본 적이 없는 사람들이었다.

**Il allait connaître beaucoup d'autres hommes de ce genre dans les jours qui suivirent.**

그는 앞으로 그런 남자들을 많이 만나게 될 것이다.

**Il ne s'est pas attaché à eux, mais il a appris à les respecter.**

그는 그들을 좋아하지는 않았지만 존경하게 되었다.

**Ils étaient justes et sages, et ne se laissaient pas facilement tromper par un chien.**

그들은 공정하고 현명했으며, 어떤 개에게도 쉽게 속지 않았습니다.

**Ils jugeaient les chiens avec calme et ne les punissaient que lorsqu'ils le méritaient.**

그들은 개를 차분하게 판단하고, 처벌할 만한 경우에만 처벌했습니다.

**Sur le pont inférieur du Narwhal, Buck et Curly ont rencontré deux chiens.**

나월호의 아랫갑판에서 벅과 컬리는 두 마리의 개를 만났습니다.

**L'un d'eux était un grand chien blanc venu du lointain et glacial Spitzberg.**

그 중 하나는 멀리 떨어진 얼음 속의 스피츠베르겐에서 온 크고 하얀 개였습니다.

**Il avait autrefois navigué avec un baleinier et rejoint un groupe d'enquête.**

그는 한때 고래잡이배에서 항해를 했고 조사 그룹에 참여했습니다.

**Il était amical d'une manière sournoise, sournoise et rusée.**

그는 교활하고, 은밀하고, 교활한 방식으로 친절했습니다.

**Lors de leur premier repas, il a volé un morceau de viande dans la poêle de Buck.**

첫 식사 때 그는 벅의 냄비에서 고기 한 조각을 훔쳤습니다.

Buck sauta pour le punir, mais le fouet de François frappa en premier.

벅은 그를 처벌하려고 뛰어들었지만 프랑수아의 채찍이 먼저 날아들었다.

Le voleur blanc hurla et Buck récupéra l'os volé.

백인 도둑이 비명을 지르자, 벅은 훔친 뼈를 되찾았습니다.

Cette équité impressionna Buck, et François gagna son respect.

벅은 그 공정함에 깊은 인상을 받았고, 프랑수아는 벅의 존경을 받았습니다.

L'autre chien ne lui a pas adressé de salut et n'en a pas voulu en retour.

다른 개는 인사도 하지 않았고, 보답도 원하지 않았습니다.

Il ne volait pas de nourriture et ne reniflait pas les nouveaux arrivants avec intérêt.

그는 음식을 훔치지도 않았고, 새로 온 사람들을 흥미롭게 냄새 맡지도 않았습니다.

Ce chien était sinistre et calme, sombre et lent.

이 개는 험악하고 조용했으며, 우울하고 느리게 움직였습니다.

Il a averti Curly de rester à l'écart en la regardant simplement.

그는 컬리에게 그녀를 노려보며 다가오지 말라고 경고했다.

Son message était clair : laissez-moi tranquille ou il y aura des problèmes.

그의 메시지는 명확했습니다. 나를 내버려 두지 않으면 문제가 생길 거야.

Il s'appelait Dave et il remarquait à peine son environnement.

그는 데이브라고 불렸고, 주변 환경에 거의 신경 쓰지 않았습니다.

Il dormait souvent, mangeait tranquillement et bâillait de temps en temps.

그는 자주 잠을 자고, 조용히 먹었고, 가끔씩 하품을
했습니다.

**Le navire ronronnait constamment avec le battement de
l'hélice en dessous.**
배는 아래에서 프로펠러를 계속 돌리며 끊임없이
윙윙거렸다.

**Les jours passèrent sans grand changement, mais le temps
devint plus froid.**
시간이 흘러도 별 변화가 없었지만, 날씨는 점점
추워졌습니다.

**Buck pouvait le sentir dans ses os et remarqua que les autres
le faisaient aussi.**
벅은 그것을 자신의 뼈에서 느낄 수 있었고, 다른
사람들도 그것을 느꼈다는 것을 알았습니다.

**Puis un matin, l'hélice s'est arrêtée et tout est redevenu
calme.**
그러던 어느 날 아침, 프로펠러가 멈추고 모든 것이
고요해졌습니다.

**Une énergie parcourut le vaisseau ; quelque chose avait
changé.**
배 전체에 에너지가 휩쓸렸습니다. 무언가가
바뀌었습니다.

**François est descendu, les a attachés en laisse et les a
remontés.**
프랑수아가 내려와서 그들을 끈으로 묶고 데리고
올라왔습니다.

**Buck sortit et trouva le sol doux, blanc et froid.**
벅은 밖으로 나가서 땅이 부드럽고 하얗고 차가워진
것을 발견했습니다.

**Il sursauta en arrière, alarmé, et renifla, totalement confus.**
그는 놀라서 뒤로 물러섰고, 완전히 혼란스러워서
코웃음을 쳤다.

**Une étrange substance blanche tombait du ciel gris.**
이상한 흰색 물질이 회색 하늘에서 떨어지고
있었습니다.

Il se secoua, mais les flocons blancs continuaient à atterrir sur lui.

그는 몸을 흔들었지만 하얀 눈송이가 계속해서 그에게 떨어졌습니다.

Il renifla soigneusement la substance blanche et lécha quelques morceaux glacés.

그는 흰 물질을 조심스럽게 냄새 맡고 얼음 조각 몇 개를 핥았습니다.

La poudre brûla comme du feu, puis disparut de sa langue.

그 가루는 불처럼 타오르더니 그의 혀에서 바로 사라졌다.

Buck essaya à nouveau, intrigué par l'étrange froideur qui disparaissait.

벅은 이상하게도 차가움이 사라져서 당황하며 다시 시도했다.

Les hommes autour de lui rirent et Buck se sentit gêné.

주변 남자들은 웃었고, 벅은 당황했다.

Il ne savait pas pourquoi, mais il avait honte de sa réaction.

그는 왜 그런지는 몰랐지만, 자신의 반응이 부끄러웠다.

C'était sa première expérience avec la neige, et cela le dérouta.

그는 처음으로 눈을 경험했고, 그것은 그를 혼란스럽게 했습니다.

## La loi du gourdin et des crocs
## 곤봉과 송곳니의 법칙

Le premier jour de Buck sur la plage de Dyea ressemblait à un terrible cauchemar.

벅이 다이아 해변에서 보낸 첫날은 끔찍한 악몽 같았다.

Chaque heure apportait de nouveaux chocs et des changements inattendus pour Buck.

벅은 매 시간마다 새로운 충격과 예상치 못한 변화를 겪었습니다.

Il avait été arraché à la civilisation et jeté dans un chaos sauvage.

그는 문명에서 끌려나와 혼란스러운 세상으로 내던져졌습니다.

Ce n'était pas une vie ensoleillée et paresseuse, faite d'ennui et de repos.

이것은 지루함과 휴식이 있는 밝고 나른한 삶이 아니었습니다.

Il n'y avait pas de paix, pas de repos, et pas un instant sans danger.

평화도 없고, 휴식도 없고, 위험 없는 순간도 없었습니다.

La confusion régnait sur tout et le danger était toujours proche.

혼란이 모든 것을 지배했고 위험은 언제나 가까이에 있었습니다.

Buck devait rester vigilant car ces hommes et ces chiens étaient différents.

벅은 이 남자들과 개들이 달랐기 때문에 항상 경계해야 했습니다.

Ils n'étaient pas originaires des villes ; ils étaient sauvages et sans pitié.

그들은 도시 출신이 아니었습니다. 그들은 거칠고 무자비했습니다.

Ces hommes et ces chiens ne connaissaient que la loi du gourdin et des crocs.

이 남자들과 개들은 곤봉과 송곳니의 법칙만을 알고
있었습니다.

Buck n'avait jamais vu de chiens se battre comme ces
huskies sauvages.

벅은 이런 사나운 허스키들처럼 개들이 싸우는 것을 본
적이 없었다.

Sa première expérience lui a appris une leçon qu'il
n'oublierait jamais.

그의 첫 경험은 그에게 결코 잊지 못할 교훈을
주었습니다.

Il a eu de la chance que ce ne soit pas lui, sinon il serait mort
aussi.

다행히 그 사람이 자신이 아니었기 때문에 그도 죽었을
것입니다.

Curly était celui qui souffrait tandis que Buck regardait et
apprenait.

벅이 지켜보며 배우는 동안 컬리는 고통을 겪었습니다.

Ils avaient installé leur campement près d'un magasin
construit en rondins.

그들은 통나무로 지은 상점 근처에 캠프를 세웠습니다.

Curly a essayé d'être amical avec un grand husky
ressemblant à un loup.

컬리는 늑대와 비슷한 큰 허스키에게 친절하게 대하려고
노력했습니다.

Le husky était plus petit que Curly, mais avait l'air sauvage
et méchant.

허스키는 컬리보다 작았지만, 사납고 사나워 보였다.

Sans prévenir, il a sauté et lui a ouvert le visage.

그는 아무런 경고도 없이 달려들어 그녀의 얼굴을
베어버렸다.

Ses dents lui coupèrent l'œil jusqu'à sa mâchoire en un seul
mouvement.

그의 이빨은 단 한 번의 움직임으로 그녀의 눈부터
턱까지 깎아냈다.

C'est ainsi que les loups se battaient : ils frappaient vite et
sautaient loin.

늑대는 이렇게 싸웠습니다. 빨리 공격하고 뛰어서
도망갔습니다.

**Mais il y avait plus à apprendre que de cette seule attaque.**
하지만 그 공격으로부터 배울 수 있는 것은 그보다 더
많았습니다.

**Des dizaines de huskies se sont précipités et ont formé un
cercle silencieux.**
수십 마리의 허스키가 달려들어 조용한 원을
그렸습니다.

**Ils regardaient attentivement et se léchaient les lèvres avec
faim.**
그들은 주의 깊게 지켜보며 배고픔에 입술을
핥았습니다.

**Buck ne comprenait pas leur silence ni leurs regards avides.**
벅은 그들의 침묵이나 열망하는 눈빛을 이해할 수
없었다.

**Curly s'est précipité pour attaquer le husky une deuxième
fois.**
컬리는 허스키를 두 번째로 공격하기 위해 달려갔다.

**Il a utilisé sa poitrine pour la renverser avec un mouvement
puissant.**
그는 가슴을 이용해 그녀를 강력한 움직임으로
쓰러뜨렸다.

**Elle est tombée sur le côté et n'a pas pu se relever.**
그녀는 옆으로 넘어져서 다시 일어날 수 없었습니다.

**C'est ce que les autres attendaient depuis le début.**
그것이 바로 다른 사람들이 쭉 기다려왔던
것이었습니다.

**Les huskies ont sauté sur elle, hurlant et grognant avec
frénésie.**
허스키들이 그녀에게 달려들어 미친 듯이 울부짖고
으르렁거렸습니다.

**Elle a crié alors qu'ils l'enterraient sous un tas de chiens.**
그녀는 개 더미 아래에 묻히자 비명을 질렀습니다.

**L'attaque fut si rapide que Buck resta figé sur place sous le
choc.**

공격이 너무 빨라서 벅은 충격으로 그 자리에
얼어붙었다.

Il vit Spitz tirer la langue d'une manière qui ressemblait à
un rire.

그는 스피츠가 웃는 것처럼 혀를 내미는 것을 보았다.

François a attrapé une hache et a couru droit vers le groupe
de chiens.

프랑수아는 도끼를 움켜쥐고 개 무리 속으로 곧장
달려들었다.

Trois autres hommes ont utilisé des gourdins pour aider à
repousser les huskies.

다른 세 남자는 곤봉을 이용해 허스키를 쫓아냈습니다.

En seulement deux minutes, le combat était terminé et les
chiens avaient disparu.

단 2분 만에 싸움은 끝났고 개들은 사라졌습니다.

Curly gisait morte dans la neige rouge et piétinée, son corps
déchiré.

컬리는 붉게 짓밟힌 눈 속에 죽어 누워 있었고, 그녀의
몸은 갈기갈기 찢어져 있었다.

Un homme à la peau sombre se tenait au-dessus d'elle,
maudissant la scène brutale.

검은 피부의 남자가 그녀 위에 서서 그 잔혹한 광경을
저주했습니다.

Le souvenir est resté avec Buck et a hanté ses rêves la nuit.

그 기억은 벅의 마음속에 남았고, 밤에 그의 꿈에
나타났습니다.

C'était comme ça ici : pas d'équité, pas de seconde chance.

여기서는 그게 다였습니다. 공정함도 없고, 두 번째
기회도 없었습니다.

Une fois qu'un chien tombait, les autres le tuaient sans pitié.

한 마리의 개가 쓰러지면 다른 개들은 무자비하게
사람을 죽인다.

Buck décida alors qu'il ne se permettrait jamais de tomber.

벅은 그때 자신이 결코 타락하는 것을 허용하지
않겠다고 결심했습니다.

Spitz tira à nouveau la langue et rit du sang.

스피츠는 다시 혀를 내밀고 피를 보며 웃었다.

À partir de ce moment-là, Buck détesta Spitz de tout son cœur.

그 순간부터 벅은 스피츠를 진심으로 미워하게 되었습니다.


Avant que Buck ne puisse se remettre de la mort de Curly, quelque chose de nouveau s'est produit.

벅이 컬리의 죽음에서 회복하기도 전에 새로운 일이 일어났습니다.

François s'est approché et a attaché quelque chose autour du corps de Buck.

프랑수아가 다가와서 벅의 몸에 뭔가를 묶었습니다.

C'était un harnais comme ceux utilisés sur les chevaux du ranch.

그것은 목장에서 말에 사용하는 것과 같은 하네스였습니다.

Comme Buck avait vu les chevaux travailler, il devait maintenant travailler aussi.

벅은 말이 일하는 것을 보았고, 이제 그도 일을 하게 되었다.

Il a dû tirer François sur un traîneau dans la forêt voisine.

그는 프랑수아를 썰매에 태워 근처 숲으로 끌고 가야 했습니다.

Il a ensuite dû ramener une lourde charge de bois de chauffage.

그런 다음 그는 무거운 장작을 한 짐 뒤로 끌어야 했습니다.

Buck était fier, donc cela lui faisait mal d'être traité comme un animal de travail.

벅은 자존심이 강했기 때문에, 일하는 동물처럼 취급받는 것이 마음에 걸렸습니다.

Mais il était sage et n'a pas essayé de lutter contre la nouvelle situation.

하지만 그는 현명해서 새로운 상황에 맞서 싸우려 하지 않았습니다.

Il a accepté sa nouvelle vie et a donné le meilleur de lui-même dans chaque tâche.

그는 새로운 삶을 받아들이고 모든 일에 최선을 다했습니다.

Tout ce qui concernait ce travail lui était étrange et inconnu.

그에게는 그 일과 관련된 모든 것이 낯설고 생소했습니다.

François était strict et exigeait l'obéissance sans délai.

프랑수아는 엄격했고 지체 없이 복종할 것을 요구했습니다.

Son fouet garantissait que chaque ordre soit exécuté immédiatement.

그의 채찍은 모든 명령이 한꺼번에 따르도록 했습니다.

Dave était le conducteur du traîneau, le chien le plus proche du traîneau derrière Buck.

데이브는 썰매를 몰고 가는 개였고, 벅 뒤에서 썰매에 가장 가까이 있는 개였습니다.

Dave mordait Buck sur les pattes arrière s'il faisait une erreur.

데이브는 실수를 하면 벅의 뒷다리를 물었다.

Spitz était le chien de tête, compétent et expérimenté dans ce rôle.

스피츠는 리더 역할을 맡았으며, 그 역할에 능숙하고 경험이 풍부했습니다.

Spitz ne pouvait pas atteindre Buck facilement, mais il le corrigea quand même.

스피츠는 벅에게 쉽게 다가갈 수 없었지만, 그래도 그를 바로잡았다.

Il grognait durement ou tirait le traîneau d'une manière qui enseignait à Buck.

그는 거칠게 으르렁거리거나 벅에게 가르쳐준 방식으로 썰매를 끌었다.

Grâce à cette formation, Buck a appris plus vite que ce qu'ils avaient imaginé.

이 훈련을 통해 벅은 그들 중 누구보다도 빨리 배웠습니다.

**Il a travaillé dur et a appris de François et des autres chiens.**
그는 열심히 일했고 프랑수아와 다른 개들로부터
배웠습니다.

**À leur retour, Buck connaissait déjà les commandes clés.**
그들이 돌아왔을 때, 벅은 이미 주요 명령을 알고
있었습니다.

**Il a appris à s'arrêter au son « ho » de François.**
그는 프랑수아로부터 "호"라는 소리에 멈추는 법을
배웠습니다.

**Il a appris quand il a dû tirer le traîneau et courir.**
그는 썰매를 끌고 달려야 할 때를 배웠습니다.

**Il a appris à tourner largement dans les virages du sentier
sans difficulté.**
그는 어려움 없이 산길의 굽은 길에서 크게 방향을
바꾸는 법을 배웠습니다.

**Il a également appris à éviter Dave lorsque le traîneau
descendait rapidement.**
그는 또한 썰매가 내리막길을 빠르게 내려갈 때
데이브를 피하는 법도 배웠습니다.

**« Ce sont de très bons chiens », dit fièrement François à
Perrault.**
프랑수아는 페로에게 자랑스럽게 "그들은 정말 훌륭한
개들이죠"라고 말했다.

**« Ce Buck tire comme un dingue, je lui apprends vite fait. »**
"벅은 정말 빨리 잡아당기죠. 제가 가르쳐준 대로 정말
빠르거든요."


**Plus tard dans la journée, Perrault est revenu avec deux
autres chiens husky.**
그날 늦게 페로는 허스키 개 두 마리를 데리고
돌아왔습니다.

**Ils s'appelaient Billee et Joe, et ils étaient frères.**
그들의 이름은 빌리와 조였고, 그들은 형제였습니다.

**Ils venaient de la même mère, mais ne se ressemblaient pas
du tout.**
그들은 같은 어머니에게서 태어났지만 전혀 달랐습니다.

Billee était de nature douce et très amicale avec tout le monde.

빌리는 성격이 좋고 모든 사람에게 매우 친절했습니다.

Joe était tout le contraire : calme, en colère et toujours en train de grogner.

조는 그와는 정반대였습니다. 조용하고, 화를 잘 내고, 항상 으르렁거렸습니다.

Buck les a accueillis de manière amicale et s'est montré calme avec eux deux.

벅은 그들을 친절하게 맞이했고 두 사람 모두에게 침착함을 유지했습니다.

Dave ne leur prêta aucune attention et resta silencieux comme d'habitude.

데이브는 그들에게 전혀 주의를 기울이지 않았고 평소처럼 아무 말도 하지 않았다.

Spitz a attaqué d'abord Billee, puis Joe, pour montrer sa domination.

스피츠는 먼저 빌리를 공격했고, 그다음에는 조를 공격하며 자신의 우월함을 과시했습니다.

Billee remua la queue et essaya d'être amical avec Spitz.

빌리는 꼬리를 흔들며 스피츠에게 친절하게 대하려고 노력했습니다.

Lorsque cela n'a pas fonctionné, il a essayé de s'enfuir à la place.

그래도 소용이 없자 그는 대신 도망치려고 했습니다.

Il a pleuré tristement lorsque Spitz l'a mordu fort sur le côté.

스피츠가 그의 옆구리를 세게 물었을 때 그는 슬프게 울었습니다.

Mais Joe était très différent et refusait d'être intimidé.

하지만 조는 달랐고 괴롭힘을 당하는 것을 거부했습니다.

Chaque fois que Spitz s'approchait, Joe se retournait pour lui faire face rapidement.

스피츠가 가까이 올 때마다 조는 재빨리 돌아서서 그를 마주 보았다.

Sa fourrure se hérissa, ses lèvres se retroussèrent et ses dents claquèrent sauvagement.

그의 털이 곤두서고, 입술이 말려 올라가고, 이빨이
격렬하게 딱딱 부딪혔다.

Les yeux de Joe brillaient de peur et de rage, défiant Spitz de frapper.

조의 눈은 두려움과 분노로 빛났고, 스피츠가
공격하도록 도전했다.

Spitz abandonna le combat et se détourna, humilié et en colère.

스피츠는 싸움을 포기하고 굴욕감과 분노로
돌아섰습니다.

Il a déversé sa frustration sur le pauvre Billee et l'a chassé.

그는 불쌍한 빌리에게 자신의 좌절감을 풀어내어 그를
쫓아냈습니다.

Ce soir-là, Perrault ajouta un chien de plus à l'équipe.

그날 저녁, 페로는 팀에 개 한 마리를 더 추가했습니다.

Ce chien était vieux, maigre et couvert de cicatrices de guerre.

이 개는 늙고, 마르고, 전쟁으로 인한 흉터가
가득했습니다.

L'un de ses yeux manquait, mais l'autre brillait de puissance.

그의 눈 하나는 없었지만, 다른 눈은 강력하게 번쩍였다.

Le nom du nouveau chien était Solleks, ce qui signifiait « celui qui est en colère ».

새로 태어난 개의 이름은 솔렉스였는데, 이는 화난
사람을 뜻했습니다.

Comme Dave, Solleks ne demandait rien aux autres et ne donnait rien en retour.

데이브와 마찬가지로 솔렉스는 다른 사람에게 아무것도
요구하지 않았고, 아무것도 돌려주지 않았습니다.

Lorsque Solleks entra lentement dans le camp, même Spitz resta à l'écart.

솔렉스가 천천히 캠프 안으로 들어오자, 스피츠조차도
멀리 떨어져 있었습니다.

Il avait une étrange habitude que Buck a eu la malchance de découvrir.

그는 이상한 습관을 가지고 있었는데, 벅은 그것을 불행히도 발견하지 못했습니다.

Solleks détestait qu'on l'approche du côté où il était aveugle.

솔렉스는 자신이 시력을 잃었기 때문에 누군가가 자신에게 다가오는 것을 싫어했습니다.

Buck ne le savait pas et a fait cette erreur par accident.

벅은 이 사실을 모르고 실수로 그런 실수를 저질렀습니다.

Solleks se retourna et frappa l'épaule de Buck profondément et rapidement.

솔렉스는 돌아서서 벅의 어깨를 깊고 빠르게 베어냈다.

À partir de ce moment, Buck ne s'est plus jamais approché du côté aveugle de Solleks.

그 순간부터 벅은 솔렉스의 눈에 띄지 않게 되었다.

Ils n'ont plus jamais eu de problèmes pendant le reste de leur temps ensemble.

그들은 함께 지낸 나머지 시간 동안 그 이후로는 아무런 문제를 겪지 않았습니다.

Solleks voulait seulement être laissé seul, comme le calme Dave.

솔렉스는 조용한 데이브처럼 혼자 있고 싶어했습니다.

Mais Buck apprendra plus tard qu'ils avaient chacun un autre objectif secret.

하지만 벅은 나중에 그들 각자가 다른 비밀 목표를 가지고 있다는 사실을 알게 됩니다.

Cette nuit-là, Buck a dû faire face à un nouveau défi troublant : comment dormir.

그날 밤 벅은 새로운 난제에 직면했습니다. 바로 잠을 자는 방법이었습니다.

La tente brillait chaleureusement à la lumière des bougies dans le champ enneigé.

눈 덮인 들판에서 촛불이 켜지면서 텐트가 따뜻하게 빛났습니다.

Buck entra, pensant qu'il pourrait se reposer là comme avant.

벅은 이전처럼 그곳에서 쉴 수 있을 거라 생각하며 안으로 들어갔다.

Mais Perrault et François lui criaient dessus et lui jetaient des casseroles.

하지만 페로와 프랑수아는 그에게 소리를 지르고 냄비를 던졌습니다.

Choqué et confus, Buck s'est enfui dans le froid glacial.

벅은 충격을 받고 혼란스러워서 얼어붙는 추위 속으로 달려 나갔다.

Un vent glacial piquait son épaule blessée et lui gelait les pattes.

매서운 바람이 그의 다친 어깨를 찌르고 발은 얼어붙었다.

Il s'est allongé dans la neige et a essayé de dormir à la belle étoile.

그는 눈 속에 누워서 야외에서 잠을 자려고 노력했습니다.

Mais le froid l'obligea bientôt à se relever, tremblant terriblement.

하지만 추위 때문에 그는 곧 일어나야 했고 몸이 심하게 떨렸습니다.

Il erra dans le camp, essayant de trouver un endroit plus chaud.

그는 캠프 안을 돌아다니며 더 따뜻한 곳을 찾으려고 노력했습니다.

Mais chaque coin était aussi froid que le précédent.

하지만 모든 구석은 이전 구석과 마찬가지로 차가웠습니다.

Parfois, des chiens sauvages sautaient sur lui dans l'obscurité.

때로는 어둠 속에서 사나운 개들이 그에게 달려들기도 했습니다.

Buck hérissa sa fourrure, montra ses dents et grogna en signe d'avertissement.

벅은 털을 곤두세우고, 이빨을 드러내며 경고하듯
으르렁거렸다.

**Il apprenait vite et les autres chiens reculaient rapidement.**
그는 빠르게 학습했고 다른 개들은 금세 물러났다.

**Il n'avait toujours pas d'endroit où dormir et ne savait pas
quoi faire.**
그래도 그는 잠을 잘 곳도 없었고, 무엇을 해야 할지
전혀 몰랐습니다.

**Finalement, une pensée lui vint : aller voir ses coéquipiers.**
마침내 그에게 생각이 떠올랐습니다. 팀 동료들을
확인해 보는 것이었습니다.

**Il est retourné dans leur région et a été surpris de les trouver
partis.**
그는 그 지역으로 돌아왔고 그들이 사라진 것을 보고
놀랐다.

**Il chercha à nouveau dans le camp, mais ne parvint toujours
pas à les trouver.**
그는 다시 진영을 수색했지만 여전히 그들을 찾을 수
없었다.

**Il savait qu'ils ne pouvaient pas être dans la tente, sinon il le
serait aussi.**
그는 그들이 텐트 안에 있을 수 없다는 것을 알고
있었습니다. 그랬다면 그도 텐트 안에 있었을 테니까요.

**Alors, où étaient passés tous les chiens dans ce camp gelé ?**
그렇다면 이 얼어붙은 캠프에 있던 개들은 다 어디로
갔을까?

**Buck, froid et misérable, tournait lentement autour de la
tente.**
벅은 추위에 떨며 괴로워하며 천천히 텐트 주위를
돌았습니다.

**Soudain, ses pattes avant s'enfoncèrent dans la neige molle
et le surprit.**
갑자기 그의 앞다리가 부드러운 눈 속으로 푹 빠져들어
그는 놀랐다.

**Quelque chose se tortilla sous ses pieds et il sursauta en
arrière, effrayé.**

그의 발 밑에서 무언가가 꿈틀거리자 그는 두려움에
휩싸여 뒤로 물러섰다.

**Il grogna et grogna, ne sachant pas ce qui se cachait sous la neige.**

그는 눈 아래에 무엇이 있는지 알지 못한 채
으르렁거리고 으르렁거렸습니다.

**Puis il entendit un petit aboiement amical qui apaisa sa peur.**

그러자 그는 두려움을 덜어주는 친근한 작은 짖는
소리를 들었습니다.

**Il renifla l'air et s'approcha pour voir ce qui était caché.**

그는 공기를 맡아보고 무엇이 숨겨져 있는지 보기 위해
더 가까이 다가갔습니다.

**Sous la neige, recroquevillée en boule chaude, se trouvait la petite Billee.**

눈 아래에는 따뜻한 공 모양으로 웅크리고 있는 작은
빌리가 있었습니다.

**Billee remua la queue et lécha le visage de Buck pour le saluer.**

빌리는 꼬리를 흔들고 벅의 얼굴을 핥으며 인사했다.

**Buck a vu comment Billee avait fabriqué un endroit pour dormir dans la neige.**

벅은 빌리가 눈 속에 잠자리를 만든 것을 보았습니다.

**Il avait creusé et utilisé sa propre chaleur pour rester au chaud.**

그는 땅을 파고 자신의 열을 이용해 몸을 따뜻하게
유지했습니다.

**Buck avait appris une autre leçon : c'est ainsi que les chiens dormaient.**

벅은 또 다른 교훈을 얻었다. 개들은 이렇게 자는
것이다.

**Il a choisi un endroit et a commencé à creuser son propre trou dans la neige.**

그는 한 장소를 골라 눈 속에 자신만의 구멍을 파기
시작했습니다.

**Au début, il bougeait trop et gaspillait de l'énergie.**

처음에는 너무 많이 움직여서 에너지를 낭비했습니다.

**Mais bientôt son corps réchauffa l'espace et il se sentit en sécurité.**

하지만 곧 그의 몸은 공간을 따뜻하게 만들었고, 그는 안전함을 느꼈다.

**Il se recroquevilla étroitement et, peu de temps après, il s'endormit profondément.**

그는 몸을 꼭 웅크리고 얼마 지나지 않아 깊이 잠들었습니다.

**La journée avait été longue et dure, et Buck était épuisé.**

그날은 길고 힘든 하루였고, 벅은 지쳐 있었습니다.

**Il dormait profondément et confortablement, même si ses rêves étaient fous.**

그는 꿈이 매우 거칠었음에도 불구하고 깊고 편안하게 잠을 잤다.

**Il grognait et aboyait dans son sommeil, se tordant pendant qu'il rêvait.**

그는 꿈속에서 으르렁거리고 짖으며, 꿈을 꾸는 동안 몸을 비틀었다.

**Buck ne s'est réveillé que lorsque le camp était déjà en train de prendre vie.**

벅은 캠프가 활기를 띠기 시작할 때까지 깨어나지 않았습니다.

**Au début, il ne savait pas où il était ni ce qui s'était passé.**

처음에는 그는 자신이 어디에 있는지, 무슨 일이 일어났는지 몰랐습니다.

**La neige était tombée pendant la nuit et avait complètement enseveli son corps.**

밤새 눈이 내려 그의 시신은 완전히 묻혔습니다.

**La neige se pressait autour de lui, serrée de tous côtés.**

눈이 그의 주위로 빽빽이 쌓여 사방이 꽁꽁 얼어붙었다.

**Soudain, une vague de peur traversa tout le corps de Buck.**

갑자기 두려움의 물결이 벅의 온 몸을 휩쓸었다.

**C'était la peur d'être piégé, une peur venue d'instincts profonds.**

그것은 갇힐지도 모른다는 두려움이었고, 깊은 본능에서
나온 두려움이었습니다.

**Bien qu'il n'ait jamais vu de piège, la peur vivait en lui.**

그는 함정을 본 적은 없었지만, 두려움은 그의 안에 살아
있었습니다.

**C'était un chien apprivoisé, mais maintenant ses vieux
instincts sauvages se réveillaient.**

그는 길들여진 개였지만, 이제 그의 옛날 야생 본능이
깨어나고 있었습니다.

**Les muscles de Buck se tendirent et sa fourrure se dressa sur
tout son dos.**

벅의 근육이 긴장되었고, 등 전체에 털이 곤두섰다.

**Il grogna férocement et bondit droit dans la neige.**

그는 사납게 으르렁거리며 눈 속을 뚫고 뛰어올랐다.

**La neige volait dans toutes les directions alors qu'il faisait
irruption dans la lumière du jour.**

그가 햇빛 속으로 나오자 눈이 사방으로 날아다녔다.

**Avant même d'atterrir, Buck vit le camp s'étendre devant lui.**

벅은 착륙하기도 전에 캠프가 눈앞에 펼쳐지는 것을
보았다.

**Il se souvenait de tout ce qui s'était passé la veille, d'un seul
coup.**

그는 전날의 모든 일을 한꺼번에 기억해냈다.

**Il se souvenait d'avoir flâné avec Manuel et d'avoir fini à cet
endroit.**

그는 마누엘과 함께 산책을 하다가 이곳에 도착한 것을
기억했습니다.

**Il se souvenait avoir creusé le trou et s'être endormi dans le
froid.**

그는 구멍을 파고 추위 속에서 잠이 들었던 걸
기억했습니다.

**Maintenant, il était réveillé et le monde sauvage qui
l'entourait était clair.**

이제 그는 깨어났고, 그의 주변의 거친 세상이 선명하게
보였습니다.

**Un cri de François salua l'apparition soudaine de Buck.**

프랑수아는 벅의 갑작스러운 출현을 환영하며 큰 소리로
외쳤다.

« Qu'est-ce que j'ai dit ? » cria le conducteur du chien à
Perrault.
"내가 뭐라고 했지?" 개 운전사가 페로에게 큰 소리로
외쳤다.

« Ce Buck apprend vraiment très vite », a ajouté François.
프랑수아는 "저 벅은 정말 빨리 배우는군요"라고
덧붙였다.

Perrault hocha gravement la tête, visiblement satisfait du
résultat.
페로는 결과에 만족한 듯 진지하게 고개를 끄덕였다.

En tant que courrier pour le gouvernement canadien, il
transportait des dépêches.
그는 캐나다 정부의 택배기사로 일하며 전문을
전달했습니다.

Il était impatient de trouver les meilleurs chiens pour son
importante mission.
그는 자신의 중요한 임무에 가장 적합한 개를 찾고
싶어했습니다.

Il se sentait particulièrement heureux maintenant que Buck
faisait partie de l'équipe.
그는 벅이 팀의 일원이 된 것을 특히 기쁘게
생각했습니다.

Trois autres huskies ont été ajoutés à l'équipe en une heure.
1시간 만에 허스키 3마리가 팀에 추가되었습니다.

Cela porte le nombre total de chiens dans l'équipe à neuf.
이로써 팀의 개 수는 총 9마리가 되었습니다.

En quinze minutes, tous les chiens étaient dans leurs
harnais.
15분 이내에 모든 개들이 하네스를 착용하게
되었습니다.

L'équipe de traîneaux remontait le sentier en direction du
canyon de Dyea.
썰매 팀은 다이아 캐넌을 향해 산길을 따라 올라가고
있었습니다.

Buck était heureux de partir, même si le travail à venir était difficile.

벅은 앞으로의 일이 힘들더라도 떠나게 되어 기뻤다.

Il s'est rendu compte qu'il ne détestait pas particulièrement le travail ou le froid.

그는 노동이나 추위를 특별히 싫어하지 않는다는 것을 알게 되었다.

Il a été surpris par l'empressement qui a rempli toute l'équipe.

그는 팀 전체를 가득 채운 열의에 놀랐다.

Encore plus surprenant fut le changement qui s'était produit chez Dave et Solleks.

더욱 놀라운 것은 데이브와 솔렉스에게 일어난 변화였습니다.

Ces deux chiens étaient complètement différents lorsqu'ils étaient attelés.

이 두 마리의 개는 하네스를 착용했을 때 완전히 달랐습니다.

Leur passivité et leur manque d'intérêt avaient complètement disparu.

그들의 수동성과 무관심은 완전히 사라졌습니다.

Ils étaient alertes et actifs, et désireux de bien faire leur travail.

그들은 경계심이 강하고 활동적이었으며, 자신의 일을 잘 하려는 의욕이 강했습니다.

Ils s'irritaient violemment à tout ce qui pouvait provoquer un retard ou une confusion.

그들은 지연이나 혼란을 일으키는 모든 것에 대해 몹시 짜증을 냈습니다.

Le travail acharné sur les rênes était le centre de tout leur être.

고삐를 다루는 힘든 일이 그들의 존재의 중심이었습니다.

Tirer un traîneau semblait être la seule chose qu'ils appréciaient vraiment.

썰매를 끄는 것이 그들이 정말로 즐기는 유일한 일인
듯했다.

**Dave était à l'arrière du groupe, le plus proche du traîneau
lui-même.**
데이브는 썰매에 가장 가까운, 그룹의 뒤쪽에
있었습니다.

**Buck a été placé devant Dave, et Solleks a dépassé Buck.**
벅은 데이브 앞에 놓였고, 솔렉스는 벅보다 앞서
나아갔다.

**Le reste des chiens était aligné devant eux en file indienne.**
나머지 개들은 일렬로 줄을 서서 앞으로 나아갔다.

**La position de tête à l'avant était occupée par Spitz.**
선두의 선두 자리는 스피츠가 차지했습니다.

**Buck avait été placé entre Dave et Solleks pour l'instruction.**
벅은 지시를 받기 위해 데이브와 솔렉스 사이에
배치되었습니다.

**Il apprenait vite et ils étaient des professeurs fermes et
compétents.**
그는 빨리 배우는 사람이었고, 그들은 확고하고 유능한
교사들이었습니다.

**Ils n'ont jamais permis à Buck de rester longtemps dans
l'erreur.**
그들은 벅이 오랫동안 오류에 빠지는 것을 결코
허용하지 않았습니다.

**Ils ont enseigné leurs leçons avec des dents acérées quand
c'était nécessaire.**
그들은 필요할 때마다 날카로운 이빨로 교훈을
가르쳤습니다.

**Dave était juste et faisait preuve d'une sagesse calme et
sérieuse.**
데이브는 공정했고 조용하고 진지한 지혜를
보여주었습니다.

**Il n'a jamais mordu Buck sans une bonne raison de le faire.**
그는 정당한 이유 없이 벅을 물지 않았습니다.

**Mais il n'a jamais manqué de mordre lorsque Buck avait
besoin d'être corrigé.**

하지만 벅이 교정을 필요로 할 때마다 그는 항상
반항했습니다.

Le fouet de François était toujours prêt et soutenait leur
autorité.
프랑수아의 채찍은 언제나 준비되어 있었고 그들의
권위를 뒷받침했습니다.

Buck a vite compris qu'il valait mieux obéir que riposter.
벅은 곧 맞서 싸우는 것보다 복종하는 것이 낫다는 것을
깨달았습니다.

Un jour, lors d'un court repos, Buck s'est emmêlé dans les
rênes.
어느 날, 잠깐 쉬던 중 벅이 고삐에 엉키는 일이
생겼습니다.

Il a retardé le départ et a perturbé le mouvement de l'équipe.
그는 시작을 늦추고 팀의 움직임을 혼란스럽게
했습니다.

Dave et Solleks se sont jetés sur lui et lui ont donné une
raclée.
데이브와 솔렉스는 그에게 달려들어 심하게 구타했다.

L'enchevêtrement n'a fait qu'empirer, mais Buck a bien
appris sa leçon.
문제는 점점 더 심각해졌지만, 벅은 교훈을 잘
얻었습니다.

Dès lors, il garda les rênes tendues et travailla avec soin.
그때부터 그는 고삐를 단단히 잡고 조심스럽게
일했습니다.

Avant la fin de la journée, Buck avait maîtrisé une grande
partie de sa tâche.
그날이 끝나기 전에 벅은 자신의 작업의 대부분을
완수했습니다.

Ses coéquipiers ont presque arrêté de le corriger ou de le
mordre.
그의 팀 동료들은 그를 바로잡거나 물어뜯는 것을 거의
멈췄습니다.

Le fouet de François claquait de moins en moins souvent
dans l'air.

프랑수아의 채찍이 공기를 가르는 소리가 점점
줄어들었다.

Perrault a même soulevé les pieds de Buck et a
soigneusement examiné chaque patte.
페로는 벅의 발을 들어올려 각 발을 주의 깊게
살펴보았습니다.

Cela avait été une journée de course difficile, longue et
épuisante pour eux tous.
그것은 그들 모두에게 힘든 하루였고, 길고 지치게 하는
달리기였습니다.

Ils remontèrent le Cañon, traversèrent Sheep Camp et
passèrent devant les Scales.
그들은 캐넌 강을 따라 올라가서, 시프 캠프를 지나,
스케일스를 지나갔습니다.

Ils ont traversé la limite des forêts, puis des glaciers et des
congères de plusieurs mètres de profondeur.
그들은 수목 한계선을 넘었고, 그다음에는 수 피트
깊이의 빙하와 눈더미를 넘었습니다.

Ils ont escaladé la grande et froide chaîne de montagnes
Chilkoot Divide.
그들은 극심한 추위와 칠쿠트 분수령을 넘어
올라갔습니다.

Cette haute crête se dressait entre l'eau salée et l'intérieur
gelé.
그 높은 산등성이는 소금물과 얼어붙은 내부 사이에
있었습니다.

Les montagnes protégeaient le Nord triste et solitaire avec de
la glace et des montées abruptes.
산은 얼음과 가파른 오르막길로 슬프고 외로운 북쪽을
보호했습니다.

Ils ont parcouru à bon rythme une longue chaîne de lacs en
aval de la ligne de partage des eaux.
그들은 분수령 아래에 있는 긴 호수들을 따라 내려가며
좋은 시간을 보냈습니다.

Ces lacs remplissaient les anciens cratères de volcans éteints.
그 호수들은 사화산의 고대 분화구를 채웠습니다.

**Tard dans la nuit, ils atteignirent un grand camp au bord du lac Bennett.**

그날 늦은 밤, 그들은 베넷 호수에 있는 큰 캠프에 도착했습니다.

**Des milliers de chercheurs d'or étaient là, construisant des bateaux pour le printemps.**

수천 명의 금을 찾는 사람들이 그곳에 모여서 봄에 쓸 배를 만들고 있었습니다.

**La glace allait bientôt se briser et ils devaient être prêts.**

얼음이 곧 깨질 테니, 그들은 대비해야 했습니다.

**Buck creusa son trou dans la neige et tomba dans un profond sommeil.**

벅은 눈 속에 구멍을 파고 깊은 잠에 빠졌다.

**Il dormait comme un ouvrier, épuisé par une dure journée de travail.**

그는 힘든 하루를 보낸 후 지쳐서 노동자처럼 잠을 잤습니다.

**Mais trop tôt dans l'obscurité, il fut tiré de son sommeil.**

하지만 어둠이 깔린 너무 이른 시간에 그는 잠에서 깨어났습니다.

**Il fut à nouveau attelé avec ses compagnons et attaché au traîneau.**

그는 다시 동료들과 함께 썰매에 묶였습니다.

**Ce jour-là, ils ont parcouru quarante milles, car la neige était bien battue.**

그날 그들은 40마일을 갔는데, 눈이 많이 쌓여 있었기 때문이다.

**Le lendemain, et pendant plusieurs jours après, la neige était molle.**

그 다음날, 그리고 그 후 여러 날 동안 눈은 부드러웠습니다.

**Ils ont dû faire le chemin eux-mêmes, en travaillant plus dur et en avançant plus lentement.**

그들은 더 열심히 일하고 더 느리게 움직여서 스스로 길을 만들어야 했습니다.

Habituellement, Perrault marchait devant l'équipe avec des raquettes palmées.

페로는 보통 물갈퀴가 달린 눈신을 신고 팀보다 앞서 걸었다.

Ses pas ont compacté la neige, facilitant ainsi le déplacement du traîneau.

그의 발걸음은 눈을 압축하여 썰매가 움직이기 쉽게 만들었습니다.

François, qui dirigeait depuis le mât, prenait parfois le relais.

지폴에서 조종을 맡았던 프랑수아가 가끔은 조종을 맡기도 했습니다.

Mais il était rare que François prenne les devants

그러나 프랑수아가 주도권을 잡는 경우는 드물었다.

parce que Perrault était pressé de livrer les lettres et les colis.

페로는 편지와 소포를 배달하느라 서둘렀기 때문이다.

Perrault était fier de sa connaissance de la neige, et surtout de la glace.

페로는 눈, 특히 얼음에 대한 자신의 지식을 자랑스러워했습니다.

Cette connaissance était essentielle, car la glace d'automne était dangereusement mince.

그 지식은 필수적이었습니다. 왜냐하면 가을철 얼음이 위험할 정도로 얇았기 때문입니다.

Là où l'eau coulait rapidement sous la surface, il n'y avait pas du tout de glace.

표면 아래로 물이 빠르게 흐르는 곳에는 얼음이 전혀 없었습니다.

Jour après jour, la même routine se répétait sans fin.

날마다 똑같은 일상이 끝없이 반복되었습니다.

Buck travaillait sans relâche sur les rênes, de l'aube jusqu'à la nuit.

벅은 새벽부터 밤까지 끝없이 고삐를 잡고 고생했습니다.

Ils quittèrent le camp dans l'obscurité, bien avant le lever du soleil.

그들은 해가 뜨기 훨씬 전, 어둠 속에서 캠프를
떠났습니다.

Au moment où le jour se leva, ils avaient déjà parcouru de
nombreux kilomètres.

날이 밝았을 때, 그들은 이미 수 마일을 뒤로하고
있었습니다.

Ils ont installé leur campement après la tombée de la nuit,
mangeant du poisson et creusant dans la neige.

그들은 어두워진 후에 캠프를 치고 물고기를 먹고 눈
속에 파묻혔습니다.

Buck avait toujours faim et n'était jamais vraiment satisfait
de sa ration.

벅은 항상 배가 고팠고, 배급량에 만족한 적이 한 번도
없었습니다.

Il recevait une livre et demie de saumon séché chaque jour.

그는 매일 1파운드 반의 말린 연어를 받았습니다.

Mais la nourriture semblait disparaître en lui, laissant la
faim derrière elle.

하지만 음식은 그의 몸 안에서 사라져 버렸고, 배고픔만
남았습니다.

Il souffrait constamment de la faim et rêvait de plus de
nourriture.

그는 끊임없이 배고픔에 시달렸고, 더 많은 음식을
꿈꿨습니다.

Les autres chiens n'ont pris qu'une livre, mais ils sont restés
forts.

다른 개들은 1파운드의 음식만 먹었지만, 힘을 잃지
않았습니다.

Ils étaient plus petits et étaient nés dans le mode de vie du
Nord.

그들은 더 작았고 북쪽의 삶에서 태어났습니다.

Il perdit rapidement la méticulosité qui avait marqué son
ancienne vie.

그는 옛날의 삶에 존재했던 꼼꼼함을 금세 잃어버렸다.

Il avait été un mangeur délicat, mais maintenant ce n'était
plus possible.

그는 맛있는 음식을 먹는 것을 좋아했지만, 이제는 더 이상 그럴 수 없게 되었습니다.

Ses camarades ont terminé premiers et lui ont volé sa ration inachevée.

그의 친구들이 먼저 식사를 마치고 그에게서 남은 식량을 빼앗았습니다.

Une fois qu'ils ont commencé, il n'y avait aucun moyen de défendre sa nourriture contre eux.

일단 그들이 공격하기 시작하자 그의 음식을 방어할 방법이 없었습니다.

Pendant qu'il combattait deux ou trois chiens, les autres volaient le reste.

그가 두세 마리의 개를 쫓아내는 동안 다른 개들이 나머지를 훔쳐갔습니다.

Pour résoudre ce problème, il a commencé à manger aussi vite que les autres.

이를 해결하기 위해 그는 다른 사람들처럼 빨리 먹기 시작했습니다.

La faim le poussait tellement qu'il prenait même de la nourriture qui n'était pas la sienne.

배고픔이 그를 너무 힘들게 해서 그는 자신의 음식이 아닌 다른 음식도 먹었습니다.

Il observait les autres et apprenait rapidement de leurs actions.

그는 다른 사람들을 관찰하고 그들의 행동으로부터 빠르게 배웠습니다.

Il a vu Pike, un nouveau chien, voler une tranche de bacon à Perrault.

그는 새로 온 개 파이크가 페로에게서 베이컨 한 조각을 훔치는 것을 보았습니다.

Pike avait attendu que Perrault ait le dos tourné pour voler le bacon.

파이크는 페로가 등을 돌릴 때까지 기다렸다가 베이컨을 훔쳤습니다.

Le lendemain, Buck a copié Pike et a volé tout le morceau.

다음 날, 벅은 파이크를 따라해 그 덩어리 전체를
훔쳤습니다.

Un grand tumulte s'ensuivit, mais Buck ne fut pas suspecté.
큰 소란이 일어났지만 벅은 의심받지 않았습니다.

Dub, un chien maladroit qui se faisait toujours prendre, a
été puni à la place.
늘 잡히던 서투른 개 더브는 대신 벌을 받았습니다.

Ce premier vol a fait de Buck un chien apte à survivre dans
le Nord.
첫 번째 도난 사건은 벅이 북쪽에서 살아남을 수 있는
개라는 것을 보여주었습니다.

Il a montré qu'il pouvait s'adapter à de nouvelles conditions
et apprendre rapidement.
그는 새로운 환경에 적응하고 빠르게 학습할 수 있다는
것을 보여주었습니다.

Sans une telle adaptabilité, il serait mort rapidement et
gravement.
그런 적응력이 없었다면 그는 빨리, 그리고 심하게
죽었을 것이다.

Cela a également marqué l'effondrement de sa nature
morale et de ses valeurs passées.
또한 그것은 그의 도덕적 본성과 과거 가치관의 붕괴를
의미했습니다.

Dans le Southland, il avait vécu sous la loi de l'amour et de
la bonté.
그는 사우스랜드에서 사랑과 친절의 법칙에 따라
살았습니다.

Là, il était logique de respecter la propriété et les sentiments
des autres chiens.
그곳에서는 자신의 재산과 다른 개들의 감정을 존중하는
것이 합리적이었습니다.

Mais le Northland suivait la loi du gourdin et la loi du croc.
하지만 노스랜드는 곤봉의 법칙과 송곳니의 법칙을
따랐습니다.

Quiconque respectait les anciennes valeurs ici était stupide
et échouerait.

여기서 옛 가치관을 존중하는 사람은 어리석고 실패할 것입니다.

**Buck n'a pas réfléchi à tout cela dans son esprit.**

벅은 이 모든 것을 마음속으로 추론하지 못했다.

**Il était en forme et s'est donc adapté sans avoir besoin de réfléchir.**

그는 건강했기 때문에 생각할 필요 없이 적응할 수 있었습니다.

**De toute sa vie, il n'avait jamais fui un combat.**

그는 평생 싸움에서 도망간 적이 한 번도 없었습니다.

**Mais la massue en bois de l'homme au pull rouge a changé cette règle.**

하지만 빨간 스웨터를 입은 남자의 나무 곤봉이 그 규칙을 바꾸었습니다.

**Il suivait désormais un code plus profond et plus ancien, inscrit dans son être.**

이제 그는 자신의 존재에 새겨진 더 깊고 오래된 코드를 따랐습니다.

**Il ne volait pas par plaisir, mais par faim.**

그는 즐거움을 위해 훔친 것이 아니라, 배고픔으로 인한 고통 때문에 훔쳤습니다.

**Il n'a jamais volé ouvertement, mais il a volé avec ruse et prudence.**

그는 공개적으로 강도질을 한 적이 없지만 교활하고 신중하게 도둑질을 했습니다.

**Il a agi par respect pour la massue en bois et par peur du croc.**

그는 나무 곤봉에 대한 존경심과 송곳니에 대한 두려움 때문에 그렇게 행동했습니다.

**En bref, il a fait ce qui était plus facile et plus sûr que de ne pas le faire.**

간단히 말해서, 그는 아무것도 하지 않는 것보다 더 쉽고 안전한 일을 했습니다.

**Son développement – ou peut-être son retour à ses anciens instincts – fut rapide.**

그의 발전은 빨랐다. 아니면 옛날의 본능으로의 복귀도 빨랐다.

Ses muscles se durcirent jusqu'à devenir aussi forts que du fer.

그의 근육은 철처럼 강해질 때까지 굳어졌습니다.

Il ne se souciait plus de la douleur, à moins qu'elle ne soit grave.

그는 심각한 고통이 아닌 이상 더 이상 고통에 신경 쓰지 않았습니다.

Il est devenu efficace à l'intérieur comme à l'extérieur, ne gaspillant rien du tout.

그는 안팎으로 효율성을 높여 아무것도 낭비하지 않았습니다.

Il pouvait manger des choses viles, pourries ou difficiles à digérer.

그는 역겹고 썩은 것, 소화하기 힘든 것도 먹을 수 있었습니다.

Quoi qu'il mange, son estomac utilisait jusqu'au dernier morceau de valeur.

그는 무엇을 먹든 간에 그의 뱃속은 마지막 남은 음식까지 모두 먹어 치웠다.

Son sang transportait les nutriments loin dans son corps puissant.

그의 혈액은 그의 강력한 몸 전체에 영양분을 공급했습니다.

Cela a créé des tissus solides qui lui ont donné une endurance incroyable.

이로 인해 그는 놀라운 지구력을 갖춘 튼튼한 조직을 가지게 되었습니다.

Sa vue et son odorat sont devenus beaucoup plus sensibles qu'avant.

그의 시력과 후각은 이전보다 훨씬 더 민감해졌습니다.

Son ouïe est devenue si fine qu'il pouvait détecter des sons faibles pendant son sommeil.

그의 청력은 너무 예민해져서 잠자는 동안에도 희미한 소리를 들을 수 있었습니다.

Il savait dans ses rêves si les sons signifiaient sécurité ou danger.

그는 꿈에서 그 소리가 안전을 의미하는지 위험을 의미하는지 알았습니다.

Il a appris à mordre la glace entre ses orteils avec ses dents.

그는 발가락 사이의 얼음을 이빨로 물어뜯는 법을 배웠습니다.

Si un point d'eau gelait, il brisait la glace avec ses jambes.

물웅덩이가 얼어붙으면 그는 다리로 얼음을 깨곤 했다.

Il se cabra et frappa violemment la glace avec ses membres antérieurs raides.

그는 몸을 일으켜 뻣뻣한 앞발로 얼음을 세게 내리쳤다.

Sa capacité la plus frappante était de prédire les changements de vent pendant la nuit.

그의 가장 놀라운 능력은 밤새 바람의 변화를 예측하는 것이었습니다.

Même lorsque l'air était calme, il choisissait des endroits abrités du vent.

공기가 고요할 때에도 그는 바람으로부터 보호되는 장소를 선택했습니다.

Partout où il creusait son nid, le vent du lendemain le passait à côté de lui.

그가 둥지를 파는 곳마다 다음 날의 바람이 그를 지나갔다.

Il finissait toujours par se blottir et se protéger, sous le vent.

그는 언제나 바람이 없는 쪽에서 아늑하고 안전하게 지냈습니다.

Buck n'a pas seulement appris par l'expérience : son instinct est également revenu.

벅은 경험을 통해 배웠을 뿐만 아니라, 그의 본능도 돌아왔습니다.

Les habitudes des générations domestiquées ont commencé à disparaître.

길들여진 세대의 습관은 사라지기 시작했습니다.

De manière vague, il se souvenait des temps anciens de sa race.

그는 막연하게나마 자신의 품종의 고대 시절을
기억했다.

**Il repensa à l'époque où les chiens sauvages couraient en meute dans les forêts.**
그는 야생 개들이 숲 속에서 떼지어 달리던 때를
떠올렸다.

**Ils avaient poursuivi et tué leur proie en la poursuivant.**
그들은 먹이를 쫓아가서 죽이면서 달렸습니다.

**Il était facile pour Buck d'apprendre à se battre avec force et rapidité.**
벅은 이빨과 빠른 속도를 이용해 싸우는 법을 쉽게
배웠습니다.

**Il utilisait des coupures, des entailles et des coups rapides, tout comme ses ancêtres.**
그는 조상들처럼 자르고, 베고, 재빠르게 꺾는 기술을
사용했습니다.

**Ces ancêtres se sont réveillés en lui et ont réveillé sa nature sauvage.**
그 조상들은 그의 내면에서 깨어나 그의 야생적 본성을
일깨웠습니다.

**Leurs anciennes compétences lui avaient été transmises par le sang.**
그들의 오래된 기술은 혈통을 통해 그에게
전해졌습니다.

**Leurs tours étaient désormais à lui, sans besoin de pratique ni d'effort.**
이제 그들의 속임수는 그의 것이 되었고, 연습이나
노력이 필요 없게 되었습니다.

**Lors des nuits calmes et froides, Buck levait le nez et hurlait.**
고요하고 추운 밤이면 벅은 코를 들고 울부짖었다.

**Il hurla longuement et profondément, comme le faisaient les loups autrefois.**
그는 마치 옛날 늑대들이 그랬던 것처럼 길고 깊은
울부짖음을 내질렀다.

À travers lui, ses ancêtres morts pointaient leur nez et hurlaient.

그를 통해 그의 죽은 조상들이 코를 들이밀고 울부짖었다.

Ils ont hurlé à travers les siècles avec sa voix et sa forme.

그들은 수세기 동안 그의 목소리와 모습으로 울부짖었습니다.

Ses cadences étaient les leurs, de vieux cris qui parlaient de chagrin et de froid.

그의 운율은 그들의 운율과 같았고, 슬픔과 추위를 말해주는 오래된 울음소리였다.

Ils chantaient l'obscurité, la faim et le sens de l'hiver.

그들은 어둠, 굶주림, 그리고 겨울의 의미를 노래했습니다.

Buck a prouvé que la vie est façonnée par des forces qui nous dépassent.

벅은 삶이 자신을 넘어서는 힘에 의해 형성된다는 것을 증명했습니다.

L'ancienne chanson s'éleva à travers Buck et s'empara de son âme.

고대의 노래가 벅의 영혼을 사로잡았습니다.

Il s'est retrouvé parce que les hommes avaient trouvé de l'or dans le Nord.

그는 북쪽에서 사람들이 금을 발견했기 때문에 자신을 발견했습니다.

Et il s'est retrouvé parce que Manuel, l'aide du jardinier, avait besoin d'argent.

그리고 그는 정원사의 도우미인 마누엘에게 돈이 필요해서 자신을 찾았습니다.

## La Bête Primordiale Dominante
## 지배적인 원시 짐승

**La bête primordiale dominante était aussi forte que jamais en Buck.**
지배적인 원시적 짐승은 버크에서 예전처럼 강력했습니다.

**Mais la bête primordiale dominante sommeillait en lui.**
하지만 지배적인 원시적 짐승은 그의 안에 잠복해 있었습니다.

**La vie sur le sentier était dure, mais elle renforçait la bête qui sommeillait en Buck.**
산길에서의 생활은 혹독했지만, 그것은 벅의 내면에 있는 야수를 강화시켜 주었다.

**Secrètement, la bête devenait de plus en plus forte chaque jour.**
그 짐승은 비밀리에 날이 갈수록 더욱 강해졌습니다.

**Mais cette croissance intérieure est restée cachée au monde extérieur.**
하지만 그러한 내면의 성장은 외부 세계에 알려지지 않았습니다.

**Une force primordiale, calme et tranquille, se construisait à l'intérieur de Buck.**
벅의 내면에는 조용하고 차분한 원초적인 힘이 형성되고 있었습니다.

**Une nouvelle ruse a donné à Buck l'équilibre, le calme, le contrôle et l'équilibre.**
새로운 교활함은 벅에게 균형, 차분한 통제력, 평정심을 주었습니다.

**Buck s'est concentré sur son adaptation, sans jamais se sentir complètement détendu.**
벅은 적응에만 집중했고, 결코 완전히 편안한 기분을 느끼지 못했다.

**Il évitait les conflits, ne déclenchait jamais de bagarres et ne cherchait jamais les ennuis.**

그는 갈등을 피했고, 결코 싸움을 시작하지 않았으며,
문제를 일으키지도 않았습니다.

**Une réflexion lente et constante façonnait chaque
mouvement de Buck.**

벅의 모든 움직임에는 느리고 꾸준한 생각이 담겨
있었습니다.

**Il évitait les choix irréfléchis et les décisions soudaines et
imprudentes.**

그는 성급한 선택이나 갑작스럽고 무모한 결정을
피했습니다.

**Bien que Buck détestait profondément Spitz, il ne lui
montrait aucune agressivité.**

벅은 스피츠를 몹시 싫어했지만, 그에게 공격적인
태도를 보이지는 않았습니다.

**Buck n'a jamais provoqué Spitz et a gardé ses actions
contenues.**

벅은 스피츠를 자극하지 않았고, 자신의 행동을
자제했습니다.

**Spitz, de son côté, sentait le danger grandissant chez Buck.**

반면, 스피츠는 벅에게서 점점 커지는 위험을
감지했습니다.

**Il considérait Buck comme une menace et un sérieux défi à
son pouvoir.**

그는 벅을 자신의 권력에 대한 위협이자 심각한
도전으로 여겼습니다.

**Il profitait de chaque occasion pour grogner et montrer ses
dents acérées.**

그는 으르렁거리며 날카로운 이빨을 보일 기회가 있을
때마다 이용했다.

**Il essayait de déclencher le combat mortel qui devait avoir
lieu.**

그는 다가올 치명적인 싸움을 시작하려고 했습니다.

**Au début du voyage, une bagarre a failli éclater entre eux.**

여행 초반에 그들 사이에 싸움이 벌어질 뻔했습니다.

**Mais un accident inattendu a empêché le combat d'avoir
lieu.**

하지만 예상치 못한 사고로 인해 싸움은 일어나지 않게
되었습니다.

Ce soir-là, ils installèrent leur campement sur le lac Le
Barge, extrêmement froid.

그날 저녁, 그들은 몹시 추운 르바르주 호수에 캠프를
세웠습니다.

La neige tombait fort et le vent soufflait comme un couteau.

눈이 많이 내리고, 바람이 칼날처럼 휘몰아쳤습니다.

La nuit était venue trop vite et l'obscurité les entourait.

밤은 너무 빨리 찾아왔고, 어둠이 그들을 에워쌌다.

Ils n'auraient pas pu choisir un pire endroit pour se reposer.

그들이 휴식하기에 이보다 더 나쁜 곳은 없었을 것이다.

Les chiens cherchaient désespérément un endroit où se
coucher.

개들은 필사적으로 누울 곳을 찾았습니다.

Un haut mur de roche s'élevait abruptement derrière le petit
groupe.

작은 무리 뒤로는 높은 바위벽이 가파르게 솟아
있었습니다.

La tente avait été laissée à Dyea pour alléger la charge.

짐을 가볍게 하기 위해 텐트는 다이아에 남겨
두었습니다.

Ils n'avaient pas d'autre choix que d'allumer le feu sur la
glace elle-même.

그들은 얼음 위에 불을 피울 수밖에 없었습니다.

Ils étendent leurs robes de nuit directement sur le lac gelé.

그들은 얼어붙은 호수 위에 잠자리 옷을 바로 펼쳤다.

Quelques bâtons de bois flotté leur ont donné un peu de feu.

몇 개의 유목이 그들에게 약간의 불을
가져다주었습니다.

Mais le feu s'est allumé sur la glace et a fondu à travers elle.

하지만 불은 얼음 위에 피워졌고, 얼음을 통해
녹아내렸습니다.

Finalement, ils mangeaient leur dîner dans l'obscurité.

결국 그들은 어둠 속에서 저녁을 먹고 있었습니다.

Buck s'est recroquevillé près du rocher, à l'abri du vent froid.

벅은 차가운 바람을 피해 바위 옆에 웅크리고 있었다.

**L'endroit était si chaud et sûr que Buck détestait déménager.**

그 장소는 너무 따뜻하고 안전해서 벅은 이사하고 싶지
않았습니다.

**Mais François avait réchauffé le poisson et distribuait les rations.**

하지만 프랑수아는 물고기를 데워놓고 식량을 나눠주고
있었습니다.

**Buck finit de manger rapidement et retourna dans son lit.**

벅은 재빨리 식사를 마치고 침대로 돌아갔다.

**Mais Spitz était maintenant allongé là où Buck avait fait son lit.**

하지만 스피츠는 이제 벅이 침대를 만든 곳에 누워
있었습니다.

**Un grognement sourd avertit Buck que Spitz refusait de bouger.**

낮은 으르렁거림으로 벅은 스피츠가 움직이지 않을
것이라고 경고했다.

**Jusqu'à présent, Buck avait évité ce combat avec Spitz.**

지금까지 벅은 스피츠와의 싸움을 피해왔습니다.

**Mais au plus profond de Buck, la bête s'est finalement libérée.**

하지만 벅의 깊은 곳에서 짐승이 마침내 풀려났습니다.

**Le vol de son lieu de couchage était trop difficile à tolérer.**

그의 잠자리가 도난당한 것은 참을 수 없는
일이었습니다.

**Buck se lança sur Spitz, plein de colère et de rage.**

벅은 분노와 격노로 가득 차서 스피츠에게 달려들었다.

**Jusqu'à présent, Spitz pensait que Buck n'était qu'un gros chien.**

지금까지 스피츠는 벅이 단지 큰 개일 뿐이라고
생각하지 않았습니다.

**Il ne pensait pas que Buck avait survécu grâce à son esprit.**

그는 벅이 자신의 영혼을 통해 살아남았다고 생각하지
않았다.

Il s'attendait à la peur et à la lâcheté, pas à la fureur et à la vengeance.

그는 분노와 복수가 아닌 두려움과 비겁함을 기대했습니다.

François regarda les deux chiens sortir du nid en ruine.

프랑수아는 두 마리의 개가 무너진 둥지에서 뛰쳐나오는 것을 바라보았다.

Il comprit immédiatement ce qui avait déclenché cette lutte sauvage.

그는 즉시 격렬한 싸움이 시작된 이유를 이해했습니다.

« Aa-ah ! » s'écria François en soutien au chien brun.

"아아!" 프랑수아는 갈색 개를 응원하며 소리쳤다.

« Frappez-le ! Par Dieu, punissez ce voleur sournois ! »

"그놈을 때려눕혀! 신이시여, 저 교활한 도둑놈을 벌해 주십시오!"

Spitz a montré une volonté égale et une impatience folle de se battre.

스피츠 역시 싸움에 대한 동등한 준비성과 맹렬한 열망을 보였다.

Il cria de rage tout en tournant rapidement en rond, cherchant une ouverture.

그는 빠르게 돌며 틈을 찾으며 분노에 차 소리쳤다.

Buck a montré la même soif de combat et la même prudence.

벅은 여전히 싸우고자 하는 열망을 보였지만, 여전히 조심스러운 태도를 보였다.

Il a également encerclé son adversaire, essayant de prendre le dessus dans la bataille.

그는 상대방을 에워싸고 전투에서 우위를 점하려고 노력했습니다.

Puis quelque chose d'inattendu s'est produit et a tout changé.

그러다 예상치 못한 일이 일어나 모든 것이 바뀌었습니다.

Ce moment a retardé l'éventuelle lutte pour le leadership.

그 순간으로 인해 결국 리더십을 놓고 벌어질 싸움이 지연되었습니다.

De nombreux kilomètres de piste et de lutte attendaient encore avant la fin.

끝까지 가려면 아직도 수 마일에 달하는 고난과 투쟁이 기다리고 있었습니다.

Perrault cria un juron tandis qu'une massue frappait un os.

페로는 곤봉이 뼈에 부딪히자 욕설을 외쳤다.

Un cri aigu de douleur suivit, puis le chaos explosa tout autour.

날카로운 고통의 비명이 이어졌고, 그 후 주변은 혼란스러워졌습니다.

Des formes sombres se déplaçaient dans le camp ; des huskies sauvages, affamés et féroces.

캠프에 어두운 형체들이 움직였다. 굶주리고 사나운 야생 허스키들이었다.

Quatre ou cinq douzaines de huskies avaient reniflé le camp de loin.

허스키 4~50마리가 멀리서 캠프를 냄새로 알아보았습니다.

Ils s'étaient glissés discrètement pendant que les deux chiens se battaient à proximité.

두 마리의 개가 근처에서 싸우는 동안 그들은 조용히 기어 들어왔습니다.

François et Perrault chargèrent en brandissant des massues sur les envahisseurs.

프랑수아와 페로는 곤봉을 휘두르며 침략자들을 공격했습니다.

Les huskies affamés ont montré les dents et ont riposté avec frénésie.

굶주린 허스키들은 이빨을 드러내고 광적으로 반격했다.

L'odeur de la viande et du pain les avait chassés de toute peur.

고기와 빵 냄새가 그들을 모든 두려움에서 몰아냈습니다.

Perrault battait un chien qui avait enfoui sa tête dans la boîte à nourriture.

페로는 음식 상자에 머리를 파묻은 개를 때렸다.

Le coup a été violent et la boîte s'est retournée, la nourriture s'est répandue.

강한 타격이 가해지자 상자가 뒤집히고 음식이 쏟아졌습니다.

En quelques secondes, une vingtaine de bêtes sauvages déchirèrent le pain et la viande.

몇 초 만에 20마리의 야수들이 빵과 고기를 찢어버렸습니다.

Les gourdin masculins ont porté coup sur coup, mais aucun chien ne s'est détourné.

남자 곤봉들이 연이어 공격을 가했지만, 어떤 개도 물러서지 않았습니다.

Ils hurlaient de douleur, mais se battaient jusqu'à ce qu'il ne reste plus de nourriture.

그들은 고통스럽게 울부짖었지만, 음식이 다 없어질 때까지 싸웠습니다.

Pendant ce temps, les chiens de traîneau avaient sauté de leurs lits enneigés.

그 사이 썰매개들은 눈 덮인 침대에서 뛰어내렸습니다.

Ils ont été immédiatement attaqués par les huskies vicieux et affamés.

그들은 사납고 배고픈 허스키들에게 즉시 공격을 받았습니다.

Buck n'avait jamais vu de créatures aussi sauvages et affamées auparavant.

벅은 이전에 그렇게 사납고 굶주린 동물을 본 적이 없었다.

Leur peau pendait librement, cachant à peine leur squelette.

그들의 피부는 헐거워져 뼈대가 거의 보이지 않았습니다.

Il y avait un feu dans leurs yeux, de faim et de folie

그들의 눈에는 배고픔과 광기로 인한 불이 있었습니다.

Il n'y avait aucun moyen de les arrêter, aucune résistance à leur ruée sauvage.

그들을 막을 수 있는 사람은 아무도 없었고, 그들의 맹렬한 돌진에 저항할 수 있는 사람도 없었습니다.

Les chiens de traîneau furent repoussés, pressés contre la paroi de la falaise.

썰매개들은 뒤로 밀려나 절벽 벽에 기대어 섰다.

Trois huskies ont attaqué Buck en même temps, déchirant sa chair.

허스키 세 마리가 한꺼번에 벅을 공격해 그의 살을 찢었습니다.

Du sang coulait de sa tête et de ses épaules, là où il avait été coupé.

그의 머리와 어깨, 즉 베인 부분에서 피가 쏟아졌습니다.

Le bruit remplissait le camp : grognements, cris et cris de douleur.

캠프 안에는 소음이 가득 찼다. 으르렁거리는 소리, 울부짖는 소리, 고통스러운 비명.

Billee pleurait fort, comme d'habitude, prise dans la mêlée et la panique.

빌리는 평소처럼 싸움과 공황에 휩싸여 큰 소리로 울었다.

Dave et Solleks se tenaient côte à côte, saignant mais provocants.

데이브와 솔렉스는 피를 흘리면서도 저항하며 나란히 섰습니다.

Joe s'est battu comme un démon, mordant tout ce qui s'approchait.

조는 악마처럼 싸웠고, 가까이 다가오는 것은 무엇이든 물어뜯었다.

Il a écrasé la jambe d'un husky d'un claquement brutal de ses mâchoires.

그는 턱을 잔혹하게 한 번 꺾어 허스키의 다리를 부러뜨렸습니다.

Pike a sauté sur le husky blessé et lui a brisé le cou instantanément.

파이크는 부상당한 허스키에게 달려들어 그 즉시 목을 부러뜨렸습니다.

Buck a attrapé un husky par la gorge et lui a déchiré la veine.

벅은 허스키의 목을 물어 혈관을 찢어버렸습니다.

**Le sang gicla et le goût chaud poussa Buck dans une frénésie.**

피가 튀었고, 따뜻한 맛이 벅을 격노하게 만들었다.

**Il s'est jeté sur un autre agresseur sans hésitation.**

그는 주저하지 않고 다른 공격자에게 달려들었다.

**Au même moment, des dents acérées s'enfoncèrent dans la gorge de Buck.**

동시에 날카로운 이빨이 벅의 목에 박혔다.

**Spitz avait frappé de côté, attaquant sans avertissement.**

스피츠는 아무런 경고도 없이 측면에서 공격해 왔습니다.

**Perrault et François avaient vaincu les chiens en volant la nourriture.**

페로와 프랑수아는 음식을 훔치는 개들을 물리쳤습니다.

**Ils se sont alors précipités pour aider leurs chiens à repousser les attaquants.**

이제 그들은 공격자들을 물리치기 위해 개들을 돕기 위해 달려갔습니다.

**Les chiens affamés se retirèrent tandis que les hommes brandissaient leurs gourdins.**

굶주린 개들은 남자들이 곤봉을 휘두르자 물러났다.

**Buck s'est libéré de l'attaque, mais l'évasion a été brève.**

벅은 공격에서 벗어났지만 탈출은 잠깐이었다.

**Les hommes ont couru pour sauver leurs chiens, et les huskies ont de nouveau afflué.**

남자들은 개들을 구하기 위해 달려갔고 허스키들이 다시 몰려왔다.

**Billee, effrayé et courageux, sauta dans la meute de chiens.**

겁에 질린 빌리는 용기를 내어 개 무리 속으로 뛰어들었다.

**Mais il s'est alors enfui sur la glace, saisi de terreur et de panique.**

하지만 그는 극심한 공포와 공황 상태에 빠져 얼음 위로 도망쳤습니다.

**Pike et Dub suivaient de près, courant pour sauver leur vie.**

파이크와 더브는 그 뒤를 따라가며 목숨을 구하기 위해
달렸다.

Le reste de l'équipe s'est séparé et dispersé, les suivant.
나머지 팀원들도 흩어져 그들을 따라갔다.

Buck rassembla ses forces pour courir, mais vit alors un
éclair.
벅은 도망치려고 힘을 모았지만, 그때 섬광을
보았습니다.

Spitz s'est jeté sur le côté de Buck, essayant de le faire
tomber au sol.
스피츠는 벅의 옆으로 달려들어 그를 땅에 쓰러뜨리려고
했습니다.

Sous cette foule de huskies, Buck n'aurait eu aucune
échappatoire.
허스키 무리 아래에서는 벅이 탈출할 방법이 없었을
것이다.

Mais Buck est resté ferme et s'est préparé au coup de Spitz.
하지만 벅은 굳건히 서서 스피츠의 타격에
대비했습니다.

Puis il s'est retourné et a couru sur la glace avec l'équipe en
fuite.
그러고 나서 그는 돌아서서 도망치는 팀과 함께 얼음
위로 달려나갔습니다.


Plus tard, les neuf chiens de traîneau se sont rassemblés à
l'abri des bois.
나중에, 9마리의 썰매개들이 숲의 보호소에 모였습니다.

Personne ne les poursuivait plus, mais ils étaient battus et
blessés.
더 이상 그들을 쫓는 사람은 없었지만, 그들은 폭행을
당하고 부상을 입었습니다.

Chaque chien avait des blessures ; quatre ou cinq coupures
profondes sur chaque corps.
각 개는 상처를 입고 있었습니다. 몸에는 깊은 상처가
4~5개 있었습니다.

**Dub avait une patte arrière blessée et avait du mal à marcher maintenant.**

더브는 뒷다리에 부상을 입었고 이제는 걷는 데 어려움을 겪고 있습니다.

**Dolly, le nouveau chien de Dyea, avait la gorge tranchée.**

다이아의 새 강아지 돌리는 목이 베였습니다.

**Joe avait perdu un œil et l'oreille de Billee était coupée en morceaux**

조는 한쪽 눈을 잃었고, 빌리의 귀는 조각조각 잘렸습니다.

**Tous les chiens ont crié de douleur et de défaite toute la nuit.**

모든 개들은 밤새도록 고통과 패배감에 울부짖었습니다.

**À l'aube, ils retournèrent au camp, endoloris et brisés.**

새벽이 되자 그들은 몸이 아프고 지친 채로 캠프로 돌아왔습니다.

**Les huskies avaient disparu, mais le mal était fait.**

허스키들은 사라졌지만 피해는 이미 발생했습니다.

**Perrault et François étaient de mauvaise humeur à cause de la ruine.**

페로와 프랑수아는 폐허를 바라보며 기분이 나빴다.

**La moitié de la nourriture avait disparu, volée par les voleurs affamés.**

음식의 절반은 배고픈 도둑들에게 낚아채가 갔습니다.

**Les huskies avaient déchiré les fixations et la toile du traîneau.**

허스키들은 썰매의 묶음과 캔버스를 찢어버렸습니다.

**Tout ce qui avait une odeur de nourriture avait été complètement dévoré.**

음식 냄새가 나는 것은 모두 먹어 치워졌습니다.

**Ils ont mangé une paire de bottes de voyage en peau d'élan de Perrault.**

그들은 페로의 무스 가죽으로 만든 여행용 부츠 한 켤레를 먹었습니다.

**Ils ont mâché des reis en cuir et ruiné des sangles au point de les rendre inutilisables.**

그들은 가죽 레이스를 씹어먹고, 끈을 망가뜨려 더 이상 쓸 수 없게 만들었습니다.

François cessa de fixer le fouet déchiré pour vérifier les chiens.

프랑수아는 찢어진 채찍을 바라보는 것을 멈추고 개들을 살펴보았다.

« Ah, mes amis », dit-il d'une voix basse et pleine d'inquiétude.

"아, 친구들." 그는 걱정이 가득한 낮은 목소리로 말했다.

« Peut-être que toutes ces morsures vous transformeront en bêtes folles. »

"어쩌면 이 모든 물림이 너를 미친 짐승으로 만들지도 몰라."

« Peut-être que ce sont tous des chiens enragés, sacredam ! Qu'en penses-tu, Perrault ? »

"미친 개들이 다 그럴 수도 있겠지, 새시캠! 어떻게 생각하니, 페로?"

Perrault secoua la tête, les yeux sombres d'inquiétude et de peur.

페로는 고개를 저으며, 눈은 걱정과 두려움으로 어두워졌다.

Il y avait encore quatre cents milles entre eux et Dawson.

그들과 도슨 사이는 아직도 400마일이나 떨어져 있었습니다.

La folie canine pourrait désormais détruire toute chance de survie.

지금의 개 광기는 생존의 모든 가능성을 파괴할 수도 있습니다.

Ils ont passé deux heures à jurer et à essayer de réparer le matériel.

그들은 2시간 동안 욕설을 퍼부으며 장비를 고치려고 노력했습니다.

L'équipe blessée a finalement quitté le camp, brisée et vaincue.

부상을 입은 팀은 마침내 캠프를 떠났고, 무너지고 패배했습니다.

C'était le sentier le plus difficile jusqu'à présent, et chaque pas était douloureux.

지금까지 본 길 중 가장 힘든 길이었고, 매 걸음마다 고통스러웠습니다.

La rivière Thirty Mile n'était pas gelée et coulait à flots.

서티마일 강은 얼지 않았고, 거세게 흐르고 있었습니다.

Ce n'est que dans les endroits calmes et les tourbillons que la glace parvenait à tenir.

오직 고요한 곳과 소용돌이치는 곳에서만 얼음이 버틸 수 있었습니다.

Six jours de dur labeur se sont écoulés jusqu'à ce que les trente milles soient parcourus.

30마일을 가는 데까지 6일간의 힘든 노동이 이어졌습니다.

Chaque kilomètre parcouru sur le sentier apportait du danger et une menace de mort.

그 길을 1마일씩 걸어갈 때마다 위험과 죽음의 위협이 찾아왔습니다.

Les hommes et les chiens risquaient leur vie à chaque pas douloureux.

남자와 개들은 고통스러운 한 걸음을 내딛으며 목숨을 걸었습니다.

Perrault a franchi des ponts de glace minces à une douzaine de reprises.

페로는 얇은 얼음 다리를 12번이나 돌파했습니다.

Il portait une perche et la laissait tomber sur le trou que son corps avait fait.

그는 막대기를 들고 자신의 몸이 만든 구멍에 떨어뜨렸습니다.

Plus d'une fois, ce poteau a sauvé Perrault de la noyade.

그 기둥은 페로를 익사로부터 구한 적이 여러 번 있었습니다.

La vague de froid persistait, l'air était à cinquante degrés en dessous de zéro.

추위가 계속되었고 기온은 영하 50도였습니다.

Chaque fois qu'il tombait, Perrault devait allumer un feu pour survivre.

페로는 빠질 때마다 살아남기 위해 불을 피워야 했습니다.

Les vêtements mouillés gelaient rapidement, alors il les séchait près d'une source de chaleur intense.

젖은 옷은 빨리 얼기 때문에 그는 뜨거운 열기에 말렸습니다.

Aucune peur n'a jamais touché Perrault, et cela a fait de lui un courrier.

페로는 결코 두려움을 느끼지 않았고, 그로 인해 그는 택배기사가 되었습니다.

Il a été choisi pour le danger, et il l'a affronté avec une résolution tranquille.

그는 위험을 감수하기 위해 선택되었지만, 그는 조용한 결의로 위험을 맞이했습니다.

Il s'avança face au vent, son visage ratatiné et gelé.

그는 바람을 맞으며 앞으로 나아갔고, 그의 주름진 얼굴은 동상에 걸렸다.

De l'aube naissante à la tombée de la nuit, Perrault les mena en avant.

희미한 새벽부터 밤까지 페로는 그들을 이끌었다.

Il marchait sur une étroite bordure de glace qui se fissurait à chaque pas.

그는 걸을 때마다 갈라지는 좁은 얼음 위를 걸었다.

Ils n'osaient pas s'arrêter : chaque pause risquait de provoquer un effondrement mortel.

그들은 감히 멈출 수 없었다. 멈출 때마다 치명적인 붕괴의 위험이 있었기 때문이다.

Un jour, le traîneau s'est brisé, entraînant Dave et Buck à l'intérieur.

어느 날 썰매가 뚫고 들어가 데이브와 벅을 끌어당겼습니다.

Au moment où ils ont été libérés, tous deux étaient presque gelés.

그들이 끌려나왔을 때, 두·사람 모두 거의 얼어붙어
있었습니다.

Les hommes ont rapidement allumé un feu pour garder
Buck et Dave en vie.

남자들은 벅과 데이브를 살리기 위해 재빨리 불을
피웠다.

Les chiens étaient recouverts de glace du nez à la queue,
raides comme du bois sculpté.

개들은 코부터 꼬리까지 얼음으로 뒤덮여 있었고,
조각된 나무처럼 뻣뻣했습니다.

Les hommes les faisaient courir en rond près du feu pour
décongeler leurs corps.

남자들은 불 근처에서 그들을 원으로 돌며 몸을 녹였다.

Ils se sont approchés si près des flammes que leur fourrure a
été brûlée.

그들은 불길에 너무 가까이 다가가서 털이
그을렸습니다.

Spitz a ensuite brisé la glace, entraînant l'équipe derrière lui.

스피츠가 얼음을 깨고 뒤따라오는 팀을 이끌었다.

La cassure s'est étendue jusqu'à l'endroit où Buck tirait.

그 틈은 벅이 잡아당기는 곳까지 닿아 있었습니다.

Buck se pencha en arrière, ses pattes glissant et tremblant
sur le bord.

벅은 몸을 뒤로 기대었고, 발은 가장자리에서
미끄러지고 떨렸다.

Dave a également tendu vers l'arrière, juste derrière Buck
sur la ligne.

데이브도 벅 바로 뒤쪽, 결승선에서 뒤로 힘을 주었다.

François tirait sur le traîneau, ses muscles craquant sous
l'effort.

프랑수아는 썰매를 끌고 갔고, 그의 근육은 힘겹게
경련을 일으켰다.

Une autre fois, la glace du bord s'est fissurée devant et
derrière le traîneau.

또 다른 때는 썰매 앞뒤의 가장자리 얼음이
갈라졌습니다.

Ils n'avaient d'autre issue que d'escalader une paroi rocheuse gelée.

그들은 얼어붙은 절벽을 오르는 것 외에는 탈출할 방법이 없었습니다.

Perrault a réussi à escalader le mur, mais un miracle l'a maintenu en vie.

페로는 어떻게든 벽을 올라갔고, 기적적으로 그는 살아남았습니다.

François resta en bas, priant pour avoir le même genre de chance.

프랑수아는 아래에 머물며 같은 행운을 빌었습니다.

Ils ont attaché chaque sangle, chaque amarrage et chaque traçage en une seule longue corde.

그들은 모든 끈과 끈을 묶어 하나의 긴 밧줄로 만들었습니다.

Les hommes ont hissé chaque chien, un par un, jusqu'au sommet.

남자들은 한 번에 한 마리씩 개를 꼭대기까지 끌어올렸습니다.

François est monté en dernier, après le traîneau et toute la charge.

프랑수아는 썰매와 짐 전체를 싣고 마지막으로 올라갔습니다.

Commença alors une longue recherche d'un chemin pour descendre des falaises.

그러고 나서 절벽 아래로 내려갈 길을 찾기 위한 긴 탐색이 시작되었습니다.

Ils sont finalement descendus en utilisant la même corde qu'ils avaient fabriquée.

그들은 마침내 자신들이 만든 것과 같은 밧줄을 이용해 내려갔습니다.

La nuit tombait alors qu'ils retournaient au lit de la rivière, épuisés et endoloris.

그들이 지치고 몸이 아픈 채로 강바닥으로 돌아왔을 때 밤이 깊어졌습니다.

La journée entière ne leur avait permis de gagner qu'un quart de mile.

그들은 단 400미터를 가는 데도 하루 종일 걸렸습니다.

Au moment où ils atteignirent le Hootalinqua, Buck était épuisé.

그들이 후탈린콰에 도착했을 때, 벅은 지쳐 있었습니다.

Les autres chiens ont tout autant souffert des conditions du sentier.

다른 개들도 산길 상황 때문에 똑같이 큰 고통을 겪었습니다.

Mais Perrault avait besoin de récupérer du temps et les poussait chaque jour.

하지만 페로는 시간을 벌기 위해 노력했고, 매일 그들을 밀어붙였습니다.

Le premier jour, ils ont parcouru trente miles jusqu'à Big Salmon.

첫날 그들은 30마일을 여행하여 빅 샐먼에 도착했습니다.

Le lendemain, ils parcoururent trente-cinq milles jusqu'à Little Salmon.

다음 날 그들은 35마일을 여행하여 리틀 샐먼에 도착했습니다.

Le troisième jour, ils ont parcouru quarante longs kilomètres gelés.

셋째 날, 그들은 얼어붙은 40마일의 긴 길을 뚫고 나아갔습니다.

À ce moment-là, ils approchaient de la colonie de Five Fingers.

그때쯤 그들은 파이브 핑거스의 정착지에 가까워지고 있었습니다.


Les pieds de Buck étaient plus doux que les pieds durs des huskies indigènes.

벅의 발은 토종 허스키의 단단한 발보다 부드럽습니다.

Ses pattes étaient devenues plus fragiles au fil des générations civilisées.

그의 발은 여러 세대의 문명을 거치며
부드러워졌습니다.

Il y a longtemps, ses ancêtres avaient été apprivoisés par des
hommes de la rivière ou des chasseurs.

옛날 옛적에 그의 조상들은 강의 사람들이나
사냥꾼들에게 길들여졌습니다.

Chaque jour, Buck boitait de douleur, marchant sur des
pattes à vif et douloureuses.

벅은 매일 고통스럽게 절뚝거리며, 벌겋고 아픈 발로
걸었다.

Au camp, Buck tomba comme une forme sans vie sur la
neige.

캠프에 도착하자 벅은 눈 위에 죽은 듯이 쓰러졌습니다.

Bien qu'affamé, Buck ne s'est pas levé pour manger son
repas du soir.

배가 고팠지만, 벅은 저녁 식사를 하기 위해 일어나지
않았습니다.

François apporta sa ration à Buck, en déposant du poisson
près de son museau.

프랑수아는 벅에게 식량을 가져다 주면서 총구에
물고기를 놓았습니다.

Chaque nuit, le chauffeur frottait les pieds de Buck pendant
une demi-heure.

매일 밤 운전사는 벅의 발을 30분 동안 문질러 주었다.

François a même découpé ses propres mocassins pour en
faire des chaussures pour chiens.

프랑수아는 개 신발을 만들기 위해 모카신을 직접
자르기도 했습니다.

Quatre chaussures chaudes ont apporté à Buck un grand et
bienvenu soulagement.

따뜻한 신발 네 켤레가 벅에게 큰 위안과 안도감을
주었다.

Un matin, François oublia ses chaussures et Buck refusa de
se lever.

어느 날 아침, 프랑수아는 신발을 잊어버렸고, 벅은
일어나기를 거부했습니다.

Buck était allongé sur le dos, les pieds en l'air, les agitant pitoyablement.

벅은 등을 대고 누워서 발을 공중에 뻗고 애처롭게 흔들고 있었다.

Même Perrault sourit à la vue de l'appel dramatique de Buck.

심지어 페로조차도 벅의 극적인 호소를 보고 미소를 지었다.

Bientôt, les pieds de Buck devinrent durs et les chaussures purent être jetées.

곧 벅의 발은 딱딱해졌고, 신발을 벗어야 했습니다.

À Pelly, pendant le temps du harnais, Dolly laissait échapper un hurlement épouvantable.

펠리에서는 굴레를 씌우는 동안 돌리가 무서운 울부짖음을 터뜨렸습니다.

Le cri était long et rempli de folie, secouant chaque chien.

그 울음소리는 길고 광기로 가득 차 있었고, 모든 개들이 떨렸습니다.

Chaque chien se hérissait de peur sans en connaître la raison.

각각의 개들은 그 이유를 모른 채 두려움에 움츠러들었다.

Dolly était devenue folle et s'était jetée directement sur Buck.

돌리는 미쳐서 벅에게 곧장 달려들었다.

Buck n'avait jamais vu la folie, mais l'horreur remplissait son cœur.

벅은 광기를 본 적이 없었지만, 공포가 그의 마음을 가득 채웠다.

Sans réfléchir, il se retourna et s'enfuit, complètement paniqué.

그는 아무런 생각도 없이 돌아서서 완전히 당황한 채로 도망쳤습니다.

Dolly le poursuivit, les yeux fous, la salive s'échappant de ses mâchoires.

돌리는 그를 쫓았고, 그녀의 눈은 사나워졌고, 그녀의
입에서는 침이 흘러내렸다.

**Elle est restée juste derrière Buck, sans jamais gagner ni reculer.**

그녀는 벅 바로 뒤를 따라갔고, 결코 뒤처지지도,
따라잡지도 않았습니다.

**Buck courut à travers les bois, le long de l'île, sur de la glace déchiquetée.**

벅은 숲을 지나, 섬을 지나, 험준한 얼음 위를
달렸습니다.

**Il traversa vers une île, puis une autre, revenant vers la rivière.**

그는 한 섬으로 건너갔다가 또 다른 섬으로 건너간 뒤
다시 강으로 돌아왔습니다.

**Dolly le poursuivait toujours, son grognement le suivant de près à chaque pas.**

돌리는 여전히 그를 쫓아갔고, 매 걸음마다
으르렁거리는 소리를 내며 뒤따랐다.

**Buck pouvait entendre son souffle et sa rage, même s'il n'osait pas regarder en arrière.**

벅은 그녀의 숨소리와 분노를 들을 수 있었지만,
뒤돌아볼 용기가 나지 않았다.

**François cria de loin, et Buck se tourna vers la voix.**

프랑수아가 멀리서 소리치자, 벅은 목소리가 들리는
쪽으로 돌아섰다.

**Encore à bout de souffle, Buck courut, plaçant tout espoir en François.**

벅은 여전히 숨을 헐떡이며 프랑수아에게 모든 희망을
걸고 달려갔다.

**Le conducteur du chien leva une hache et attendit que Buck passe à toute vitesse.**

개 운전사는 도끼를 들고 벅이 지나가는 것을 기다렸다.

**La hache s'abattit rapidement et frappa la tête de Dolly avec une force mortelle.**

도끼는 빠르게 내려와 돌리의 머리를 치명적인 힘으로
쳤다.

Buck s'est effondré près du traîneau, essoufflé et incapable de bouger.

벅은 썰매 근처에 쓰러져 쌕쌕거리며 움직일 수 없게 되었다.

Ce moment a donné à Spitz l'occasion de frapper un ennemi épuisé.

그 순간, 스피츠는 지친 적을 공격할 기회를 얻었다.

Il a mordu Buck à deux reprises, déchirant la chair jusqu'à l'os blanc.

그는 벅을 두 번 물어뜯어 살을 찢어 흰 뼈까지 남겼습니다.

Le fouet de François claqua, frappant Spitz avec toute sa force et sa fureur.

프랑수아의 채찍이 휘둘리며, 엄청난 힘으로 스피츠를 공격했다.

Buck regarda avec joie Spitz recevoir sa raclée la plus dure jusqu'à présent.

벅은 스피츠가 지금까지 가장 가혹한 구타를 당하는 것을 기쁨으로 지켜보았습니다.

« C'est un diable, ce Spitz », murmura sombrement Perrault pour lui-même.

"슈피츠는 악마야." 페로는 어두운 목소리로 중얼거렸다.

« Un jour prochain, ce maudit chien tuera Buck, je le jure. »

"언젠가는 저 저주받은 개가 벅을 죽일 거야. 맹세해."

« Ce Buck a deux démons en lui », répondit François en hochant la tête.

프랑수아는 고개를 끄덕이며 "벅은 악마가 두 마리나 있는 놈이야."라고 대답했다.

« Quand je regarde Buck, je sais que quelque chose de féroce l'attend. »

"벅을 보면, 그 안에 사나운 무언가가 도사리고 있다는 걸 알 수 있어요."

« Un jour, il deviendra fou comme le feu et mettra Spitz en pièces. »

"어느 날, 그는 불처럼 화가 나서 스피츠를 갈기갈기 찢어놓을 거야."

« Il va mâcher ce chien et le recracher sur la neige gelée. »

"그는 그 개를 씹어 얼어붙은 눈 위에 뱉어낼 거야."

« Bien sûr que non, je le sais au plus profond de moi. »

"물론이죠, 저는 이걸 뼈 속 깊이 알고 있어요."

À partir de ce moment-là, les deux chiens étaient engagés
dans une guerre.

그 순간부터 두 마리의 개는 전쟁을 벌이게 되었습니다.

Spitz a dirigé l'équipe et a conservé le pouvoir, mais Buck a
contesté cela.

스피츠는 팀을 이끌고 권력을 쥐고 있었지만, 벅은 그에
도전했습니다.

Spitz a vu son rang menacé par cet étrange étranger du Sud.

스피츠는 이 이상한 사우스랜드 낯선 사람 때문에
자신의 계급이 위협받는 것을 보았습니다.

Buck ne ressemblait à aucun autre chien du sud que Spitz
avait connu auparavant.

벅은 스피츠가 지금까지 알고 있던 남부의 어떤 개와도
달랐습니다.

La plupart d'entre eux ont échoué, trop faibles pour survivre
au froid et à la faim.

그들 대부분은 실패했습니다. 추위와 굶주림을
견뎌내기에는 너무 약했습니다.

Ils sont morts rapidement à cause du travail, du gel et de la
lenteur de la famine.

그들은 노동과 추위, 그리고 기근으로 인한 느린
타오르는 열기에 빨리 죽었습니다.

Buck se démarquait : plus fort, plus intelligent et plus
sauvage chaque jour.

벅은 돋보였습니다. 날이 갈수록 더 강하고, 더
똑똑하고, 더 사나워졌습니다.

Il a prospéré dans les difficultés, grandissant jusqu'à égaler
les huskies du Nord.

그는 어려움을 겪으며 성장하여 북부 허스키와 어깨를
나란히 했습니다.

Buck avait de la force, une habileté sauvage et un instinct
patient et mortel.

벅은 힘과 뛰어난 기술, 그리고 인내심과 치명적인
본능을 가지고 있었습니다.

**L'homme avec la massue avait fait perdre à Buck toute
témérité.**

곤봉을 든 남자가 벅의 성급함을 몰아냈다.

**La fureur aveugle avait disparu, remplacée par une ruse
silencieuse et un contrôle.**

맹목적인 분노는 사라지고 조용한 교활함과 통제력으로
대체되었습니다.

**Il attendait, calme et primitif, guettant le bon moment.**

그는 침착하고 원초적인 자세로 적절한 순간을
기다렸다.

**Leur lutte pour le commandement est devenue inévitable et
claire.**

그들의 지휘권을 둘러싼 싸움은 피할 수 없고
분명해졌습니다.

**Buck désirait être un leader parce que son esprit l'exigeait.**

벅은 자신의 정신이 요구했기 때문에 리더십을
원했습니다.

**Il était poussé par l'étrange fierté née du sentier et du
harnais.**

그는 산길과 굴레에서 비롯된 이상한 자존심에
이끌렸습니다.

**Cette fierté a poussé les chiens à tirer jusqu'à ce qu'ils
s'effondrent sur la neige.**

그 자존심 때문에 개들은 눈 위에 쓰러질 때까지 힘을
썼습니다.

**L'orgueil les a poussés à donner toute la force qu'ils avaient.**

오만함은 그들을 유혹하여 그들이 가진 모든 힘을
바치게 했습니다.

**L'orgueil peut attirer un chien de traîneau jusqu'à la mort.**

교만함은 썰매개를 죽음의 지경까지 유혹할 수 있다.

**La perte du harnais a laissé les chiens brisés et sans but.**

하네스를 잃으면 개들은 힘없고 쓸모없는 존재가
됩니다.

Le cœur d'un chien de traîneau peut être brisé par la honte lorsqu'il prend sa retraite.

썰매를 끄는 개는 은퇴할 때 수치심으로 인해 마음이 상할 수 있다.

Dave vivait avec cette fierté alors qu'il tirait le traîneau par derrière.

데이브는 썰매를 뒤에서 끌면서 그 자부심에 따라 살았습니다.

Solleks, lui aussi, a tout donné avec une force et une loyauté redoutables.

솔렉스 역시 굳건한 힘과 충성심을 가지고 모든 것을 바쳤다.

Chaque matin, l'orgueil les faisait passer de l'amertume à la détermination.

매일 아침, 교만함은 그들을 비통함에서 단호함으로 바꾸었습니다.

Ils ont poussé toute la journée, puis sont restés silencieux à la fin du camp.

그들은 하루 종일 밀고 나갔고, 캠프가 끝나자 아무 말도 하지 않았습니다.

Cette fierté a donné à Spitz la force de battre les tire-au-flanc.

그 자부심 덕분에 스피츠는 게으른 자들을 물리치고 규율을 지킬 수 있는 힘을 얻었습니다.

Spitz craignait Buck parce que Buck portait cette même fierté profonde.

스피츠는 벅을 두려워했는데, 벅은 그와 똑같은 깊은 자존심을 가지고 있었기 때문이다.

L'orgueil de Buck s'est alors retourné contre Spitz, et il ne s'est pas arrêté.

벅의 자존심은 이제 스피츠에 대해 들끓었고, 그는 멈추지 않았습니다.

Buck a défié le pouvoir de Spitz et l'a empêché de punir les chiens.

벅은 스피츠의 힘에 저항하여 그가 개를 처벌하는 것을 막았습니다.

**Lorsque les autres échouaient, Buck s'interposait entre eux et leur chef.**

다른 사람들이 실패했을 때, 벅은 그들과 그들의 리더 사이에 들어섰습니다.

**Il l'a fait intentionnellement, en rendant son défi ouvert et clair.**

그는 의도적으로 이를 행했으며, 자신의 도전을 공개적이고 명확하게 표현했습니다.

**Une nuit, une forte neige a recouvert le monde d'un profond silence.**

어느 날 밤, 폭설이 세상을 깊은 침묵 속에 덮었습니다.

**Le lendemain matin, Pike, paresseux comme toujours, ne se leva pas pour aller travailler.**

다음날 아침, 파이크는 언제나처럼 게으르며 일하러 일어나지 않았습니다.

**Il est resté caché dans son nid sous une épaisse couche de neige.**

그는 두꺼운 눈층 아래 둥지에 숨어 있었습니다.

**François a appelé et cherché, mais n'a pas pu trouver le chien.**

프랑수아는 소리쳐 수색했지만 개를 찾을 수 없었다.

**Spitz devint furieux et se précipita à travers le camp couvert de neige.**

슈피츠는 격노하여 눈 덮인 캠프를 습격했습니다.

**Il grogna et renifla, creusant frénétiquement avec des yeux flamboyants.**

그는 으르렁거리고 냄새를 맡으며, 불타는 눈으로 미친 듯이 땅을 파헤쳤다.

**Sa rage était si féroce que Pike tremblait sous la neige de peur.**

그의 분노가 너무 강렬해서 파이크는 눈 속에서 두려움에 떨었습니다.

**Lorsque Pike fut finalement retrouvé, Spitz se précipita pour punir le chien qui se cachait.**

파이크가 마침내 발견되자, 스피츠는 숨어 있던 개를 처벌하기 위해 달려들었다.

**Mais Buck s'est précipité entre eux avec une fureur égale à celle de Spitz.**

하지만 벅은 스피츠와 마찬가지로 격노하여 그들 사이에 뛰어들었다.

**L'attaque fut si soudaine et intelligente que Spitz tomba.**

그 공격은 너무 갑작스럽고 교묘해서 스피츠는 넘어졌다.

**Pike, qui tremblait, puisa du courage dans ce défi.**

떨고 있던 파이크는 이 도전에서 용기를 얻었습니다.

**Il sauta sur le Spitz tombé, suivant l'exemple audacieux de Buck.**

그는 벅의 대담한 모범을 따라 쓰러진 스피츠 위로 뛰어올랐다.

**Buck, n'étant plus tenu par l'équité, a rejoint la grève contre Spitz.**

더 이상 공정성에 얽매이지 않은 벅은 스피츠의 파업에 합류했습니다.

**François, amusé mais ferme dans sa discipline, balançait son lourd fouet.**

프랑수아는 즐거워하면서도 단호하게 규율을 지키며 무거운 채찍을 휘둘렀다.

**Il frappa Buck de toutes ses forces pour mettre fin au combat.**

그는 싸움을 중단시키기 위해 온 힘을 다해 벅을 때렸다.

**Buck a refusé de bouger et est resté au sommet du chef tombé.**

벅은 움직이기를 거부하고 쓰러진 리더 위에 머물렀다.

**François a ensuite utilisé le manche du fouet, frappant Buck durement.**

프랑수아는 채찍 자루를 이용해 벅을 세게 때렸다.

**Titubant sous le coup, Buck recula sous l'assaut.**

타격으로 비틀거리던 벅은 공격에 다시 쓰러졌다.

**François frappait encore et encore tandis que Spitz punissait Pike.**

프랑수아는 계속해서 공격했고, 스피츠는 파이크를 처벌했습니다.

**Les jours passèrent et Dawson City se rapprocha de plus en plus.**

시간이 흐르면서 도슨시티는 점점 더 가까워졌습니다.

**Buck n'arrêtait pas d'intervenir, se glissant entre le Spitz et les autres chiens.**

벅은 계속해서 스피츠와 다른 개들 사이를 끼어들며 간섭했습니다.

**Il choisissait bien ses moments, attendant toujours que François parte.**

그는 프랑수아가 떠날 때를 항상 기다리며 순간을 잘 선택했습니다.

**La rébellion silencieuse de Buck s'est propagée et le désordre a pris racine dans l'équipe.**

벅의 조용한 반항은 퍼져나갔고, 팀 내에 혼란이 뿌리를 내렸습니다.

**Dave et Solleks sont restés fidèles, mais d'autres sont devenus indisciplinés.**

데이브와 솔렉스는 충성을 다했지만, 다른 사람들은 점점 더 어수선해졌습니다.

**L'équipe est devenue de plus en plus agitée, querelleuse et hors de propos.**

팀은 점점 더 나빠졌습니다. 불안하고, 다투기 좋아하고, 선을 넘었습니다.

**Plus rien ne fonctionnait correctement et les bagarres devenaient courantes.**

더 이상 모든 일이 순조롭게 진행되지 않았고, 싸움이 잦아졌습니다.

**Buck est resté au cœur des troubles, provoquant toujours des troubles.**

벅은 항상 문제의 중심에 있었고, 항상 불안을 야기했습니다.

**François restait vigilant, effrayé par le combat entre Buck et Spitz.**

프랑수아는 벅과 스피츠 사이의 싸움이 두려워서 경계를 늦추지 않았습니다.

**Chaque nuit, des bagarres le réveillaient, craignant que le commencement n'arrive enfin.**

매일 밤 싸움으로 인해 그는 깨어났고, 마침내 시작이 온 것을 두려워했습니다.

**Il sauta de sa robe, prêt à mettre fin au combat.**

그는 싸움을 중단시키려고 옷을 벗었다.

**Mais le moment n'arriva jamais et ils atteignirent finalement Dawson.**

하지만 그 순간은 결코 오지 않았고, 그들은 마침내 도슨에 도착했습니다.

**L'équipe est entrée dans la ville un après-midi sombre, tendu et calme.**

어느 날 오후, 그 팀은 긴장되고 조용한 분위기 속에서 마을에 들어갔습니다.

**La grande bataille pour le leadership était encore en suspens dans l'air glacial.**

지도력을 위한 큰 싸움은 아직도 얼어붙은 공기 속에 머물러 있었습니다.

**Dawson était rempli d'hommes et de chiens de traîneau, tous occupés à travailler.**

도슨은 일로 분주한 남자와 썰매개들로 가득 차 있었습니다.

**Buck regardait les chiens tirer des charges du matin au soir.**

벅은 아침부터 저녁까지 개들이 짐을 끄는 것을 지켜보았습니다.

**Ils transportaient des bûches et du bois de chauffage et acheminaient des fournitures vers les mines.**

그들은 통나무와 장작을 끌고 광산으로 물품을 실어 날랐습니다.

**Là où les chevaux travaillaient autrefois dans le Southland, les chiens travaillent désormais.**

한때 남부 지방에서는 말이 일하던 곳이 이제는 개들이 일하고 있습니다.

**Buck a vu quelques chiens du Sud, mais la plupart étaient des huskies ressemblant à des loups.**

벅은 남쪽에서 온 개 몇 마리를 보았지만, 대부분은
늑대와 비슷한 허스키였습니다.

**La nuit, comme une horloge, les chiens élevaient la voix
pour chanter.**

밤이 되면 정해진 시간마다 개들은 목소리를 높여
노래를 불렀습니다.

**À neuf heures, à minuit et à nouveau à trois heures, les
chants ont commencé.**

오전 9시, 자정, 그리고 다시 오후 3시에 노래가
시작되었습니다.

**Buck aimait se joindre à leur chant étrange, au son sauvage
et ancien.**

벅은 그들의 기괴하고 거친 노래에 동참하는 것을
좋아했는데, 그 소리는 거칠고 고대적이었다.

**Les aurores boréales flamboyaient, les étoiles dansaient et la
neige recouvrait le pays.**

오로라가 타오르고, 별들이 춤을 추고, 눈이 땅을
덮었습니다.

**Le chant des chiens s'éleva comme un cri contre le silence et
le froid glacial.**

개들의 노래는 침묵과 매서운 추위에 대한 외침으로
울려 퍼졌습니다.

**Mais leur hurlement contenait de la tristesse, et non du défi,
dans chaque longue note.**

하지만 그들의 울부짖음은 긴 음표 하나하나에 반항이
아닌 슬픔을 담고 있었습니다.

**Chaque cri plaintif était plein de supplications, le fardeau de
la vie elle-même.**

그들의 애원에는 모두 간청이 가득했고, 그것은 바로
삶의 무게였습니다.

**Cette chanson était vieille, plus vieille que les villes et plus
vieille que les incendies.**

그 노래는 오래되었습니다. 마을보다 오래되었고,
불보다 오래되었습니다.

**Cette chanson était encore plus ancienne que les voix des
hommes.**

그 노래는 사람의 목소리보다도 더 오래된 것이었다.

C'était une chanson du monde des jeunes, quand toutes les chansons étaient tristes.

그것은 모든 노래가 슬픈 시절의 젊은 시절의 노래였습니다.

La chanson portait la tristesse d'innombrables générations de chiens.

그 노래는 수많은 세대의 개들의 슬픔을 담고 있었습니다.

Buck ressentait profondément la mélodie, gémissant de douleur enracinée dans les âges.

벅은 그 멜로디를 깊이 느꼈고, 세월에 뿌리를 둔 고통으로 신음했습니다.

Il sanglotait d'un chagrin aussi vieux que le sang sauvage dans ses veines.

그는 그의 혈관 속에 흐르는 거친 피만큼이나 오래된 슬픔 때문에 흐느꼈다.

Le froid, l'obscurité et le mystère ont touché l'âme de Buck.

추위, 어둠, 신비로움이 벅의 영혼을 감동시켰습니다.

Cette chanson prouvait à quel point Buck était revenu à ses origines.

그 노래는 벅이 얼마나 본래의 모습으로 돌아왔는지 보여주었습니다.

À travers la neige et les hurlements, il avait trouvé le début de sa propre vie.

그는 눈과 울부짖음 속에서 자신의 삶의 시작을 찾았습니다.


Sept jours après leur arrivée à Dawson, ils repartent.

도슨에 도착한 지 7일 만에 그들은 다시 출발했습니다.

L'équipe est descendue de la caserne jusqu'au sentier du Yukon.

팀은 막사에서 유콘 트레일로 내려갔습니다.

Ils ont commencé le voyage de retour vers Dyea et Salt Water.

그들은 다이아와 솔트워터를 향해 여행을 시작했습니다.

Perrault portait des dépêches encore plus urgentes qu'auparavant.

페로는 이전보다 더 긴급한 전문을 전달했습니다.

Il était également saisi par la fierté du sentier et avait pour objectif d'établir un record.

그는 또한 트레일 프라이드에 사로잡혀 기록을 세우는 것을 목표로 삼았습니다.

Cette fois, plusieurs avantages étaient du côté de Perrault.

이번에는 페로에게 여러 가지 이점이 있었습니다.

Les chiens s'étaient reposés pendant une semaine entière et avaient repris des forces.

개들은 일주일 동안 휴식을 취하고 힘을 회복했습니다.

Le sentier qu'ils avaient ouvert était maintenant damé par d'autres.

그들이 개척한 길은 이제 다른 사람들에 의해 단단히 다져져 있었습니다.

À certains endroits, la police avait stocké de la nourriture pour les chiens et les hommes.

곳곳에는 경찰이 개와 사람을 위한 음식을 비축해 두었습니다.

Perrault voyageait léger, se déplaçait rapidement et n'avait pas grand-chose pour l'alourdir.

페로는 가볍게 여행했고, 무거운 짐도 거의 없이 빠르게 움직였다.

Ils ont atteint Sixty-Mile, une course de cinquante milles, dès la première nuit.

그들은 첫날밤에 50마일 거리인 60마일을 달렸습니다.

Le deuxième jour, ils se sont précipités sur le Yukon en direction de Pelly.

둘째 날, 그들은 유콘 강을 따라 펠리를 향해 달려갔습니다.

Mais ces beaux progrès ont été accompagnés de beaucoup de difficultés pour François.

하지만 그러한 훌륭한 진전은 프랑수아에게는 큰 부담으로 다가왔습니다.

La rébellion silencieuse de Buck avait brisé la discipline de l'équipe.

벅의 조용한 반항은 팀의 규율을 깨뜨렸다.

Ils ne se rassemblaient plus comme une seule bête dans les rênes.

그들은 더 이상 한 마리의 짐승처럼 고삐를 잡고 함께 움직이지 않았습니다.

Buck avait conduit d'autres personnes à la défiance par son exemple audacieux.

벅은 그의 대담한 모범을 통해 다른 사람들을 저항으로 이끌었습니다.

L'ordre de Spitz n'a plus été accueilli avec crainte ou respect.

슈피츠의 명령은 더 이상 두려움이나 존경으로 받아들여지지 않았습니다.

Les autres ont perdu leur respect pour lui et ont osé résister à son règne.

다른 사람들은 그에 대한 경외심을 잃고 그의 통치에 저항했습니다.

Une nuit, Pike a volé la moitié d'un poisson et l'a mangé sous les yeux de Buck.

어느 날 밤, 파이크는 물고기 반 마리를 훔쳐서 벅의 눈 밑에서 먹었습니다.

Une autre nuit, Dub et Joe se sont battus contre Spitz et sont restés impunis.

또 다른 날 밤, 더브와 조는 스피츠와 싸웠지만 아무런 처벌도 받지 않았습니다.

Même Billee gémissait moins doucement et montrait une nouvelle vivacité.

빌리조차도 덜 달콤하게 징징거리고 새로운 날카로움을 보여주었다.

Buck grognait sur Spitz à chaque fois qu'ils se croisaient.

벅은 스피츠와 마주칠 때마다 으르렁거렸다.

L'attitude de Buck devint audacieuse et menaçante, presque comme celle d'un tyran.

벅의 태도는 점점 더 대담해지고 위협적이 되었으며, 거의 괴롭힘꾼과도 같았다.

Il marchait devant Spitz avec une démarche assurée, pleine de menace moqueuse.

그는 조롱하는 듯한 위협감으로 가득 찬 거만한 태도로 스피츠 앞을 왔다 갔다 했습니다.

Cet effondrement de l'ordre s'est également propagé parmi les chiens de traîneau.

그러한 질서의 붕괴는 썰매개들 사이에도 퍼져나갔습니다.

Ils se battaient et se disputaient plus que jamais, remplissant le camp de bruit.

그들은 그 어느 때보다 더 많이 싸우고 논쟁했으며, 캠프 안은 소음으로 가득 찼습니다.

La vie au camp se transformait chaque nuit en un chaos sauvage et hurlant.

캠프 생활은 매일 밤 거칠고 울부짖는 혼돈으로 변했습니다.

Seuls Dave et Solleks sont restés stables et concentrés.

오직 데이브와 솔렉스만이 흔들림 없이 집중했습니다.

Mais même eux sont devenus colériques à cause des bagarres incessantes.

하지만 그들도 끊임없는 싸움으로 인해 화를 내기 시작했습니다.

François jurait dans des langues étranges et piétinait de frustration.

프랑수아는 이상한 언어로 욕설을 내뱉으며 좌절감에 발을 구르며 걸었다.

Il s'arrachait les cheveux et criait tandis que la neige volait sous ses pieds.

그는 머리카락을 쥐어뜯으며 비명을 질렀고, 발밑에서는 눈이 날렸다.

Son fouet claqua sur le groupe, mais parvint à peine à les maintenir en ligne.

그의 채찍은 무리를 가로질러 날아갔지만 간신히 그들을 일렬로 세웠다.

Chaque fois qu'il tournait le dos, les combats reprenaient.

그가 등을 돌릴 때마다 싸움은 다시 일어났다.

François a utilisé le fouet pour Spitz, tandis que Buck a dirigé les rebelles.

프랑수아는 스피츠를 위해 채찍을 사용했고, 벅은 반군을 이끌었습니다.

Chacun connaissait le rôle de l'autre, mais Buck évitait tout blâme.

둘은 서로의 역할을 알고 있었지만, 벅은 비난을 피했다.

François n'a jamais surpris Buck en train de provoquer une bagarre ou de se dérober à son travail.

프랑수아는 벅이 싸움을 시작하거나 일을 게을리 하는 것을 본 적이 없습니다.

Buck travaillait dur sous le harnais – le travail lui faisait désormais vibrer l'esprit.

벅은 열심히 일했습니다. 그 노동이 그의 정신을 설레게 했습니다.

Mais il trouvait encore plus de joie à provoquer des bagarres et du chaos dans le camp.

하지만 그는 캠프 내에서 싸움과 혼란을 일으키는 데서 더 큰 즐거움을 발견했습니다.


Un soir, à l'embouchure du Tahkeena, Dub fit sursauter un lapin.

어느 날 저녁, 타키나의 입에서 더브는 토끼 한 마리를 놀라게 했습니다.

Il a raté la prise et le lièvre d'Amérique s'est enfui.

그는 잡는 데 실패했고, 눈신발토끼는 뛰어 달아났다.

En quelques secondes, toute l'équipe de traîneau s'est lancée à sa poursuite en poussant des cris sauvages.

몇 초 만에 썰매 팀 전체가 격렬한 함성을 지르며 추격을 시작했습니다.

À proximité, un camp de la police du Nord-Ouest abritait une cinquantaine de chiens huskys.

근처의 노스웨스트 경찰 캠프에는 허스키 개 50마리가 있었습니다.

Ils se sont joints à la chasse, descendant ensemble la rivière gelée.

그들은 사냥에 합류하여 얼어붙은 강을 따라 함께
내려갔습니다.

**Le lapin a quitté la rivière et s'est enfui dans le lit d'un
ruisseau gelé.**

토끼는 강에서 방향을 돌려 얼어붙은 개울바닥을 따라
도망쳤다.

**Le lapin sautait légèrement sur la neige tandis que les chiens
peinaient à se frayer un chemin.**

토끼는 눈 위를 가볍게 뛰어넘었고, 개들은 힘겹게 눈
속을 헤쳐 나갔습니다.

**Buck menait l'énorme meute de soixante chiens dans chaque
virage sinueux.**

벅은 60마리의 개로 이루어진 거대한 무리를 이끌고
구불구불한 길을 돌아다녔습니다.

**Il avança, bas et impatient, mais ne put gagner du terrain.**

그는 몸을 낮게 하고 열의적으로 앞으로 나아갔지만, 더
이상 진전을 이룰 수 없었다.

**Son corps brillait sous la lune pâle à chaque saut puissant.**

그의 몸은 힘차게 뛰어오를 때마다 희미한 달빛
아래에서 번쩍였다.

**Devant, le lapin se déplaçait comme un fantôme, silencieux
et trop rapide pour être attrapé.**

토끼는 앞에서 유령처럼 조용히 움직이며 따라잡을 수
없을 만큼 빠르게 움직였다.

**Tous ces vieux instincts – la faim, le frisson – envahirent
Buck.**

그 모든 오래된 본능, 즉 배고픔과 설렘이 벅의 몸속으로
밀려들었다.

**Les humains ressentent parfois cet instinct et sont poussés à
chasser avec une arme à feu et des balles.**

인간은 때때로 총과 총알을 이용해 사냥하려는 본능을
느낀다.

**Mais Buck ressentait ce sentiment à un niveau plus profond
et plus personnel.**

하지만 벅은 이 느낌을 더 깊고 개인적인 차원에서
느꼈습니다.

**Ils ne pouvaient pas ressentir la nature sauvage dans leur sang comme Buck pouvait la ressentir.**

그들은 벅이 느낄 수 있었던 것처럼 자신의 피 속에 흐르는 야생성을 느낄 수 없었다.

**Il chassait la viande vivante, prêt à tuer avec ses dents et à goûter le sang.**

그는 살아 있는 고기를 쫓아다니며 이빨로 죽이고 피의 맛을 볼 준비를 했습니다.

**Son corps se tendait de joie, voulant se baigner dans la vie rouge et chaude.**

그의 몸은 기쁨으로 뻐근했고, 따뜻한 붉은 생명에 몸을 담그고 싶어했습니다.

**Une joie étrange marque le point le plus élevé que la vie puisse atteindre.**

이상한 기쁨은 인생이 도달할 수 있는 가장 높은 지점을 나타낸다.

**La sensation d'un pic où les vivants oublient même qu'ils sont en vie.**

살아있는 사람들이 자신이 살아 있다는 사실조차 잊어버리는 절정의 느낌.

**Cette joie profonde touche l'artiste perdu dans une inspiration fulgurante.**

이 깊은 기쁨은 타오르는 영감에 휩싸인 예술가를 감동시킵니다.

**Cette joie saisit le soldat qui se bat avec acharnement et n'épargne aucun ennemi.**

이 기쁨은 맹렬하게 싸우고 적을 하나도 아끼지 않는 군인을 사로잡습니다.

**Cette joie s'empara alors de Buck alors qu'il menait la meute dans une faim primitive.**

이 기쁨은 이제 벅을 사로잡았고 그는 원시적 배고픔 속에서 무리를 이끌었다.

**Il hurla avec le cri ancien du loup, ravi par la chasse vivante.**

그는 살아있는 늑대의 추격에 신이 나서 고대 늑대의 울부짖음처럼 울부짖었다.

**Buck a puisé dans la partie la plus ancienne de lui-même, perdue dans la nature.**
벅은 자연 속에서 길을 잃은 자신의 가장 오래된 부분을 활용했습니다.

**Il a puisé au plus profond de lui-même, au-delà de la mémoire, dans le temps brut et ancien.**
그는 깊은 내면, 과거의 기억, 원시적이고 고대의 시간에 접근했습니다.

**Une vague de vie pure a traversé chaque muscle et chaque tendon.**
순수한 생명의 파도가 모든 근육과 힘줄을 통해 쇄도했습니다.

**Chaque saut criait qu'il vivait, qu'il traversait la mort.**
매번 뛰어오를 때마다 그는 살아있고, 죽음을 통과해 나간다는 것을 외쳤습니다.

**Son corps s'élevait joyeusement au-dessus d'une terre calme et froide qui ne bougeait jamais.**
그의 몸은 움직이지 않는 차갑고 고요한 땅 위로 기쁨에 넘쳐 날아올랐다.

**Spitz est resté froid et rusé, même dans ses moments les plus fous.**
스피츠는 가장 격렬한 순간에도 냉정함과 교활함을 유지했습니다.

**Il quitta le sentier et traversa un terrain où le ruisseau formait une large courbe.**
그는 산길을 벗어나 개울이 넓게 휘어지는 땅을 건넜습니다.

**Buck, inconscient de cela, resta sur le chemin sinueux du lapin.**
벅은 이 사실을 모르고 토끼가 지나간 구불구불한 길에 머물렀습니다.

**Puis, alors que Buck tournait un virage, le lapin fantomatique était devant lui.**
그때, 벅이 굽은길을 돌자 유령 같은 토끼가 그의 앞에 나타났습니다.

Il vit une deuxième silhouette sauter de la berge devant la proie.

그는 먹이보다 앞서 강둑에서 두 번째 인물이 뛰어오르는 것을 보았습니다.

La silhouette était celle d'un Spitz, atterrissant juste sur le chemin du lapin en fuite.

그 인물은 바로 스피츠였는데, 도망치는 토끼의 경로에 바로 착륙했습니다.

Le lapin ne pouvait pas se retourner et a rencontré les mâchoires de Spitz en plein vol.

토끼는 돌아설 수 없었고 공중에서 스피츠의 턱에 부딪혔다.

La colonne vertébrale du lapin se brisa avec un cri aussi aigu que le cri d'un humain mourant.

토끼의 척추가 죽어가는 사람의 울음소리처럼 날카로운 비명과 함께 부러졌습니다.

À ce bruit – la chute de la vie à la mort – la meute hurla fort.

그 소리, 즉 삶에서 죽음으로의 추락 소리에 무리는 크게 울부짖었다.

Un chœur sauvage s'éleva derrière Buck, plein de joie sombre.

벅의 뒤에서 어둠의 기쁨으로 가득 찬 야만적인 합창이 울려 퍼졌습니다.

Buck n'a émis aucun cri, aucun son, et a chargé directement Spitz.

벅은 울음소리도 내지 않고 소리도 내지 않고 스피츠에게 곧장 달려들었다.

Il a visé la gorge, mais a touché l'épaule à la place.

그는 목을 노렸지만 대신 어깨를 맞혔습니다.

Ils dégringolèrent dans la neige molle, leurs corps bloqués dans le combat.

그들은 부드러운 눈 속을 굴러다녔고, 그들의 몸은 전투에 갇혔습니다.

Spitz se releva rapidement, comme s'il n'avait jamais été renversé.

스피츠는 마치 쓰러진 적이 없는 것처럼 재빨리
일어섰다.

**Il a entaillé l'épaule de Buck, puis s'est éloigné du combat.**
그는 벅의 어깨를 베고 나서 싸움터에서
뛰어내렸습니다.

**À deux reprises, ses dents claquèrent comme des pièges en
acier, ses lèvres se retroussèrent et devinrent féroces.**
그의 이빨이 강철 함정처럼 두 번이나 부러졌고, 입술은
말려 올라 사나워졌다.

**Il recula lentement, cherchant un sol ferme sous ses pieds.**
그는 천천히 뒤로 물러나면서 발 밑의 튼튼한 땅을
찾았습니다.

**Buck a compris le moment instantanément et pleinement.**
벅은 그 순간을 즉시 완벽하게 이해했습니다.

**Le moment était venu ; le combat allait être un combat à
mort.**
그 순간이 왔습니다. 싸움은 죽음을 향한 싸움이 될
것입니다.

**Les deux chiens tournaient en rond, grognant, les oreilles
plates, les yeux plissés.**
두 마리의 개가 으르렁거리며 돌아다녔는데, 귀는
납작하고 눈은 가늘었다.

**Chaque chien attendait que l'autre montre une faiblesse ou
fasse un faux pas.**
각 개는 다른 개들이 약해지거나 실수를 보일 때까지
기다렸습니다.

**Pour Buck, la scène semblait étrangement connue et
profondément ancrée dans ses souvenirs.**
벅은 그 장면이 섬뜩할 정도로 친숙하고 깊이 기억되는
것을 느꼈다.

**Les bois blancs, la terre froide, la bataille au clair de lune.**
하얀 숲, 차가운 땅, 달빛 아래의 전투.

**Un silence pesant emplissait le pays, profond et contre
nature.**
땅은 깊고 부자연스러운 무거운 침묵으로 가득 찼다.

Aucun vent ne soufflait, aucune feuille ne bougeait, aucun bruit ne brisait le silence.
바람도 움직이지 않았고, 나뭇잎도 움직이지 않았으며, 소리도 고요함을 깨지 않았습니다.

Le souffle des chiens s'élevait comme de la fumée dans l'air glacial et calme.
얼어붙은 조용한 공기 속에서 개들의 숨소리가 연기처럼 올라갔다.

Le lapin a été depuis longtemps oublié par la meute de bêtes sauvages.
토끼는 야생 짐승 무리에게서 오랫동안 잊혀졌습니다.

Ces loups à moitié apprivoisés se tenaient maintenant immobiles dans un large cercle.
이제 반쯤 길들여진 늑대들은 넓은 원을 그리며 움직이지 않고 서 있었습니다.

Ils étaient silencieux, seuls leurs yeux brillants révélaient leur faim.
그들은 조용했고, 빛나는 눈만이 배고픔을 드러냈다.

Leur souffle s'éleva, regardant le combat final commencer.
그들은 마지막 싸움이 시작되는 것을 지켜보며 숨을 위로 들이쉬었다.

Pour Buck, cette bataille était ancienne et attendue, pas du tout étrange.
벅에게 이 전투는 오래되고 예상된 일이었으며, 전혀 이상하지 않았습니다.

C'était comme un souvenir de quelque chose qui devait arriver depuis toujours.
그것은 항상 일어나기로 되어 있던 일에 대한 기억처럼 느껴졌습니다.

Le Spitz était un chien de combat entraîné, affiné par d'innombrables bagarres sauvages.
스피츠는 수많은 격렬한 싸움을 통해 단련된 싸움개였습니다.

Du Spitzberg au Canada, il a vaincu de nombreux ennemis.
슈피츠베르겐에서 캐나다까지 그는 많은 적을 물리쳤습니다.

**Il était rempli de fureur, mais n'a jamais cédé au contrôle de la rage.**
그는 분노에 차 있었지만 결코 분노에 굴복하지
않았습니다.

**Sa passion était vive, mais toujours tempérée par un instinct dur.**
그의 열정은 강렬했지만, 항상 냉정한 본능으로
누그러졌습니다.

**Il n'a jamais attaqué jusqu'à ce que sa propre défense soit en place.**
그는 자신의 방어가 확립될 때까지 결코 공격하지
않았습니다.

**Buck a essayé encore et encore d'atteindre le cou vulnérable de Spitz.**
벅은 스피츠의 취약한 목에 닿기 위해 계속해서
노력했습니다.

**Mais chaque coup était accueilli par un coup des dents acérées de Spitz.**
하지만 모든 공격은 스피츠의 날카로운 이빨에 의해
저지되었습니다.

**Leurs crocs se sont heurtés et les deux chiens ont saigné de leurs lèvres déchirées.**
그들의 송곳니가 부딪혔고, 두 마리의 개 모두 입술이
찢어져 피를 흘렸습니다.

**Peu importe comment Buck s'est lancé, il n'a pas pu briser la défense.**
벅이 아무리 달려들더라도 방어선을 무너뜨릴 수는
없었다.

**Il devint de plus en plus furieux, se précipitant avec des explosions de puissance sauvages.**
그는 점점 더 격노하며, 엄청난 힘을 폭발시키며
돌진했습니다.

**À maintes reprises, Buck frappait la gorge blanche du Spitz.**
벅은 계속해서 스피츠의 흰 목을 노렸다.

**À chaque fois, Spitz esquivait et riposta avec une morsure tranchante.**

그때마다 스피츠는 회피하며 날카로운 물기로 반격했다.

**Buck changea alors de tactique, se précipitant à nouveau comme pour atteindre la gorge.**

그러자 벅은 전략을 바꾸어 다시 목을 노리듯 달려들었다.

**Mais il s'est retiré au milieu de l'attaque, se tournant pour frapper sur le côté.**

하지만 그는 공격 도중 뒤로 물러나 측면에서 공격을 가했습니다.

**Il a lancé son épaule sur Spitz, dans le but de le faire tomber.**

그는 스피츠를 쓰러뜨리려고 어깨를 휘둘렀다.

**À chaque fois qu'il essayait, Spitz esquivait et ripostait avec une frappe.**

그가 시도할 때마다 스피츠는 피하고 베기로 반격했다.

**L'épaule de Buck était à vif alors que Spitz s'écartait après chaque coup.**

스피츠가 매번 공격을 가할 때마다 벅의 어깨는 찢어졌다.

**Spitz n'avait pas été touché, tandis que Buck saignait de nombreuses blessures.**

스피츠는 손도 대지 않은 반면, 벅은 많은 상처에서 피를 흘리고 있었습니다.

**La respiration de Buck était rapide et lourde, son corps était couvert de sang.**

벅의 숨은 빠르고 거칠었고, 그의 몸은 피로 미끈거렸다.

**Le combat devenait plus brutal à chaque morsure et à chaque charge.**

물고 돌진할수록 싸움은 더욱 잔혹해졌습니다.

**Autour d'eux, soixante chiens silencieux attendaient le premier à tomber.**

그들 주변에는 60마리의 개들이 조용히 첫 번째 개가 쓰러지기를 기다리고 있었습니다.

**Si un chien tombait, la meute allait mettre fin au combat.**

개 한 마리라도 쓰러지면 무리 전체가 싸움을 끝낼 수 있었습니다.

**Spitz vit Buck faiblir et commença à attaquer.**

스피츠는 벅이 약해지는 것을 보고 공격을
시작했습니다.

Il a maintenu Buck en déséquilibre, le forçant à lutter pour
garder pied.

그는 벅의 균형을 깨뜨려 균형을 잡기 위해 싸우게
했습니다.

Un jour, Buck trébucha et tomba, et tous les chiens se
relevèrent.

어느 날 벅이 비틀거리며 넘어지자, 모든 개들이
일어섰습니다.

Mais Buck s'est redressé au milieu de sa chute, et tout le
monde s'est affalé.

하지만 벅은 넘어지는 도중에 다시 일어섰고, 모두 다시
쓰러졌습니다.

Buck avait quelque chose de rare : une imagination née d'un
instinct profond.

벅은 희귀한 것을 가지고 있었습니다. 깊은 본능에서
태어난 상상력이죠.

Il combattait par instinct naturel, mais aussi par ruse.

그는 타고난 추진력으로 싸웠지만, 또한 교활함으로도
싸웠습니다.

Il chargea à nouveau comme s'il répétait son tour d'attaque à
l'épaule.

그는 마치 어깨 공격 기술을 반복하듯 다시 돌격했다.

Mais à la dernière seconde, il s'est laissé tomber et a balayé
Spitz.

하지만 마지막 순간에 그는 몸을 낮춰 스피츠 밑으로
스쳐 지나갔습니다.

Ses dents se sont bloquées sur la patte avant gauche de Spitz
avec un claquement.

그의 이빨이 스피츠의 왼쪽 앞다리에 딱 맞았습니다.

Spitz était maintenant instable, son poids reposant sur
seulement trois pattes.

이제 스피츠는 세 개의 다리에 무게를 실은 채
불안정하게 서 있었습니다.

Buck frappa à nouveau, essaya trois fois de le faire tomber.

벅은 다시 공격하여 세 번이나 그를 쓰러뜨리려고
시도했습니다.

**À la quatrième tentative, il a utilisé le même mouvement
avec succès.**

네 번째 시도에서 그는 같은 기술을 사용해
성공했습니다.

**Cette fois, Buck a réussi à mordre la jambe droite du Spitz.**

이번에는 벅이 스피츠의 오른쪽 다리를 물었습니다.

**Spitz, bien que paralysé et souffrant, continuait à lutter pour
survivre.**

슈피츠는 다리를 절고 고통받았지만 살아남기 위해 계속
노력했습니다.

**Il vit le cercle de huskies se resserrer, la langue tirée, les
yeux brillants.**

그는 허스키들이 모여서 혀를 내밀고 눈을 반짝이며
서로 뭉쳐 있는 것을 보았습니다.

**Ils attendaient de le dévorer, comme ils l'avaient fait pour
les autres.**

그들은 다른 이들에게 했던 것처럼 그를 잡아먹으려고
기다렸다.

**Cette fois, il se tenait au centre, vaincu et condamné.**

이번에는 그는 중앙에 섰습니다. 패배하고 파멸한
것입니다.

**Le chien blanc n'avait désormais plus aucune possibilité de
s'échapper.**

이제 흰 개에게는 탈출할 방법이 없었습니다.

**Buck n'a montré aucune pitié, car la pitié n'avait pas sa place
dans la nature.**

벅은 자비를 보이지 않았습니다. 자비는 야생에서
있어서는 안 되는 것이었기 때문입니다.

**Buck se déplaçait prudemment, se préparant à la charge
finale.**

벅은 마지막 돌격을 준비하며 조심스럽게 움직였다.

**Le cercle des huskies se referma ; il sentit leur souffle chaud.**

허스키 무리가 모여들었고, 그는 그들의 따뜻한 숨결을
느꼈다.

Ils s'accroupirent, prêts à bondir lorsque le moment viendrait.

그들은 몸을 낮게 굽히고, 때가 되면 뛰어내릴 준비를 했습니다.

Spitz tremblait dans la neige, grognant et changeant de position.

스피츠는 눈 속에서 몸을 떨며 으르렁거리고 자세를 바꿨다.

Ses yeux brillaient, ses lèvres se courbaient, ses dents brillaient dans une menace désespérée.

그의 눈은 번쩍였고, 입술은 삐죽 튀어나왔고, 이빨은 절박한 위협으로 빛났다.

Il tituba, essayant toujours de résister à la morsure froide de la mort.

그는 비틀거리며 죽음의 차가운 물림을 막으려고 계속 노력했습니다.

Il avait déjà vu cela auparavant, mais toujours du côté des gagnants.

그는 이런 광경을 이전에도 보았지만, 항상 이기는 쪽에서 보았습니다.

Il était désormais du côté des perdants, des vaincus, de la proie, de la mort.

이제 그는 패배자, 먹잇감, 죽음의 편에 섰습니다.

Buck tourna en rond pour porter le coup final, le cercle de chiens se rapprochant.

벅은 마지막 일격을 가하기 위해 돌아섰고, 개들의 고리는 더욱 가까이 다가왔다.

Il pouvait sentir leur souffle chaud, prêt à tuer.

그는 그들의 뜨거운 숨결을 느낄 수 있었고, 죽일 준비가 되었습니다.

Un silence s'installa ; tout était à sa place ; le temps s'était arrêté.

고요함이 찾아왔다. 모든 것이 제자리에 있었고, 시간이 멈췄다.

Même l'air froid entre eux se figea un dernier instant.

그들 사이의 차가운 공기마저 마지막 순간 얼어붙었다.

Seul Spitz bougea, essayant de retenir sa fin amère.
오직 스피츠만이 움직이며 그의 쓰라린 최후를 막으려
애썼다.
Le cercle des chiens se refermait autour de lui, comme l'était
son destin.
개들의 무리가 그의 주위로 다가오고 있었고, 그의
운명도 마찬가지였다.
Il était désespéré maintenant, sachant ce qui allait se passer.
그는 무슨 일이 일어날지 알고 있었기 때문에
절망적이었습니다.
Buck bondit, épaule contre épaule une dernière fois.
벅이 달려들어 마지막으로 어깨를 맞댔다.
Les chiens se sont précipités en avant, couvrant Spitz dans
l'obscurité neigeuse.
개들은 앞으로 달려나가며 눈 덮인 어둠 속에서
스피츠를 덮쳤다.
Buck regardait, debout, le vainqueur dans un monde
sauvage.
벅은 당당하게 서서 지켜보았다. 야만적인 세상의 승자.
La bête primordiale dominante avait fait sa proie, et c'était
bien.
지배적인 원시 짐승이 먹이를 죽였고, 그것은 좋은
일이었습니다.

## Celui qui a gagné la maîtrise
## 마스터십을 획득한 자

**« Hein ? Qu'est-ce que j'ai dit ? Je dis vrai quand je dis que Buck est un démon. »**
"어? 내가 뭐라고 했지? 벅이 악마라고 한 건 진심이야."

**François a dit cela le lendemain matin après avoir constaté la disparition de Spitz.**
프랑수아는 스피츠가 실종된 것을 발견한 다음 날 아침 이렇게 말했습니다.

**Buck se tenait là, couvert de blessures dues au combat acharné.**
벅은 잔혹한 싸움으로 인한 상처로 뒤덮인 채 거기 서 있었다.

**François tira Buck près du feu et lui montra les blessures.**
프랑수아는 벅을 불 가까이로 끌고 가서 부상 부위를 가리켰다.

**« Ce Spitz s'est battu comme le Devik », dit Perrault en observant les profondes entailles.**
페로는 깊은 상처를 눈여겨보며 "스피츠는 데빅처럼 싸웠다"고 말했다.

**« Et ce Buck s'est battu comme deux diables », répondit aussitôt François.**
"그리고 벅은 마치 두 악마처럼 싸웠죠." 프랑수아가 즉시 대답했다.

**« Maintenant, nous allons faire du bon temps ; plus de Spitz, plus de problèmes. »**
"이제 우리는 좋은 시간을 보낼 수 있을 거야. 더 이상 스피츠도 없고, 더 이상 문제도 없을 거야."

**Perrault préparait le matériel et chargeait le traîneau avec soin.**
페로는 장비를 챙기고 조심스럽게 썰매에 짐을 싣습니다.

**François a attelé les chiens en prévision de la course du jour.**
프랑수아는 그날 달리기에 대비해 개들에게 마구를 채웠습니다.

Buck a trotté directement vers la position de tête autrefois détenue par Spitz.

벅은 스피츠가 차지했던 선두 자리를 향해 곧장 달려갔다.

Mais François, sans s'en apercevoir, conduisit Solleks vers l'avant.

그러나 프랑수아는 이를 알아차리지 못하고 솔렉스를 앞으로 이끌었다.

Aux yeux de François, Solleks était désormais le meilleur chien de tête.

프랑수아의 판단에 따르면, 이제 솔렉스가 가장 훌륭한 리더였습니다.

Buck se jeta sur Solleks avec fureur et le repoussa en signe de protestation.

벅은 분노하여 솔렉스에게 달려들어 항의하며 그를 몰아냈다.

Il se tenait là où Spitz s'était autrefois tenu, revendiquant la position de leader.

그는 스피츠가 서 있던 자리에 서서 선두 자리를 차지했습니다.

« Hein ? Hein ? » s'écria François en se frappant les cuisses d'un air amusé.

"어? 어?" 프랑수아는 허벅지를 때리며 즐거워하며 소리쳤다.

« Regardez Buck, il a tué Spitz, et maintenant il veut prendre le poste ! »

"벅을 봐. 그는 스피츠를 죽였어. 이제 그 자리를 차지하려고 하는 거야!"

« Va-t'en, Chook ! » cria-t-il, essayant de chasser Buck.

"가버려, 추크!" 그는 벅을 쫓아내려고 소리쳤다.

Mais Buck refusa de bouger et resta ferme dans la neige.

하지만 벅은 움직이기를 거부하고 눈 속에 굳건히 서 있었습니다.

François attrapa Buck par la peau du cou et le tira sur le côté.

프랑수아는 벅의 목덜미를 붙잡고 옆으로 끌고 갔다.

Buck grogna bas et menaçant mais n'attaqua pas.

벅은 낮고 위협적으로 으르렁거렸지만 공격하지는
않았습니다.

**François a remis Solleks en tête, tentant de régler le différend**

프랑수아 는 솔렉스를 다시 선두로 올려놓고 분쟁을
해결하려고 노력했습니다.

**Le vieux chien avait peur de Buck et ne voulait pas rester.**

늙은 개는 벅을 두려워해서 머물고 싶어하지
않았습니다.

**Quand François lui tourna le dos, Buck chassa à nouveau Solleks.**

프랑수아가 등을 돌리자 벅은 다시 솔렉스를 몰아냈다.

**Solleks n'a pas résisté et s'est discrètement écarté une fois de plus.**

솔렉스는 저항하지 않고 다시 한 번 조용히 물러섰다.

**François s'est mis en colère et a crié : « Par Dieu, je te répare ! »**

프랑수아는 화가 나서 "신이시여, 내가 당신을
고쳐드리겠습니다!"라고 소리쳤습니다.

**Il s'approcha de Buck en tenant une lourde massue à la main.**

그는 무거운 곤봉을 손에 들고 벅에게 다가갔다.

**Buck se souvenait bien de l'homme au pull rouge.**

벅은 빨간 스웨터를 입은 남자를 잘 기억하고 있었다.

**Il recula lentement, observant François, mais grognant profondément.**

그는 천천히 물러서며 프랑수아를 바라보았지만, 깊게
으르렁거렸다.

**Il ne s'est pas précipité en arrière, même lorsque Solleks s'est levé à sa place.**

그는 솔렉스가 자리에 섰을 때에도 서둘러 돌아가지
않았습니다.

**Buck tourna en rond juste hors de portée, grognant de fureur et de protestation.**

벅은 분노와 항의로 으르렁거리며 손이 닿지 않는
곳까지 돌아다녔다.

Il gardait les yeux fixés sur le gourdin, prêt à esquiver si François lançait.

그는 프랑수아가 던지면 피할 준비를 하며 곤봉에서 눈을 떼지 않았다.

Il était devenu sage et prudent quant aux manières des hommes armés.

그는 무기를 든 사람들의 행동에 대해 현명해지고 조심스러워졌습니다.

François abandonna et rappela Buck à son ancienne place.

프랑수아는 포기하고 벅을 다시 원래 있던 자리로 불렀다.

Mais Buck recula prudemment, refusant d'obéir à l'ordre.

하지만 벅은 조심스럽게 물러서며 명령을 따르기를 거부했습니다.

François le suivit, mais Buck ne recula que de quelques pas supplémentaires.

프랑수아가 뒤따랐지만, 벅은 단지 몇 걸음 더 물러섰을 뿐이었다.

Après un certain temps, François jeta l'arme par frustration.

얼마 후, 프랑수아는 좌절감에 빠져 무기를 내던졌습니다.

Il pensait que Buck craignait d'être battu et qu'il allait venir tranquillement.

그는 벅이 구타당할까봐 조용히 올 것이라고 생각했습니다.

Mais Buck n'évitait pas la punition : il se battait pour son rang.

하지만 벅은 처벌을 피한 것이 아니었습니다. 그는 계급을 위해 싸웠습니다.

Il avait gagné la place de chien de tête grâce à un combat à mort.

그는 죽음을 향한 싸움을 통해 선두견 자리를 차지했습니다.

il n'allait pas se contenter de moins que d'être le leader.

그는 리더가 되는 것보다 더 낮은 지위에는 만족할 생각이 없었습니다.

**Perrault a participé à la poursuite pour aider à attraper le Buck rebelle.**

페로는 반항적인 벅을 잡기 위해 추격전에 참여했습니다.

**Ensemble, ils l'ont fait courir dans le camp pendant près d'une heure.**

그들은 그를 캠프 주변으로 거의 한 시간 동안 데리고 다녔다.

**Ils lui lancèrent des coups de massue, mais Buck les esquiva habilement.**

그들은 그에게 곤봉을 던졌지만, 벅은 모두 능숙하게 피했다.

**Ils l'ont maudit, lui, ses ancêtres, ses descendants et chaque cheveu de sa personne.**

그들은 그와 그의 조상, 그의 후손, 그리고 그의 털끝 하나까지 저주했습니다.

**Mais Buck se contenta de gronder en retour et resta hors de leur portée.**

하지만 벅은 으르렁거리며 그들의 손이 닿지 않는 곳에 머물렀다.

**Il n'a jamais essayé de s'enfuir mais a délibérément tourné autour du camp.**

그는 도망치려고 하지 않고 의도적으로 캠프 주위를 돌았습니다.

**Il a clairement fait savoir qu'il obéirait une fois qu'ils lui auraient donné ce qu'il voulait.**

그는 원하는 것을 주면 복종하겠다고 분명히 했습니다.

**François s'est finalement assis et s'est gratté la tête avec frustration.**

프랑수아는 마침내 앉아서 좌절감에 머리를 긁었다.

**Perrault consulta sa montre, jura et marmonna à propos du temps perdu.**

페로는 시계를 확인하고 욕설을 내뱉으며 잃어버린 시간에 대해 중얼거렸다.

Une heure s'était déjà écoulée alors qu'ils auraient dû être sur la piste.

그들이 출발해야 할 시간인 한 시간이 이미 지나 있었습니다.

François haussa les épaules d'un air penaud en direction du coursier, qui soupira de défaite.

프랑수아는 패배감에 한숨을 쉬는 배달원을 향해 어색하게 어깨를 으쓱했다.

François se dirigea alors vers Solleks et appela Buck une fois de plus.

그러자 프랑수아는 솔렉스에게 다가가서 다시 한번 벅을 불렀다.

Buck rit comme rit un chien, mais garda une distance prudente.

벅은 개처럼 웃었지만 조심스러운 거리를 유지했다.

François retira le harnais de Solleks et le remit à sa place.

프랑수아는 솔렉스의 하네스를 벗겨내고 그를 원래 자리로 돌려보냈다.

L'équipe de traîneau était entièrement harnachée, avec seulement une place libre.

썰매 팀은 모든 장비를 갖추고 있었고, 빈 자리가 한 곳뿐이었습니다.

La position de tête est restée vide, clairement destinée à Buck seul.

선두 자리는 비어 있었고, 그것은 분명 벅 혼자 차지하기 위한 자리였다.

François appela à nouveau, et à nouveau Buck rit et tint bon.

프랑수아가 다시 소리쳤고, 벅은 다시 웃으며 자리를 지켰다.

« Jetez le gourdin», ordonna Perrault sans hésitation.

"곤봉을 던져라." 페로는 주저 없이 명령했다.

François obéit et Buck trotta immédiatement en avant, fièrement.

프랑수아는 그 말에 따랐고, 벅은 곧바로 자랑스럽게 앞으로 나아갔다.

Il rit triomphalement et prit la tête.

그는 승리감에 넘쳐 웃으며 선두 자리에 올랐다.

**François a sécurisé ses traces et le traîneau a été détaché.**

프랑수아는 자신의 흔적을 지켰고, 썰매는 풀려났다.

**Les deux hommes couraient côte à côte tandis que l'équipe s'engageait sur le sentier de la rivière.**

두 남자는 팀이 강변 산책로로 달려가는 동안 옆에서 달렸다.

**François avait une haute opinion des « deux diables » de Buck,**

프랑수아는 벅의 "두 악마"를 높이 평가했습니다.

**mais il s'est vite rendu compte qu'il avait en fait sous-estimé le chien.**

하지만 그는 곧 자신이 실제로 개를 과소평가했다는 것을 깨달았습니다.

**Buck a rapidement pris le leadership et a fait preuve d'excellence.**

벅은 재빨리 리더십을 맡았고 뛰어난 성과를 냈다.

**En termes de jugement, de réflexion rapide et d'action, Buck a surpassé Spitz.**

판단력, 빠른 생각, 빠른 행동 면에서 벅은 스피츠를 능가했습니다.

**François n'avait jamais vu un chien égal à celui que Buck présentait maintenant.**

프랑수아는 벅이 지금 보여준 것만큼 뛰어난 개를 본 적이 없었다.

**Mais Buck excellait vraiment dans l'art de faire respecter l'ordre et d'imposer le respect.**

하지만 벅은 질서를 강화하고 존경을 받는 데 있어서 정말 뛰어났습니다.

**Dave et Solleks ont accepté le changement sans inquiétude ni protestation.**

데이브와 솔렉스는 아무런 우려나 항의 없이 변화를 받아들였다.

**Ils se concentraient uniquement sur le travail et tiraient fort sur les rênes.**

그들은 오로지 일에만 집중하고, 고삐를 꽉 쥐고
있었습니다.

**Peu leur importait de savoir qui menait, tant que le traîneau
continuait d'avancer.**

그들은 썰매가 계속 움직이는 한, 누가 이끄는지 별로
신경 쓰지 않았습니다.

**Billee, la joyeuse, aurait pu diriger pour autant qu'ils s'en
soucient.**

쾌활한 빌리는 그들이 원하는 만큼 리더 역할을 할 수
있었습니다.

**Ce qui comptait pour eux, c'était la paix et l'ordre dans les
rangs.**

그들에게 중요한 것은 계급 내의 평화와 질서였습니다.


**Le reste de l'équipe était devenu indiscipliné pendant le
déclin de Spitz.**

스피츠가 쇠퇴하는 동안 나머지 팀원들도
어수선해졌습니다.

**Ils furent choqués lorsque Buck les ramena immédiatement
à l'ordre.**

벅이 즉시 그들에게 질서를 가져다주자 그들은 충격을
받았다.

**Pike avait toujours été paresseux et traînait les pieds derrière
Buck.**

파이크는 항상 게으르고 벅의 뒤를 따라다니며 발을
질질 끌었다.

**Mais maintenant, il a été sévèrement discipliné par la
nouvelle direction.**

하지만 이제 새로운 리더십에 의해 엄격하게 규율이
정해졌습니다.

**Et il a rapidement appris à faire sa part dans l'équipe.**

그리고 그는 팀에서 자신의 역할을 다하는 법을 빨리
배웠습니다.

**À la fin de la journée, Pike avait travaillé plus dur que
jamais.**

그날이 끝나갈 무렵, 파이크는 그 어느 때보다 더 열심히 일했습니다.

Cette nuit-là, au camp, Joe, le chien aigri, fut finalement maîtrisé.

그날 밤 캠프에서, 짜증나는 녀석 조는 마침내 제압당했습니다.

Spitz n'avait pas réussi à le discipliner, mais Buck n'avait pas échoué.

스피츠는 그를 징계하는 데 실패했지만, 벅은 징계하지 않았습니다.

Grâce à son poids plus important, Buck a vaincu Joe en quelques secondes.

벅은 더 무거운 몸무게를 이용해 단 몇 초 만에 조를 압도했습니다.

Il a mordu et battu Joe jusqu'à ce qu'il gémisse et cesse de résister.

그는 조가 징징거리고 저항을 멈출 때까지 그를 물고 때렸습니다.

Toute l'équipe s'est améliorée à partir de ce moment-là.

그 순간부터 팀 전체가 발전하기 시작했습니다.

Les chiens ont retrouvé leur ancienne unité et leur discipline.

개들은 옛날의 단결과 규율을 되찾았습니다.

À Rink Rapids, deux nouveaux huskies indigènes, Teek et Koona, nous ont rejoint.

링크 래피즈에서는 티크와 쿠나라는 두 마리의 새로운 토종 허스키가 합류했습니다.

La rapidité avec laquelle Buck les dressa étonna même François.

벅의 빠른 훈련은 프랑수아조차도 놀라게 했다.

« Il n'y a jamais eu de chien comme ce Buck ! » s'écria-t-il avec stupéfaction.

"벅 같은 개는 세상에 존재하지 않았어!" 그는 놀라서 소리쳤다.

« Non, jamais ! Il vaut mille dollars, bon sang ! »

"아니, 절대! 맙소사, 그놈은 천 달러짜리야!"

« Hein ? Qu'en dis-tu, Perrault ? » demanda-t-il avec fierté.
"어? 뭐라고 하실 건가요, 페로?" 그는 자랑스럽게
물었다.

Perrault hocha la tête en signe d'accord et vérifia ses notes.
페로는 동의하며 고개를 끄덕이고 자신의 메모를
확인했다.

Nous sommes déjà en avance sur le calendrier et gagnons chaque jour davantage.
우리는 이미 일정보다 앞서 나가고 있으며, 매일 더 많은
것을 얻고 있습니다.

Le sentier était dur et lisse, sans neige fraîche.
산길은 단단하게 다져져 있고 매끄러웠으며, 신선한
눈은 없었습니다.

Le froid était constant, oscillant autour de cinquante degrés en dessous de zéro.
추위는 꾸준히 영하 50도에 머물렀습니다.

Les hommes montaient et couraient à tour de rôle pour se réchauffer et gagner du temps.
남자들은 몸을 따뜻하게 유지하고 시간을 벌기 위해
교대로 말을 타고 달렸습니다.

Les chiens couraient vite avec peu d'arrêts, poussant toujours vers l'avant.
개들은 멈추는 법이 거의 없이 빠르게 달렸고, 항상
앞으로 나아갔습니다.

La rivière Thirty Mile était en grande partie gelée et facile à traverser.
서티마일 강은 대부분 얼어 있어서 건너기가
수월했습니다.

Ils sont sortis en un jour, ce qui leur avait pris dix jours pour venir.
그들은 열흘 걸려 온 일을 하루 만에 끝냈습니다.

Ils ont parcouru une distance de soixante milles du lac Le Barge jusqu'à White Horse.
그들은 르 바지 호수에서 화이트 호스까지 60마일을
달렸습니다.

À travers les lacs Marsh, Tagish et Bennett, ils se déplaçaient incroyablement vite.

그들은 마쉬, 타기시, 베넷 호수를 믿을 수 없을 정도로 빠른 속도로 이동했습니다.

L'homme qui courait était tiré derrière le traîneau par une corde.

달리는 남자는 밧줄에 매달려 썰매를 끌고 갔다.

La dernière nuit de la deuxième semaine, ils sont arrivés à destination.

2주차 마지막 밤에 그들은 목적지에 도착했습니다.

Ils avaient atteint ensemble le sommet du col White.

그들은 함께 화이트 패스의 정상에 도달했습니다.

Ils sont descendus au niveau de la mer avec les lumières de Skaguay en dessous d'eux.

그들은 스카과이의 불빛을 바라보며 해수면으로 내려갔습니다.

Il s'agissait d'une course record à travers des kilomètres de nature froide et sauvage.

그것은 추운 황야의 수 마일을 가로지르는 기록적인 달리기였습니다.

Pendant quatorze jours d'affilée, ils ont parcouru en moyenne quarante miles.

그들은 14일 연속으로 평균 40마일을 달렸습니다.

À Skaguay, Perrault et François transportaient des marchandises à travers la ville.

스카과이에서는 페로와 프랑수아가 마을을 통과해 화물을 이동시켰습니다.

Ils ont été acclamés et ont reçu de nombreuses boissons de la part d'une foule admirative.

그들은 감탄하는 군중으로부터 환호를 받았고 많은 음료를 제공받았습니다.

Les chasseurs de chiens et les ouvriers se sont rassemblés autour du célèbre attelage de chiens.

유명한 개 팀 주변에는 개 퇴치 전문가와 노동자들이 모였습니다.

Puis les hors-la-loi de l'Ouest arrivèrent en ville et subirent une violente défaite.

그러자 서부의 도적들이 마을에 들어와서 엄청난 패배를 당했습니다.

Les gens ont vite oublié l'équipe et se sont concentrés sur un nouveau drame.

사람들은 곧 팀을 잊고 새로운 드라마에 집중했다.

Puis sont arrivées les nouvelles commandes qui ont tout changé d'un coup.

그러다가 모든 것을 한꺼번에 바꿔놓은 새로운 명령이 내려졌습니다.

François appela Buck à lui et le serra dans ses bras avec une fierté larmoyante.

프랑수아는 벅을 불러 눈물 어린 자랑스러움으로 그를 껴안았다.

Ce moment fut la dernière fois que Buck revit François.

그 순간이 벅이 프랑수아를 다시 본 마지막 순간이었다.

Comme beaucoup d'hommes avant eux, François et Perrault étaient tous deux partis.

그 전의 많은 사람들처럼, 프랑수아와 페로는 모두 세상을 떠났습니다.

Un métis écossais a pris en charge Buck et ses coéquipiers de chiens de traîneau.

스코틀랜드 혼혈견이 벅과 그의 썰매견 동료들을 지휘했습니다.

Avec une douzaine d'autres équipes de chiens, ils sont retournés par le sentier jusqu'à Dawson.

그들은 다른 12개의 개 떼와 함께 도슨으로 향하는 길을 따라 돌아갔습니다.

Ce n'était plus une course rapide, juste un travail pénible avec une lourde charge chaque jour.

이제는 빨리 달리는 게 아니라 매일 무거운 짐을 지고 힘들게 일하는 것뿐이었습니다.

C'était le train postal qui apportait des nouvelles aux chercheurs d'or près du pôle.

이것은 북극 근처의 금광 사냥꾼들에게 소식을 전하는 우편 열차였습니다.

**Buck n'aimait pas le travail mais le supportait bien, étant fier de ses efforts.**

벅은 그 일을 싫어했지만, 그 일을 잘 견뎌냈고 자신의 노고에 자부심을 느꼈습니다.

**Comme Dave et Solleks, Buck a fait preuve de dévouement dans chaque tâche quotidienne.**

데이브와 솔렉스처럼 벅은 모든 일상 업무에 헌신하는 모습을 보였습니다.

**Il s'est assuré que chacun de ses coéquipiers fasse sa part du travail.**

그는 팀원들이 각자 자기 역할을 다하도록 했습니다.

**La vie sur les sentiers est devenue ennuyeuse, répétée avec la précision d'une machine.**

트레일 생활은 지루해졌고 기계의 정밀함으로 반복되었습니다.

**Chaque jour était le même, un matin se fondant dans le suivant.**

매일이 똑같은 느낌이었고, 어느 날 아침이 다음 날 아침과 섞여 있었습니다.

**À la même heure, les cuisiniers se levèrent pour allumer des feux et préparer la nourriture.**

같은 시간에 요리사들은 일어나 불을 피우고 음식을 준비했습니다.

**Après le petit-déjeuner, certains quittèrent le camp tandis que d'autres attelèrent les chiens.**

아침 식사 후, 어떤 사람들은 캠프를 떠났고 다른 사람들은 개들에게 마구를 채웠습니다.

**Ils ont pris la route avant que le faible avertissement de l'aube ne touche le ciel.**

그들은 새벽이 밝아오기 전에 길을 나섰다.

**La nuit, ils s'arrêtaient pour camper, chaque homme ayant une tâche précise.**

밤이 되면 그들은 캠프를 짓기 위해 멈추었고, 각자는 정해진 임무를 맡았습니다.

Certains ont monté les tentes, d'autres ont coupé du bois de chauffage et ramassé des branches de pin.

어떤 사람들은 텐트를 치고, 어떤 사람들은 장작을 패고 소나무 가지를 모았습니다.

De l'eau ou de la glace étaient ramenées aux cuisiniers pour le repas du soir.

저녁 식사를 위해 물이나 얼음을 요리사에게 가져갔습니다.

Les chiens ont été nourris et c'était le meilleur moment de la journée pour eux.

개들에게 먹이를 주는 것은 하루 중 가장 즐거운 시간이었습니다.

Après avoir mangé du poisson, les chiens se sont détendus et se sont allongés près du feu.

개들은 생선을 먹은 후, 휴식을 취하고 불 옆에 누워 있었습니다.

Il y avait une centaine d'autres chiens dans le convoi avec lesquels se mêler.

대열에는 어울릴 수 있는 다른 개들이 백 마리나 있었습니다.

Beaucoup de ces chiens étaient féroces et prompts à se battre sans prévenir.

그 개들 중 다수는 사나웠고 아무런 경고도 없이 재빨리 싸웠습니다.

Mais après trois victoires, Buck a maîtrisé même les combattants les plus féroces.

하지만 세 번의 승리 이후, 벅은 가장 강력한 선수보다도 더 강해졌습니다.

Maintenant, quand Buck grogna et montra ses dents, ils s'écartèrent.

벅이 으르렁거리며 이빨을 드러내자 그들은 옆으로 비켜섰다.

Mais le plus beau dans tout ça, c'est que Buck aimait s'allonger près du feu de camp vacillant.

아마도 가장 좋았던 점은 벅이 깜빡이는 모닥불 옆에 누워 있는 것을 좋아했다는 것입니다.

**Il s'accroupit, les pattes arrière repliées et les pattes avant tendues vers l'avant.**
그는 뒷다리를 굽히고 앞다리를 앞으로 뻗은 채
웅크리고 있었습니다.

**Sa tête était levée tandis qu'il cligna doucement des yeux devant les flammes rougeoyantes.**
그는 빛나는 불꽃을 향해 눈을 가볍게 깜빡이며 고개를
들었다.

**Parfois, il se souvenait de la grande maison du juge Miller à Santa Clara.**
그는 때때로 산타클라라에 있는 밀러 판사의 큰 집을
떠올렸다.

**Il pensait à la piscine en ciment, à Ysabel et au carlin appelé Toots.**
그는 시멘트 수영장, 이사벨, 그리고 투츠라는 이름의
퍼그를 생각했습니다.

**Mais le plus souvent, il se souvenait du gourdin de l'homme au pull rouge.**
하지만 그는 빨간 스웨터를 입은 남자의 곤봉을 더 자주
기억했습니다.

**Il se souvenait de la mort de Curly et de sa bataille acharnée contre Spitz.**
그는 컬리의 죽음과 스피츠와의 격렬한 싸움을
기억했습니다.

**Il se souvenait aussi des bons plats qu'il avait mangés ou dont il rêvait encore.**
그는 또한 자신이 먹었던 맛있는 음식이나 아직도 먹고
싶어하는 맛있는 음식을 떠올렸다.

**Buck n'avait pas le mal du pays : la vallée chaude était lointaine et irréelle.**
벅은 고향을 그리워하지 않았다. 따뜻한 계곡은 멀고
비현실적이었기 때문이다.

**Les souvenirs de Californie n'avaient plus vraiment d'influence sur lui.**
캘리포니아에 대한 추억은 더 이상 그를 사로잡지
못했다.

**Plus forts que la mémoire étaient les instincts profondément ancrés dans sa lignée.**

기억보다 더 강한 본능은 그의 혈통 깊숙이 자리 잡고 있었습니다.

**Les habitudes autrefois perdues étaient revenues, ravivées par le sentier et la nature sauvage.**

한때 잃어버렸던 습관이 돌아왔고, 길과 야생을 통해 되살아났습니다.

**Tandis que Buck regardait la lumière du feu, cela devenait parfois autre chose.**

벅이 불빛을 바라보는 동안, 그것은 때때로 다른 무언가로 변하기도 했습니다.

**Il vit à la lueur du feu un autre feu, plus vieux et plus profond que celui-ci.**

그는 불빛 속에서 지금의 불보다 오래되고 더 깊은 또 다른 불을 보았습니다.

**À côté de cet autre feu se tenait accroupi un homme qui ne ressemblait pas au cuisinier métis.**

그 다른 불 옆에는 혼혈 요리사와는 다른 남자가 웅크리고 있었습니다.

**Cette figurine avait des jambes courtes, de longs bras et des muscles durs et noués.**

이 인물은 다리가 짧고, 팔이 길며, 근육이 단단하고 뭉쳐 있었습니다.

**Ses cheveux étaient longs et emmêlés, tombant en arrière à partir des yeux.**

그의 머리카락은 길고 엉켜 있었으며, 눈에서부터 뒤로 기울어져 있었습니다.

**Il émit des sons étranges et regarda l'obscurité avec peur.**

그는 이상한 소리를 내며 두려움에 떨며 어둠을 바라보았습니다.

**Il tenait une massue en pierre basse, fermement serrée dans sa longue main rugueuse.**

그는 돌로 만든 곤봉을 낮게 잡고 길고 거친 손으로 꽉 쥐었다.

L'homme portait peu de vêtements ; juste une peau carbonisée qui pendait dans son dos.

그 남자는 거의 아무것도 입지 않았다. 그저 탄 가죽 조각만이 등을 따라 늘어져 있을 뿐이었다.

Son corps était couvert de poils épais sur les bras, la poitrine et les cuisses.

그의 몸은 팔, 가슴, 허벅지에 두꺼운 털로 덮여 있었습니다.

Certaines parties des cheveux étaient emmêlées en plaques de fourrure rugueuse.

머리카락의 일부분이 거친 털 조각으로 엉켜 있었습니다.

Il ne se tenait pas droit mais penché en avant des hanches jusqu'aux genoux.

그는 똑바로 서지 않고 엉덩이부터 무릎까지 몸을 앞으로 숙였다.

Ses pas étaient élastiques et félins, comme s'il était toujours prêt à bondir.

그의 발걸음은 마치 언제나 뛰어오를 준비가 된 듯 탄력 있고 고양이 같았다.

Il y avait une vive vigilance, comme s'il vivait dans une peur constante.

그는 끊임없이 두려움 속에 살고 있는 것처럼 예리한 경계심을 가지고 있었습니다.

Cet homme ancien semblait s'attendre au danger, que le danger soit perçu ou non.

이 고대인은 위험이 눈에 보이든 보이지 않든 위험을 예상하는 듯했습니다.

Parfois, l'homme poilu dormait près du feu, la tête entre les jambes.

때때로 털북숭이 남자는 불 옆에서 다리를 꼬고 잠을 자기도 했습니다.

Ses coudes reposaient sur ses genoux, ses mains jointes au-dessus de sa tête.

그는 팔꿈치를 무릎에 얹고, 손은 머리 위로 모았습니다.

Comme un chien, il utilisait ses bras velus pour se débarrasser de la pluie qui tombait.

그는 개처럼 털이 많은 팔을 이용해 떨어지는 비를 털어냈다.

Au-delà de la lumière du feu, Buck vit deux charbons jumeaux briller dans l'obscurité.

벅은 불빛 너머로 어둠 속에서 빛나는 두 개의 석탄을 보았습니다.

Toujours deux par deux, ils étaient les yeux des bêtes de proie traquantes.

그들은 항상 둘씩 짝을 지어 맹수들의 눈이 되었습니다.

Il entendit des corps s'écraser à travers les broussailles et des bruits se faire entendre dans la nuit.

그는 덤불에 몸이 부딪히는 소리와 밤에 나는 소리를 들었습니다.

Allongé sur la rive du Yukon, clignant des yeux, Buck rêvait près du feu.

벅은 유콘 강둑에 누워 눈을 깜빡이며 불 옆에서 꿈을 꾸었습니다.

Les images et les sons de ce monde sauvage lui faisaient dresser les cheveux sur la tête.

그 거친 세상의 광경과 소리는 그의 머리카락을 곤두서게 만들었다.

La fourrure s'élevait le long de son dos, de ses épaules et de son cou.

털이 등, 어깨, 목까지 올라갔습니다.

Il gémissait doucement ou émettait un grognement sourd au plus profond de sa poitrine.

그는 가볍게 징징거리거나 가슴 깊은 곳에서 낮게 으르렁거렸다.

Alors le cuisinier métis cria : « Hé, toi Buck, réveille-toi ! »

그러자 혼혈 요리사가 소리쳤다. "이 자식아, 일어나!"

Le monde des rêves a disparu et la vraie vie est revenue aux yeux de Buck.

꿈의 세계는 사라지고, 벅의 눈에 현실 세계가 돌아왔다.

Il allait se lever, s'étirer et bâiller, comme s'il venait de se réveiller d'une sieste.

그는 마치 낮잠에서 깨어난 것처럼 일어나서 몸을 쭉 뻗고 하품을 할 참이었다.

Le voyage était difficile, avec le traîneau postal qui traînait derrière eux.

우편 썰매가 뒤에서 끌려오면서 여행은 힘들었습니다.

Les lourdes charges et le travail pénible épuisaient les chiens à chaque longue journée.

무거운 짐을 싣고 힘든 일을 하다 보니 개들은 매일매일 지쳐갔다.

Ils arrivèrent à Dawson maigres, fatigués et ayant besoin de plus d'une semaine de repos.

그들은 야위고 지쳐 있었고, 일주일 이상의 휴식이 필요한 상태로 도슨에 도착했습니다.

Mais seulement deux jours plus tard, ils repartaient sur le Yukon.

하지만 불과 이틀 후, 그들은 다시 유콘 강을 따라 출발했습니다.

Ils étaient chargés de lettres supplémentaires destinées au monde extérieur.

그들은 바깥 세상으로 보낼 더 많은 편지를 가득 실었습니다.

Les chiens étaient épuisés et les hommes se plaignaient constamment.

개들은 지쳐 있었고 남자들은 끊임없이 불평했습니다.

La neige tombait tous les jours, ramollissant le sentier et ralentissant les traîneaux.

매일 눈이 내려 길이 부드러워지고 썰매의 속도가 느려졌습니다.

Cela a rendu la traction plus difficile et a entraîné plus de traînée sur les patins.

이로 인해 주자는 더 힘들게 당기고 저항도 더 커졌습니다.

Malgré cela, les pilotes étaient justes et se souciaient de leurs équipes.

그럼에도 불구하고 운전자들은 공정했고 자신의 팀을
배려했습니다.

**Chaque nuit, les chiens étaient nourris avant que les
hommes ne puissent manger.**

매일 밤, 남자들이 먹기 전에 개들에게 먹이가
주어졌습니다.

**Aucun homme ne dormait avant de vérifier les pattes de son
propre chien.**

자신의 개 발을 확인하기 전에는 아무도 잠을 자지
않았습니다.

**Cependant, les chiens s'affaiblissaient à mesure que les
kilomètres s'écoulaient sur leur corps.**

하지만, 시간이 지날수록 개들은 점점 약해졌습니다.

**Ils avaient parcouru mille huit cents kilomètres pendant
l'hiver.**

그들은 겨울 동안 1,800마일을 여행했습니다.

**Ils ont tiré des traîneaux sur chaque kilomètre de cette
distance brutale.**

그들은 그 잔혹한 거리를 마일마다 썰매를 끌고
갔습니다.

**Même les chiens de traîneau les plus robustes ressentent de
la tension après tant de kilomètres.**

가장 튼튼한 썰매견조차도 수 마일을 썰매를 탄 후에는
긴장감을 느낀다.

**Buck a tenu bon, a permis à son équipe de travailler et a
maintenu la discipline.**

벅은 끈기 있게 노력했고, 팀원들이 일하도록 했으며,
규율도 유지했습니다.

**Mais Buck était fatigué, tout comme les autres pendant le
long voyage.**

하지만 벅은 긴 여행을 떠난 다른 사람들처럼
피곤했습니다.

**Billee gémissait et pleurait dans son sommeil chaque nuit
sans faute.**

빌리는 매일 밤 잠들면서 징징거리고 울었습니다.

**Joe devint encore plus amer et Solleks resta froid et distant.**

조는 더욱더 비통해졌고, 솔렉스는 차갑고 거리를
두었습니다.

**Mais c'est Dave qui a le plus souffert de toute l'équipe.**

하지만 팀 전체에서 가장 큰 피해를 입은 사람은
데이브였습니다.

**Quelque chose n'allait pas en lui, même si personne ne savait quoi.**

아무도 무슨 일이 그의 내부에서 잘못되었는지는
몰랐다.

**Il est devenu de plus en plus maussade et s'en est pris aux autres avec une colère croissante.**

그는 기분이 더 나빠졌고 점점 더 화가 나서 다른
사람들에게 쏘아붙였다.

**Chaque nuit, il se rendait directement à son nid, attendant d'être nourri.**

매일 밤 그는 곧장 둥지로 가서 먹이를 기다렸다.

**Une fois tombé, Dave ne s'est pas relevé avant le matin.**

데이브는 한번 쓰러지자 아침까지 다시 일어나지
못했습니다.

**Sur les rênes, des secousses ou des sursauts brusques le faisaient crier de douleur.**

고삐를 잡고 갑자기 움직이거나 움직이기 시작하면 그는
고통스럽게 비명을 질렀습니다.

**Son chauffeur a recherché la cause du sinistre, mais n'a constaté aucune blessure.**

운전자는 사고 원인을 찾았지만, 그에게서 부상자가
발견되지 않았습니다.

**Tous les conducteurs ont commencé à regarder Dave et ont discuté de son cas.**

운전자들은 모두 데이브를 지켜보며 그의 사건에 대해
논의했습니다.

**Ils ont discuté pendant les repas et pendant leur dernière cigarette de la journée.**

그들은 식사 중과 그날의 마지막 담배를 피우는 동안
이야기를 나누었습니다.

**Une nuit, ils ont tenu une réunion et ont amené Dave au feu.**

어느 날 밤 그들은 회의를 열고 데이브를 불 앞으로
데려왔습니다.

Ils pressèrent et sondèrent son corps, et il cria souvent.

그들은 그의 몸을 누르고 더듬었고, 그는 자주 비명을
질렀습니다.

De toute évidence, quelque chose n'allait pas, même si
aucun os ne semblait cassé.

뼈는 부러지지 않은 듯했지만, 뭔가 잘못된 게
분명했습니다.

Au moment où ils atteignirent Cassiar Bar, Dave était en
train de tomber.

그들이 캐시어 바에 도착했을 때, 데이브는 쓰러지고
있었습니다.

Le métis écossais a appelé à la fin et a retiré Dave de
l'équipe.

스카치 혼혈은 중단을 선언하고 데이브를 팀에서
제외시켰습니다.

Il a attaché Solleks à la place de Dave, le plus près de l'avant
du traîneau.

그는 데이브의 자리, 썰매 앞쪽에 가장 가까운 곳에
솔렉스를 고정했습니다.

Il avait l'intention de laisser Dave se reposer et courir
librement derrière le traîneau en mouvement.

그는 데이브가 쉬면서 움직이는 썰매 뒤에서 자유롭게
달릴 수 있도록 놔둘 생각이었습니다.

Mais même malade, Dave détestait être privé du travail qu'il
avait occupé.

하지만 아플 때에도 데이브는 자신이 맡았던 일을
그만두는 것을 싫어했습니다.

Il grogna et gémit tandis que les rênes étaient retirées de son
corps.

고삐가 몸에서 풀리자 그는 으르렁거리고 징징거렸다.

Quand il vit Solleks à sa place, il pleura de douleur.

그는 솔렉스가 자기 자리에 있는 것을 보고, 가슴이
찢어지는 듯한 고통으로 울었습니다.

La fierté du travail sur les sentiers était profonde chez Dave, même à l'approche de la mort.

죽음이 다가왔을 때에도 데이브는 트레일 작업에 대한 자부심을 깊이 간직하고 있었습니다.

Alors que le traîneau se déplaçait, Dave pataugeait dans la neige molle près du sentier.

썰매가 움직이자 데이브는 길 근처의 부드러운 눈 속을 힘겹게 헤쳐 나갔습니다.

Il a attaqué Solleks, le mordant et le poussant du côté du traîneau.

그는 솔렉스를 공격하여 썰매 옆에서 그를 물고 밀어냈습니다.

Dave a essayé de sauter dans le harnais et de récupérer sa place de travail.

데이브는 하네스에 뛰어들어 자신의 작업 자리를 되찾으려고 했습니다.

Il hurlait, gémissait et pleurait, déchiré entre la douleur et la fierté du travail.

그는 고통과 분만에 대한 자부심 사이에서 갈등하며 비명을 지르고, 징징거리고, 울부짖었습니다.

Le métis a utilisé son fouet pour essayer de chasser Dave de l'équipe.

혼혈인은 채찍을 사용해 데이브를 팀에서 멀어지게 하려고 했습니다.

Mais Dave ignora le coup de fouet, et l'homme ne put pas le frapper plus fort.

하지만 데이브는 채찍질을 무시했고, 그 남자는 그를 더 세게 때릴 수 없었다.

Dave a refusé le chemin le plus facile derrière le traîneau, où la neige était tassée.

데이브는 썰매 뒤에 있는 쉬운 길을 거부했는데, 거기에는 눈이 쌓여 있었기 때문이다.

Au lieu de cela, il se débattait dans la neige profonde à côté du sentier, dans la misère.

그 대신 그는 길가의 깊은 눈 속에서 비참하게 몸부림쳤습니다.

Finalement, Dave s'est effondré, allongé dans la neige et hurlant de douleur.

결국 데이브는 쓰러져 눈 속에 누워 고통스럽게 울부짖었습니다.

Il cria tandis que le long train de traîneaux le dépassait un par un.

그는 썰매 행렬이 하나하나 지나가자 소리쳤다.

Pourtant, avec ce qu'il lui restait de force, il se leva et trébucha après eux.

그럼에도 불구하고 그는 남은 힘을 다해 일어나 그들을 뒤쫓았습니다.

Il l'a rattrapé lorsque le train s'est arrêté à nouveau et a retrouvé son vieux traîneau.

그는 기차가 다시 멈추자 따라잡아서 낡은 썰매를 발견했습니다.

Il a dépassé les autres équipes et s'est retrouvé à nouveau aux côtés de Solleks.

그는 다른 팀들을 제치고 다시 솔렉스 옆에 섰다.

Alors que le conducteur s'arrêtait pour allumer sa pipe, Dave saisit sa dernière chance.

운전자가 파이프에 불을 붙이기 위해 잠시 멈췄을 때, 데이브는 마지막 기회를 잡았습니다.

Lorsque le chauffeur est revenu et a crié, l'équipe n'a pas avancé.

운전사가 돌아와서 소리를 지르자 팀은 더 이상 움직이지 않았다.

Les chiens avaient tourné la tête, déconcertés par l'arrêt soudain.

개들은 갑작스러운 멈춤에 당황해서 고개를 돌렸다.

Le conducteur était également choqué : le traîneau n'avait pas avancé d'un pouce.

운전자 역시 충격을 받았습니다. 썰매가 조금도 앞으로 움직이지 않았거든요.

Il a appelé les autres pour qu'ils viennent voir ce qui s'était passé.

그는 다른 사람들에게 무슨 일이 일어났는지 보러
오라고 소리쳤다.

**Dave avait mâché les rênes de Solleks, les brisant toutes les deux.**

데이브는 솔렉스의 고삐를 갉아먹어 둘 다 부러뜨렸다.

**Il se tenait maintenant devant le traîneau, de retour à sa position légitime.**

이제 그는 썰매 앞에 서서, 본래의 자리로 돌아왔습니다.

**Dave leva les yeux vers le conducteur, le suppliant silencieusement de rester dans les traces.**

데이브는 운전자를 올려다보며 조용히 추적에
남아달라고 간청했다.

**Le conducteur était perplexe, ne sachant pas quoi faire pour le chien en difficulté.**

운전자는 힘들어하는 개를 위해 무엇을 해야 할지 몰라
당황했습니다.

**Les autres hommes parlaient de chiens qui étaient morts après avoir été emmenés dehors.**

다른 남자들은 밖으로 끌려나간 개들이 죽었다는
이야기를 했습니다.

**Ils ont parlé de chiens âgés ou blessés dont le cœur se brisait lorsqu'ils étaient abandonnés.**

그들은 늙거나 다친 개들이 뒤에 남겨지면 마음이
아프다는 이야기를 들려주었습니다.

**Ils ont convenu que c'était une preuve de miséricorde de laisser Dave mourir alors qu'il était encore dans son harnais.**

그들은 데이브가 하네스를 착용한 채로 죽는 것을
허용하는 것이 자비로운 일이라는 데 동의했습니다.

**Il était attaché au traîneau et Dave tirait avec fierté.**

그는 다시 썰매에 몸을 고정했고, 데이브는 자랑스럽게
썰매를 끌었다.

**Même s'il criait parfois, il travaillait comme si la douleur pouvait être ignorée.**

그는 때때로 비명을 질렀지만, 마치 고통을 무시할 수
있는 것처럼 일했습니다.

Plus d'une fois, il est tombé et a été traîné avant de se relever.

그는 여러 번 넘어져 끌려간 뒤에야 다시 일어났습니다.

Un jour, le traîneau l'a écrasé et il a boité à partir de ce moment-là.

어느 날 썰매가 그의 위로 넘어졌는데, 그 순간부터 그는 절뚝거리게 되었습니다.

Il travailla néanmoins jusqu'à ce qu'il atteigne le camp, puis s'allongea près du feu.

그럼에도 불구하고 그는 캠프에 도착할 때까지 일했고, 그 후에는 불 옆에 누워 있었습니다.

Le matin, Dave était trop faible pour voyager ou même se tenir debout.

아침이 되자 데이브는 너무 약해져서 여행도 못하고 똑바로 서 있을 수도 없었습니다.

Au moment de l'attelage, il essaya d'atteindre son conducteur avec un effort tremblant.

마구를 착용할 시간이 되자 그는 떨리는 손으로 운전자에게 다가가려고 노력했습니다.

Il se força à se relever, tituba et s'effondra sur le sol enneigé.

그는 몸을 힘겹게 일으켜 비틀거리며 눈 덮인 땅으로 쓰러졌습니다.

À l'aide de ses pattes avant, il a traîné son corps vers la zone de harnais.

그는 앞다리를 이용해 자신의 몸을 굴레를 씌우는 구역 쪽으로 끌고 갔다.

Il s'avança, pouce par pouce, vers les chiens de travail.

그는 일하는 개들을 향해 조금씩 앞으로 나아갔다.

Ses forces l'abandonnèrent, mais il continua d'avancer dans sa dernière poussée désespérée.

그의 힘은 사라졌지만, 그는 마지막 필사적인 밀어붙임으로 계속 움직였다.

Ses coéquipiers l'ont vu haleter dans la neige, impatients de les rejoindre.

그의 팀 동료들은 그가 눈 속에서 헐떡이며 여전히 그들과 합류하기를 간절히 바라는 모습을 보았습니다.

**Ils l'entendirent hurler de tristesse alors qu'ils quittaient le camp.**

그들은 캠프를 뒤로 하고 떠나면서 그가 슬픔에 잠겨 울부짖는 소리를 들었습니다.

**Alors que l'équipe disparaissait dans les arbres, le cri de Dave résonna derrière eux.**

팀이 나무 사이로 사라지자 데이브의 외침이 그들 뒤에서 울려 퍼졌습니다.

**Le train de traîneaux s'est brièvement arrêté après avoir traversé un tronçon de forêt fluviale.**

썰매 열차는 강의 목재 구간을 건넌 후 잠시 멈췄다.

**Le métis écossais retourna lentement vers le camp situé derrière lui.**

스코틀랜드 혼혈인은 뒤쪽 캠프를 향해 천천히 걸어갔다.

**Les hommes ont arrêté de parler quand ils l'ont vu quitter le train de traîneaux.**

그 남자들은 그가 썰매 열차에서 내리는 것을 보고 말을 멈췄다.

**Puis un coup de feu retentit clairement et distinctement de l'autre côté du sentier.**

그러자 총소리 한 발이 산길을 가로질러 선명하고 뚜렷하게 울려 퍼졌습니다.

**L'homme revint rapidement et reprit sa place sans un mot.**

그 남자는 재빨리 돌아와 아무 말 없이 자신의 자리를 차지했다.

**Les fouets claquaient, les cloches tintaient et les traîneaux roulaient dans la neige.**

채찍이 울리고, 종이 울리고, 썰매는 눈 속을 굴러갔습니다.

**Mais Buck savait ce qui s'était passé, et tous les autres chiens aussi.**

하지만 벅은 무슨 일이 일어났는지 알고 있었습니다. 다른 모든 개들도 알고 있었습니다.

## Le travail des rênes et du sentier
## 고삐와 길의 수고

Trente jours après avoir quitté Dawson, le Salt Water Mail atteignit Skaguay.

도슨을 출발한 지 30일 만에 솔트워터 메일호가 스카과이에 도착했습니다.

Buck et ses coéquipiers ont pris la tête, arrivant dans un état pitoyable.

벅과 그의 팀 동료들은 선두를 차지했지만, 비참한 상태로 도착했습니다.

Buck était passé de cent quarante à cent quinze livres.

벅의 체중은 140파운드에서 115파운드로 줄었습니다.

Les autres chiens, bien que plus petits, avaient perdu encore plus de poids.

다른 개들은 몸집은 작았지만 체중이 더 많이 줄었습니다.

Pike, autrefois un faux boiteux, traînait désormais derrière lui une jambe véritablement blessée.

한때 가짜 절름발이였던 파이크는 이제 정말로 다친 다리를 끌고 다녔다.

Solleks boitait beaucoup et Dub avait une omoplate déchirée.

솔렉스는 심하게 절뚝거리고 있었고, 더브는 어깨뼈가 삐끗했습니다.

Tous les chiens de l'équipe avaient mal aux pieds après des semaines passées sur le sentier gelé.

팀의 모든 개들은 얼어붙은 산길에서 몇 주를 보내느라 발이 아팠습니다.

Ils n'avaient plus aucun ressort dans leurs pas, seulement un mouvement lent et traînant.

그들의 발걸음에는 탄력이 없었고, 단지 느리고 질질 끌리는 움직임만 있었습니다.

Leurs pieds heurtent durement le sentier, chaque pas ajoutant plus de tension à leur corps.

그들의 발은 산길을 힘겹게 밟았고, 걸음을 옮길 때마다 몸에 더 많은 부담이 가해졌습니다.

**Ils n'étaient pas malades, seulement épuisés au-delà de toute guérison naturelle.**

그들은 아프지 않았지만, 자연적으로 회복할 수 없을 정도로 기력이 쇠약해졌습니다.

**Ce n'était pas la fatigue d'une dure journée, guérie par une nuit de repos.**

이것은 하루 종일 힘들었던 데를 하룻밤 쉬면 낫는 피로가 아니었습니다.

**C'était un épuisement qui s'était construit lentement au fil de mois d'efforts épuisants.**

그것은 몇 달간의 힘겨운 노력으로 천천히 쌓인 피로였습니다.

**Il ne leur restait plus aucune force de réserve : ils avaient épuisé toutes leurs forces.**

예비 병력이 남아 있지 않았습니다. 그들은 가지고 있던 병력을 모두 소진해 버렸습니다.

**Chaque muscle, chaque fibre et chaque cellule de leur corps étaient épuisés et usés.**

그들의 몸 속의 모든 근육, 섬유질, 세포는 모두 지치고 닳아 없어졌습니다.

**Et il y avait une raison : ils avaient parcouru deux mille cinq cents kilomètres.**

그럴 만한 이유가 있었습니다. 그들이 2,500마일을 이동했기 때문입니다.

**Ils ne s'étaient reposés que cinq jours au cours des mille huit cents derniers kilomètres.**

그들은 지난 1,800마일 동안 단 5일만 휴식을 취했습니다.

**Lorsqu'ils arrivèrent à Skaguay, ils semblaient à peine capables de se tenir debout.**

그들이 스카과이에 도착했을 때, 그들은 겨우 서 있을 수 있을 정도였습니다.

**Ils ont lutté pour garder les rênes serrées et rester devant le traîneau.**

그들은 고삐를 단단히 잡고 썰매보다 앞서 나가기 위해 애썼습니다.

**Dans les descentes, ils ont tout juste réussi à éviter d'être écrasés.**

내리막길에서는 겨우 차에 치이는 것을 피할 수 있었습니다.

**« Continuez, pauvres pieds endoloris », dit le chauffeur tandis qu'ils boitaient.**

운전사는 다리를 절뚝거리며 걸어가면서 "어서 가세요, 아픈 발이여."라고 말했습니다.

**« C'est la dernière ligne droite, après quoi nous aurons tous droit à un long repos, c'est sûr. »**

"이게 마지막 구간이에요. 그다음에 우리 모두 긴 휴식을 취하게 될 거예요."

**« Un très long repos », promit-il en les regardant avancer en titubant.**

"정말 긴 휴식이군." 그는 그들이 비틀거리며 앞으로 나아가는 것을 보며 약속했다.

**Les pilotes s'attendaient à bénéficier d'une longue pause bien méritée.**

운전자들은 이제 길고도 필요한 휴식을 취할 수 있을 것으로 기대했습니다.

**Ils avaient parcouru douze cents milles avec seulement deux jours de repos.**

그들은 겨우 이틀 쉬고서 1,200마일을 여행했습니다.

**Par souci d'équité et de raison, ils estimaient avoir mérité un temps de détente.**

공평하고 이치에 맞게, 그들은 휴식할 시간을 얻었다고 느꼈습니다.

**Mais trop de gens étaient venus au Klondike et trop peu étaient restés chez eux.**

하지만 클론다이크로 온 사람이 너무 많았고, 집에 남은 사람은 너무 적었습니다.

**Les lettres des familles ont afflué, créant des piles de courrier en retard.**

가족들의 편지가 쇄도하면서 배달이 지연되는 우편물이
쌓였습니다.

**Les ordres officiels sont arrivés : de nouveaux chiens de la
Baie d'Hudson allaient prendre le relais.**

공식적인 명령이 내려졌습니다. 새로운 허드슨 베이
개들이 그 자리를 차지하게 되었습니다.

**Les chiens épuisés, désormais considérés comme sans
valeur, devaient être éliminés.**

이제 쓸모없다고 불린 지친 개들은 처분되어야
했습니다.

**Comme l'argent comptait plus que les chiens, ils allaient être
vendus à bas prix.**

돈이 개보다 더 중요했기 때문에 개는 싸게 팔릴
예정이었습니다.

**Trois jours supplémentaires passèrent avant que les chiens
ne ressentent à quel point ils étaient faibles.**

개들이 얼마나 약해졌는지 느끼기까지 3일이 더
걸렸습니다.

**Le quatrième matin, deux hommes venus des États-Unis ont
acheté toute l'équipe.**

넷째 날 아침, 미국에서 온 두 남자가 팀 전체를
사들였습니다.

**La vente comprenait tous les chiens, ainsi que leur harnais
usagé.**

판매에는 모든 개와 낡은 하네스 장비가
포함되었습니다.

**Les hommes s'appelaient mutuellement « Hal » et « Charles
» lorsqu'ils concluaient l'affaire.**

두 남자는 거래를 마치면서 서로를 "할"과 "찰스"라고
불렀습니다.

**Charles était d'âge moyen, pâle, avec des lèvres molles et des
pointes de moustache féroces.**

찰스는 중년의 남자로 얼굴이 창백하고 입술은
힘없었으며 콧수염 끝이 험악했다.

**Hal était un jeune homme, peut-être âgé de dix-neuf ans,
portant une ceinture bourrée de cartouches.**

핼은 열아홉 살 정도의 청년이었고, 탄약이 채워진
벨트를 착용하고 있었습니다.

La ceinture contenait un gros revolver et un couteau de
chasse, tous deux inutilisés.

벨트에는 큰 리볼버와 사냥용 칼이 들어 있었는데, 둘 다
사용하지 않았습니다.

Cela a montré à quel point il était inexpérimenté et inapte à
la vie dans le Nord.

그것은 그가 북부 생활에 얼마나 경험이 부족하고
적합하지 않은지를 보여주었습니다.

Aucun des deux hommes n'appartenait à la nature sauvage ;
leur présence défiait toute raison.

두 사람 모두 자연에 속하지 않았다. 그들의 존재는 모든
이성을 거스르는 것이었다.

Buck a regardé l'argent échanger des mains entre l'acheteur
et l'agent.

벅은 구매자와 중개인 사이에서 돈이 오가는 것을
지켜보았습니다.

Il savait que les conducteurs du train postal allaient le
quitter comme les autres.

그는 우편 열차 운전사들이 다른 사람들과 마찬가지로
자신의 삶을 떠난다는 것을 알았습니다.

Ils suivirent Perrault et François, désormais irrévocables.

그들은 더 이상 소환될 수 없게 된 페로와 프랑수아를
따라갔다.

Buck et l'équipe ont été conduits dans le camp négligé de
leurs nouveaux propriétaires.

벅과 그의 팀은 새로운 주인의 엉터리 캠프로
인도되었습니다.

La tente s'affaissait, la vaisselle était sale et tout était en
désordre.

텐트는 처져 있었고, 접시는 더러웠으며, 모든 것이
엉망이었습니다.

Buck remarqua également une femme : Mercedes, la femme
de Charles et la sœur de Hal.

벅은 거기에 한 여자도 있다는 것을 알아챘습니다.
메르세데스, 찰스의 아내이자 핼의 여동생이었습니다.

**Ils formaient une famille complète, bien que loin d'être adaptée au sentier.**

그들은 완전한 가족을 이루었지만, 그 길에는 전혀
적합하지 않았습니다.

**Buck regarda nerveusement le trio commencer à emballer les fournitures.**

벅은 세 사람이 물품을 챙기기 시작하는 모습을 불안한
표정으로 지켜보았다.

**Ils ont travaillé dur mais sans ordre, juste du grabuge et des efforts gaspillés.**

그들은 열심히 일했지만 질서 없이 일했습니다. 그저
소란만 피우고 노력만 낭비했습니다.

**La tente a été roulée dans une forme volumineuse, beaucoup trop grande pour le traîneau.**

텐트는 썰매에 비해 너무 커서 부피가 큰 모양으로 말려
있었습니다.

**La vaisselle sale a été emballée sans avoir été nettoyée ni séchée du tout.**

더러운 접시는 세척이나 건조 과정을 거치지 않고
포장되었습니다.

**Mercedes voltigeait, parlant constamment, corrigeant et intervenant.**

메르세데스는 끊임없이 말하고, 바로잡고, 간섭하며
돌아다녔다.

**Lorsqu'un sac était placé à l'avant, elle insistait pour qu'il soit placé à l'arrière.**

자루를 앞에 두자, 그녀는 그것을 뒤에 두라고
고집했습니다.

**Elle a mis le sac au fond, et l'instant d'après, elle en avait besoin.**

그녀는 자루를 바닥에 넣었고, 다음 순간에 그것이
필요해졌습니다.

**Le traîneau a donc été déballé à nouveau pour atteindre le sac spécifique.**

그래서 썰매는 다시 풀려 특정한 가방 하나에
도달했습니다.

À proximité, trois hommes se tenaient devant une tente,
observant la scène se dérouler.

근처에서 세 남자가 텐트 밖에 서서 그 광경이 펼쳐지는
것을 지켜보고 있었습니다.

Ils souriaient, faisaient des clins d'œil et souriaient à la
confusion évidente des nouveaux arrivants.

그들은 새로 온 사람들의 명백한 혼란에 미소 짓고,
눈짓하고, 씩 웃었다.

« Vous avez déjà une charge très lourde », dit l'un des
hommes.

"당신은 이미 정말 무거운 짐을 지고 있군요." 남자 중 한
명이 말했다.

« Je ne pense pas que tu devrais porter cette tente, mais c'est
ton choix. »

"그 텐트를 들고 다니는 건 좋지 않다고 생각하지만,
그건 당신의 선택이에요."

« Inimaginable ! » s'écria Mercedes en levant les mains de
désespoir.

"꿈에도 생각지 못했어!" 메르세데스가 절망에 빠져 두
손을 들어올리며 소리쳤다.

« Comment pourrais-je voyager sans une tente sous laquelle
dormir ? »

"숙박할 텐트도 없이 어떻게 여행을 할 수 있겠어요?"

« C'est le printemps, vous ne verrez plus jamais de froid »,
répondit l'homme.

"이제 봄이 왔어요. 다시는 추운 날씨를 볼 수 없을
거예요." 그 남자가 대답했다.

Mais elle secoua la tête et ils continuèrent à empiler des
objets sur le traîneau.

하지만 그녀는 고개를 저었고, 그들은 계속해서 썰매
위에 물건들을 쌓았습니다.

La charge s'élevait dangereusement alors qu'ils ajoutaient
les dernières choses.

그들이 마지막 물건을 더할 때 무게는 위험할 정도로
높아졌습니다.

« Tu penses que le traîneau va rouler ? » demanda l'un des
hommes avec un regard sceptique.

"썰매가 달릴 수 있을까요?" 남자 중 한 명이 회의적인
표정으로 물었다.

« Pourquoi pas ? » rétorqua Charles, vivement agacé.

"왜 안 되겠어요?" 찰스가 날카롭게 짜증내며 반박했다.

« Oh, ce n'est pas grave », dit rapidement l'homme,
s'éloignant de l'offense.

"아, 괜찮아요." 그 남자는 재빨리 말하며 공격적인
태도를 피했다.

« Je me demandais juste – ça me semblait un peu trop lourd.
»

"그냥 궁금해서요. 제 눈에는 위쪽이 너무 무거운 것
같았거든요."

Charles se détourna et attacha la charge du mieux qu'il put.

찰스는 돌아서서 짐을 최대한 단단히 묶었습니다.

Mais les attaches étaient lâches et l'emballage mal fait dans
l'ensemble.

하지만 끈이 느슨했고, 전반적으로 포장이 제대로 되어
있지 않았습니다.

« Bien sûr, les chiens tireront ça toute la journée », a dit un
autre homme avec sarcasme.

"물론이지, 개들은 하루 종일 그걸 끌고 다닐 거야." 다른
남자가 비꼬는 투로 말했다.

« Bien sûr », répondit froidement Hal en saisissant le long
mât du traîneau.

"물론이죠." 할은 차갑게 대답하며 썰매의 긴 막대를
잡았다.

D'une main sur le poteau, il faisait tournoyer le fouet dans
l'autre.

그는 한 손을 막대에 얹고 다른 한 손으로 채찍을
휘둘렀다.

« Allons-y ! » cria-t-il. « Allez ! » exhortant les chiens à
démarrer.

"가자!" 그가 소리쳤다. "움직여!" 개들에게 출발하라고
재촉했다.

**Les chiens se sont penchés sur le harnais et ont tendu
pendant quelques instants.**

개들은 하네스에 기대어 잠시 힘을 쏟았습니다.

**Puis ils s'arrêtèrent, incapables de déplacer d'un pouce le
traîneau surchargé.**

그러다가 그들은 과적된 썰매를 조금도 움직일 수 없어
멈췄다.

**« Ces brutes paresseuses ! » hurla Hal en levant le fouet pour
les frapper.**

"게으른 놈들!" 할이 소리치며 채찍을 들어 그들을
때렸다.

**Mais Mercedes s'est précipitée et a saisi le fouet des mains
de Hal.**

하지만 메르세데스가 달려들어 할의 손에서 채찍을
빼앗았습니다.

**« Oh, Hal, n'ose pas leur faire de mal », s'écria-t-elle,
alarmée.**

"할, 그들을 다치게 하지 마!" 그녀는 놀라서 소리쳤다.

**« Promets-moi que tu seras gentil avec eux, sinon je n'irai
pas plus loin. »**

"그들에게 친절하게 대하겠다고 약속해. 그렇지 않으면
나는 한 걸음도 더 나아가지 않을 거야."

**« Tu ne connais rien aux chiens », lança Hal à sa sœur.**

"너는 개에 대해 아무것도 모르잖아." 할은 여동생에게
쏘아붙였다.

**« Ils sont paresseux, et la seule façon de les déplacer est de
les fouetter. »**

"그들은 게으르기 때문에, 그들을 움직일 수 있는 유일한
방법은 채찍질하는 것뿐이에요."

**« Demandez à n'importe qui, demandez à l'un de ces
hommes là-bas si vous doutez de moi. »**

"누구에게나 물어보세요. 저를 의심한다면 저기 있는
남자 중 한 명에게 물어보세요."

Mercedes regarda les spectateurs avec des yeux suppliants et pleins de larmes.

메르세데스는 애원하는 듯한 눈물 어린 눈으로 구경꾼들을 바라보았다.

Son visage montrait à quel point elle détestait la vue de la douleur.

그녀의 얼굴은 그녀가 고통을 보는 것을 얼마나 싫어하는지를 보여주었습니다.

« Ils sont faibles, c'est tout », dit un homme. « Ils sont épuisés. »

"그냥 약해졌을 뿐이에요." 한 남자가 말했다. "지쳐버렸어요."

« Ils ont besoin de repos, ils ont travaillé trop longtemps sans pause. »

"그들에게는 휴식이 필요합니다. 그들은 휴식 없이 너무 오랫동안 일해왔습니다."

« Que le repos soit maudit », murmura Hal, la lèvre retroussée.

"나머지는 저주받을 거야." 할은 입술을 삐죽 내밀고 중얼거렸다.

Mercedes haleta, clairement peinée par ce mot grossier de sa part.

메르세데스는 그의 거친 말에 분명히 괴로움을 느낀 듯 숨을 힐떡였다.

Pourtant, elle est restée loyale et a immédiatement défendu son frère.

그럼에도 불구하고 그녀는 충성을 다했고 즉시 동생을 옹호했습니다.

« Ne fais pas attention à cet homme », dit-elle à Hal. « Ce sont nos chiens. »

"저 남자는 신경 쓰지 마." 그녀가 할에게 말했다. "그들은 우리 개들이잖아."

« Vous les conduisez comme bon vous semble, faites ce que vous pensez être juste. »

"당신이 적절하다고 생각하는 대로 운전하세요. 당신이 옳다고 생각하는 대로 하세요."

Hal leva le fouet et frappa à nouveau les chiens sans pitié.

할은 채찍을 들어 다시 한번 무자비하게 개들을 때렸다.

Ils se sont précipités en avant, le corps bas, les pieds poussant dans la neige.

그들은 몸을 숙이고 눈 속에 발을 디딘 채 앞으로 달려들었다.

Toutes leurs forces étaient utilisées pour tirer, mais le traîneau ne bougeait pas.

그들은 모든 힘을 썰매를 끄는 데 쏟았지만 썰매는 움직이지 않았습니다.

Le traîneau est resté coincé, comme une ancre figée dans la neige tassée.

썰매는 굳은 눈 속에 얼어붙은 닻처럼 움직이지 않았습니다.

Après un deuxième effort, les chiens s'arrêtèrent à nouveau, haletants.

두 번째 시도 후, 개들은 다시 헐떡이며 멈췄다.

Hal leva à nouveau le fouet, juste au moment où Mercedes intervenait à nouveau.

메르세데스가 다시 개입하자마자 할은 다시 채찍을 들었다.

Elle tomba à genoux devant Buck et lui serra le cou.

그녀는 벅 앞에 무릎을 꿇고 그의 목을 껴안았다.

Les larmes lui montèrent aux yeux tandis qu'elle suppliait le chien épuisé.

그녀는 지친 개에게 애원하며 눈물을 글썽였다.

« Pauvres chéris », dit-elle, « pourquoi ne tirez-vous pas plus fort ? »

"불쌍한 얘들아," 그녀가 말했다. "왜 더 세게 당기지 않니?"

« Si tu tires, tu ne seras pas fouetté comme ça. »

"당기면 이렇게 채찍질 당하지 못할 거야."

Buck n'aimait pas Mercedes, mais il était trop fatigué pour lui résister maintenant.

벅은 메르세데스를 싫어했지만, 지금은 너무 피곤해서 그녀에게 저항할 수 없었다.

Il accepta ses larmes comme une simple partie de cette journée misérable.

그는 그녀의 눈물을 그저 비참한 하루의 일부로 받아들였다.

L'un des hommes qui regardaient a finalement parlé après avoir retenu sa colère.

분노를 참던 남자 중 한 명이 마침내 입을 열었다.

« Je me fiche de ce qui vous arrive, mais ces chiens comptent. »

"여러분에게 무슨 일이 일어나든 상관없지만, 그 개들은 중요해요."

« Si vous voulez aider, détachez ce traîneau, il est gelé dans la neige. »

"도움을 주고 싶다면 썰매를 풀어주세요. 썰매가 눈 속에 얼어붙어 있거든요."

« Appuyez fort sur la perche, à droite et à gauche, et brisez le sceau de glace. »

"지폴을 좌우로 세게 눌러서 얼음 봉인을 깨세요."

Une troisième tentative a été faite, cette fois-ci suite à la suggestion de l'homme.

이번에는 그 남자의 제안에 따라 세 번째 시도가 이루어졌습니다.

Hal a balancé le traîneau d'un côté à l'autre, libérant les patins.

할은 썰매를 좌우로 흔들어 주자들을 풀어주었다.

Le traîneau, bien que surchargé et maladroit, a finalement fait un bond en avant.

썰매는 짐이 너무 많고 움직임이 불편했지만, 마침내 앞으로 나아갔다.

Buck et les autres tiraient sauvagement, poussés par une tempête de coups de fouet.

벅과 다른 사람들은 채찍질 폭풍에 쫓겨서 미친 듯이 끌려갔다.

Une centaine de mètres plus loin, le sentier courbait et descendait en pente dans la rue.

100야드 앞에서 길은 휘어져 거리로 이어졌습니다.

**Il aurait fallu un conducteur expérimenté pour maintenir le traîneau droit.**
썰매를 똑바로 세우려면 숙련된 운전자가 필요했을 것입니다.

**Hal n'était pas habile et le traîneau a basculé en tournant dans le virage.**
할은 썰매를 잘 몰지 못했고, 썰매는 굽은길을 돌면서 기울어졌습니다.

**Les sangles lâches ont cédé et la moitié de la charge s'est répandue sur la neige.**
느슨한 묶음이 풀리고, 짐의 절반이 눈 위로 쏟아졌습니다.

**Les chiens ne s'arrêtèrent pas ; le traîneau le plus léger volait sur le côté.**
개들은 멈추지 않았고, 가벼운 썰매는 옆으로 날아갔다.

**En colère à cause des mauvais traitements et du lourd fardeau, les chiens couraient plus vite.**
학대와 무거운 짐에 화가 난 개들은 더 빨리 달렸다.

**Buck, furieux, s'est mis à courir, suivi par l'équipe.**
벅은 격노하여 달려갔고, 그의 팀원들도 그를 따라갔다.

**Hal a crié « Whoa ! Whoa ! » mais l'équipe ne lui a pas prêté attention.**
할은 "와! 와!"라고 소리쳤지만, 팀원들은 그에게 전혀 신경 쓰지 않았다.

**Il a trébuché, est tombé et a été traîné au sol par le harnais.**
그는 걸려 넘어졌고, 하네스에 묶인 채 땅바닥으로 끌려갔습니다.

**Le traîneau renversé l'a heurté tandis que les chiens couraient devant.**
개들이 앞서 달려가는 동안 뒤집힌 썰매가 그 위로 덮쳤다.

**Le reste des fournitures est dispersé dans la rue animée de Skaguay.**
나머지 물품들은 스카과이의 번화가 곳곳에 흩어져 있었습니다.

Des personnes au grand cœur se sont précipitées pour arrêter les chiens et rassembler le matériel.

친절한 사람들이 달려가 개들을 막고 장비를 모았습니다.

Ils ont également donné des conseils, directs et pratiques, aux nouveaux voyageurs.

그들은 또한 새로운 여행자들에게 솔직하고 실용적인 조언을 해주었습니다.

« Si vous voulez atteindre Dawson, prenez la moitié du chargement et doublez les chiens. »

"도슨에게 다가가고 싶다면 짐은 절반만 싣고 개는 두 배로 늘리세요."

Hal, Charles et Mercedes écoutaient, mais sans enthousiasme.

핼, 찰스, 메르세데스는 그다지 열정적이지는 않았지만 귀를 기울였다.

Ils ont installé leur tente et ont commencé à trier leurs provisions.

그들은 텐트를 치고 필요한 물품을 분류하기 시작했습니다.

Des conserves sont sorties, ce qui a fait rire les spectateurs.

통조림이 나와서 구경꾼들을 큰 소리로 웃게 만들었다.

« Des conserves sur le sentier ? Tu vas mourir de faim avant qu'elles ne fondent », a dit l'un d'eux.

"산길에 통조림을 놔두고? 녹기도 전에 굶어 죽을 거야." 한 사람이 말했다.

« Des couvertures d'hôtel ? Tu ferais mieux de toutes les jeter. »

"호텔 담요요? 다 버리는 게 낫겠어요."

« Laissez tomber la tente aussi, et personne ne fait la vaisselle ici. »

"텐트도 치워버리면 여기서 설거지하는 사람도 없을 거야."

« Tu crois que tu voyages dans un train Pullman avec des domestiques à bord ? »

"당신은 하인들을 태운 풀먼 열차를 타고 있다고
생각하시나요?"

Le processus a commencé : chaque objet inutile a été jeté de
côté.

과정이 시작되었습니다. 쓸모없는 물건은 모두 옆으로
버려졌습니다.

Mercedes a pleuré lorsque ses sacs ont été vidés sur le sol
enneigé.

메르세데스는 자신의 가방이 눈 덮인 땅에 비워지자
울었다.

Elle sanglotait sur chaque objet jeté, un par un, sans pause.

그녀는 잠시도 멈추지 않고 물건 하나하나가 던져지는
것을 보며 흐느꼈다.

Elle jura de ne plus faire un pas de plus, même pas pendant
dix Charles.

그녀는 더 이상 한 걸음도 나아가지 않겠다고
맹세했습니다. 찰스 10명에게도 말입니다.

Elle a supplié chaque personne à proximité de la laisser
garder ses objets précieux.

그녀는 주변에 있는 모든 사람에게 그녀의 소중한
물건을 보관해 달라고 간청했습니다.

Finalement, elle s'essuya les yeux et commença à jeter même
les vêtements essentiels.

마침내 그녀는 눈물을 닦고 중요한 옷까지 던지기
시작했습니다.

Une fois les siennes terminées, elle commença à vider les
provisions des hommes.

그녀는 자신의 일을 마치고 나서 남자들의 물품을
비우기 시작했습니다.

Comme un tourbillon, elle a déchiré les affaires de Charles
et Hal.

그녀는 회오리바람처럼 찰스와 핼의 소지품을 뒤졌다.

Même si la charge était réduite de moitié, elle était encore
bien plus lourde que nécessaire.

짐은 절반으로 줄었지만 여전히 필요한 것보다 훨씬
무거웠습니다.

**Cette nuit-là, Charles et Hal sont sortis et ont acheté six nouveaux chiens.**

그날 밤, 찰스와 핼은 나가서 새 개 여섯 마리를 샀습니다.

**Ces nouveaux chiens ont rejoint les six originaux, plus Teek et Koona.**

이 새로운 개들은 티크와 쿠나를 포함해 원래 여섯 마리에 합류했습니다.

**Ensemble, ils formaient une équipe de quatorze chiens attelés au traîneau.**

그들은 함께 썰매에 묶인 14마리의 개로 이루어진 팀을 이루었습니다.

**Mais les nouveaux chiens n'étaient pas aptes et mal entraînés au travail en traîneau.**

하지만 새로 데려온 개들은 썰매 작업에 적합하지 않았고 제대로 훈련되지도 않았습니다.

**Trois des chiens étaient des pointeurs à poil court et un était un Terre-Neuve.**

개 중 세 마리는 짧은 털을 가진 포인터였고, 한 마리는 뉴펀들랜드였습니다.

**Les deux derniers chiens étaient des bâtards sans race ni objectif clairement définis.**

마지막 두 마리의 개는 품종도 목적도 명확하지 않은 잡종이었습니다.

**Ils n'ont pas compris le sentier et ne l'ont pas appris rapidement.**

그들은 그 길을 이해하지 못했고, 빨리 배우지도 못했습니다.

**Buck et ses compagnons les regardaient avec mépris et une profonde irritation.**

벅과 그의 친구들은 그들을 경멸과 깊은 짜증으로 바라보았습니다.

**Bien que Buck leur ait appris ce qu'il ne fallait pas faire, il ne pouvait pas leur enseigner le devoir.**

벅은 그들에게 무엇을 하지 말아야 하는지는 가르쳤지만, 의무는 가르칠 수 없었다.

Ils n'ont pas bien supporté la vie sur les sentiers ni la traction des rênes et des traîneaux.

그들은 산길을 걷는 생활이나 고삐와 썰매를 끌어당기는 생활에 적응하지 못했습니다.

Seuls les bâtards essayaient de s'adapter, et même eux manquaient d'esprit combatif.

오직 잡종만이 적응하려고 했고, 그들조차도 투지가 부족했습니다.

Les autres chiens étaient confus, affaiblis et brisés par leur nouvelle vie.

다른 개들은 새로운 삶에 혼란스러워하고, 약해졌으며, 무너졌습니다.

Les nouveaux chiens étant désemparés et les anciens épuisés, l'espoir était mince.

새로 온 개들은 아무것도 모르고, 기존 개들은 지쳐 있었기 때문에 희망은 희박했습니다.

L'équipe de Buck avait parcouru deux mille cinq cents kilomètres de sentiers difficiles.

벅의 팀은 험난한 산길 2,500마일을 달렸습니다.

Pourtant, les deux hommes étaient joyeux et fiers de leur grande équipe de chiens.

그럼에도 불구하고 두 남자는 쾌활했고, 그들이 데리고 다니는 큰 개 팀을 자랑스러워했습니다.

Ils pensaient voyager avec style, avec quatorze chiens attelés.

그들은 14마리의 개를 데리고 스타일리시하게 여행을 하고 있다고 생각했습니다.

Ils avaient vu des traîneaux partir pour Dawson, et d'autres en arriver.

그들은 도슨으로 썰매가 떠나는 것을 보았고, 다른 썰매들이 도슨에서 도착하는 것을 보았습니다.

Mais ils n'en avaient jamais vu un tiré par quatorze chiens.

하지만 그들은 14마리나 되는 개가 한 마리를 끌고 가는 것을 본 적이 없었습니다.

Il y avait une raison pour laquelle de telles équipes étaient rares dans la nature sauvage de l'Arctique.

북극의 자연 속에서 이런 팀이 드문 데에는 이유가
있었습니다.

**Aucun traîneau ne pouvait transporter suffisamment de
nourriture pour nourrir quatorze chiens pendant le voyage.**
어떤 썰매도 여행 내내 14마리의 개에게 먹일 만큼의
충분한 음식을 실을 수 없었습니다.

**Mais Charles et Hal ne le savaient pas : ils avaient fait le
calcul.**
하지만 찰스와 핼은 그 사실을 몰랐습니다. 그들은 이미
계산을 해 두었으니까요.

**Ils ont planifié la nourriture : tant par chien, tant de jours, et
c'est fait.**
그들은 음식의 양을 계산했습니다. 개 한 마리당
얼마인지, 며칠 동안 먹었는지.

**Mercedes regarda leurs chiffres et hocha la tête comme si
cela avait du sens.**
메르세데스는 그들의 모습을 보고, 그것이 무슨 뜻인지
알겠다는 듯이 고개를 끄덕였다.

**Tout cela lui semblait très simple, du moins sur le papier.**
그녀에게는 모든 것이 매우 간단해 보였습니다. 적어도
문서상으로는 말이죠.


**Le lendemain matin, Buck conduisit lentement l'équipe
dans la rue enneigée.**
다음날 아침, 벅은 팀을 이끌고 눈 덮인 거리를 천천히
올라갔습니다.

**Il n'y avait aucune énergie ni aucun esprit en lui ou chez les
chiens derrière lui.**
그에게도, 그의 뒤에 있는 개들에게도 에너지나 정신이
없었습니다.

**Ils étaient épuisés dès le départ, il n'y avait plus de réserve.**
그들은 처음부터 지쳐 있었습니다. 여유가 전혀
없었습니다.

**Buck avait déjà effectué quatre voyages entre Salt Water et
Dawson.**

벅은 이미 솔트워터와 도슨 사이를 네 번이나
여행했습니다.

**Maintenant, confronté à nouveau à la même épreuve, il ne ressentait que de l'amertume.**

이제 다시 같은 길을 마주하게 되었지만, 그는 씁쓸함
외에는 아무것도 느끼지 못했습니다.

**Son cœur n'y était pas, ni celui des autres chiens.**

그의 마음은 거기에 없었고, 다른 개들의 마음도 거기에
없었습니다.

**Les nouveaux chiens étaient timides et les huskies manquaient totalement de confiance.**

새로 온 개들은 소심했고, 허스키들은 전혀 신뢰하지
않았습니다.

**Buck sentait qu'il ne pouvait pas compter sur ces deux hommes ou sur leur sœur.**

벅은 이 두 남자나 그들의 자매를 믿을 수 없다는 것을
직감했습니다.

**Ils ne savaient rien et ne montraient aucun signe d'apprentissage sur le sentier.**

그들은 아무것도 몰랐고, 길을 가면서 배우는 모습도
보이지 않았습니다.

**Ils étaient désorganisés et manquaient de tout sens de la discipline.**

그들은 조직력이 부족했고 규율감이 전혀 없었습니다.

**Il leur fallait à chaque fois la moitié de la nuit pour monter un campement bâclé.**

그들은 매번 엉성한 캠프를 세우는 데 반나절이
걸렸습니다.

**Et ils passèrent la moitié de la matinée suivante à tâtonner à nouveau avec le traîneau.**

그리고 다음날 아침의 절반은 다시 썰매를 만지작거리며
보냈습니다.

**À midi, ils s'arrêtaient souvent juste pour réparer la charge inégale.**

정오쯤 되면 그들은 종종 멈춰서 불균형한 하중을
해결하곤 했습니다.

**Certains jours, ils parcouraient moins de dix milles au total.**
어떤 날에는 그들이 총 10마일도 이동하지 못했습니다.

**D'autres jours, ils ne parvenaient pas du tout à quitter le camp.**
다른 날에는 그들은 캠프를 전혀 떠나지 못했습니다.

**Ils n'ont jamais réussi à couvrir la distance alimentaire prévue.**
그들은 계획된 식량 거리를 결코 넘지 못했습니다.

**Comme prévu, ils ont très vite manqué de nourriture pour les chiens.**
예상했던 대로, 개들의 먹이가 금세 부족해졌습니다.

**Ils ont aggravé la situation en les suralimentant au début.**
그들은 초기에 과잉 공급으로 상황을 악화시켰습니다.

**À chaque ration négligée, la famine se rapprochait.**
이런 식으로 부주의한 식량 배급으로 인해 기아가 더 가까워졌습니다.

**Les nouveaux chiens n'avaient pas appris à survivre avec très peu.**
새로 온 개들은 아주 적은 양으로 생존하는 법을 배우지 못했습니다.

**Ils mangeaient avec faim, avec un appétit trop grand pour le sentier.**
그들은 길을 따라가는 것보다 식욕이 너무 왕성해서 배고프게 먹었습니다.

**Voyant les chiens s'affaiblir, Hal pensait que la nourriture n'était pas suffisante.**
개들이 약해지는 것을 보고, 핼은 음식이 충분하지 않다고 생각했습니다.

**Il a doublé les rations, rendant l'erreur encore pire.**
그는 식량 배급량을 두 배로 늘려서 실수를 더욱 심화시켰습니다.

**Mercedes a aggravé le problème avec ses larmes et ses douces supplications.**
메르세데스는 눈물과 부드러운 애원으로 문제를 더욱 키웠다.

Comme elle n'arrivait pas à convaincre Hal, elle nourrissait les chiens en secret.

핼을 설득할 수 없자, 그녀는 비밀리에 개들에게 먹이를 주었습니다.

Elle a volé des sacs de poissons et les leur a donnés dans son dos.

그녀는 물고기 자루에서 물고기를 훔쳐서 그의 눈 밖에 나서 그들에게 주었습니다.

Mais ce dont les chiens avaient réellement besoin, ce n'était pas de plus de nourriture, mais de repos.

하지만 개들에게 정말 필요한 것은 더 많은 음식이 아니라 휴식이었습니다.

Ils progressaient mal, mais le lourd traîneau continuait à avancer.

그들은 시간을 많이 낭비하지 않았지만, 무거운 썰매는 여전히 계속 끌렸습니다.

Ce poids à lui seul épuisait chaque jour leurs forces restantes.

그 무게만으로도 그들의 남아 있던 힘이 매일 빠져나갔습니다.

Puis vint l'étape de la sous-alimentation, les réserves s'épuisant.

그러다가 공급이 부족해져서 충분한 영양을 공급하지 못하는 단계가 왔습니다.

Un matin, Hal s'est rendu compte que la moitié de la nourriture pour chien avait déjà disparu.

어느 날 아침, 핼은 개 사료의 절반이 이미 없어졌다는 것을 깨달았습니다.

Ils n'avaient parcouru qu'un quart de la distance totale du sentier.

그들은 전체 산길 거리의 4분의 1만 이동했습니다.

On ne pouvait plus acheter de nourriture, quel que soit le prix proposé.

아무리 가격을 매겨도 더 이상 음식을 살 수 없었습니다.

Il a réduit les portions des chiens en dessous de la ration quotidienne standard.

그는 개들에게 주는 먹이를 표준 일일 배급량보다
줄였습니다.

**Dans le même temps, il a exigé des voyages plus longs pour
compenser la perte.**

동시에 그는 손실을 메우기 위해 더 긴 여행을
요구했습니다.

**Mercedes et Charles ont soutenu ce plan, mais ont échoué
dans son exécution.**

메르세데스와 샤를은 이 계획을 지지했지만 실행에는
실패했다.

**Leur lourd traîneau et leur manque de compétences
rendaient la progression presque impossible.**

무거운 썰매와 기술 부족으로 인해 전진이 거의
불가능했습니다.

**Il était facile de donner moins de nourriture, mais
impossible de forcer plus d'efforts.**

음식을 줄이는 건 쉽지만, 더 많은 노력을 강요하는 건
불가능했습니다.

**Ils ne pouvaient pas commencer plus tôt, ni voyager pendant
des heures supplémentaires.**

그들은 일찍 출발할 수도 없었고, 몇 시간 더 여행할
수도 없었습니다.

**Ils ne savaient pas comment travailler les chiens, ni eux-
mêmes d'ailleurs.**

그들은 개를 다루는 법도, 자신들을 다루는 법도
몰랐습니다.

**Le premier chien à mourir était Dub, le voleur malchanceux
mais travailleur.**

처음으로 죽은 개는 불운하지만 열심히 일하는 도둑인
더브였습니다.

**Bien que souvent puni, Dub avait fait sa part sans se
plaindre.**

종종 벌을 받았지만, 더브는 불평 없이 자신의 몫을
다했습니다.

**Son épaule blessée s'est aggravée sans qu'il soit nécessaire
de prendre soin de lui et de se reposer.**

그의 다친 어깨는 치료나 휴식이 필요 없이 점점 악화되었습니다.

**Finalement, Hal a utilisé le revolver pour mettre fin aux souffrances de Dub.**

마침내, 할은 리볼버를 사용해 더브의 고통을 끝냈다.

**Un dicton courant dit que les chiens normaux meurent à cause des rations de husky.**

일반적인 속담에 허스키 사료를 먹으면 일반 개도 죽는다는 말이 있습니다.

**Les six nouveaux compagnons de Buck n'avaient que la moitié de la part de nourriture du husky.**

벅의 새로운 동료 여섯 마리는 허스키가 나눠 가진 음식의 절반만 가지고 있었습니다.

**Le Terre-Neuve est mort en premier, puis les trois braques à poil court.**

뉴펀들랜드가 먼저 죽고, 그 다음에 짧은 털을 가진 포인터 세 마리가 죽었습니다.

**Les deux bâtards résistèrent plus longtemps mais finirent par périr comme les autres.**

두 잡종은 더 오래 버텼지만 결국 다른 이들처럼 죽고 말았다.

**À cette époque, toutes les commodités et la douceur du Southland avaient disparu.**

이 무렵, 사우스랜드의 모든 편의 시설과 온화함은 사라졌습니다.

**Les trois personnes avaient perdu les dernières traces de leur éducation civilisée.**

세 사람은 문명화된 양육의 마지막 흔적을 버렸습니다.

**Dépouillé de glamour et de romantisme, le voyage dans l'Arctique est devenu brutalement réel.**

화려함과 로맨스가 사라진 북극 여행은 잔인할 정도로 현실이 되었습니다.

**C'était une réalité trop dure pour leur sens de la virilité et de la féminité.**

그것은 그들의 남성성과 여성성에 대한 감각으로는 너무나 가혹한 현실이었습니다.

Mercedes ne pleurait plus pour les chiens, mais maintenant elle pleurait seulement pour elle-même.

메르세데스는 더 이상 개들을 위해 울지 않고, 오직 자신을 위해 울었습니다.

Elle passait son temps à pleurer et à se disputer avec Hal et Charles.

그녀는 핼과 찰스와 울고 다투며 시간을 보냈다.

Se disputer était la seule chose qu'ils n'étaient jamais trop fatigués de faire.

다투는 것은 그들이 지쳐서 할 수 없는 유일한 일이었습니다.

Leur irritabilité provenait de la misère, grandissait avec elle et la surpassait.

그들의 짜증은 비참함에서 비롯되었고, 비참함과 함께 커졌으며, 비참함을 넘어섰습니다.

La patience du sentier, connue de ceux qui peinent et souffrent avec bienveillance, n'est jamais venue.

친절하게 수고하고 고통을 겪는 사람들이 아는, 길에서 겪는 인내심은 결코 찾아오지 않았습니다.

Cette patience, qui garde la parole douce malgré la douleur, leur était inconnue.

고통 속에서도 말을 달콤하게 유지하는 그 인내심은 그들에게는 알려지지 않았다.

Ils n'avaient aucune trace de patience, aucune force tirée de la souffrance avec grâce.

그들에게는 인내심이라는 흔적도 없었고, 은혜롭게 고통을 겪으면서 얻는 힘도 없었습니다.

Ils étaient raides de douleur : leurs muscles, leurs os et leur cœur étaient douloureux.

그들은 고통으로 몸이 굳어졌습니다. 근육, 뼈, 심장이 아팠습니다.

À cause de cela, ils devinrent acerbes et prompts à prononcer des paroles dures.

이 때문에 그들은 혀가 날카로워지고 거친 말을 하기 쉬워졌습니다.

**Chaque jour commençait et se terminait par des voix en colère et des plaintes amères.**

매일은 화난 목소리와 쓰라린 불평으로 시작하고 끝났습니다.

**Charles et Hal se disputaient chaque fois que Mercedes leur en donnait l'occasion.**

메르세데스가 기회를 줄 때마다 찰스와 핼은 서로 다투었다.

**Chaque homme estimait avoir fait plus que sa juste part du travail.**

각자는 자신에게 할당된 업무량 이상을 해냈다고 믿었습니다.

**Aucun des deux n'a jamais manqué une occasion de le dire, encore et encore.**

두 사람 모두 그 말을 할 기회를 놓치지 않았고, 계속해서 그렇게 말했습니다.

**Parfois, Mercedes se rangeait du côté de Charles, parfois du côté de Hal.**

때로는 메르세데스는 찰스 편을 들었고, 때로는 핼 편을 들었습니다.

**Cela a conduit à une grande et interminable querelle entre les trois.**

이로 인해 세 사람 사이에 끝없는 다툼이 벌어지게 되었다.

**Une dispute sur la question de savoir qui devait couper le bois de chauffage est devenue incontrôlable.**

장작을 누가 잘라야 할 것인가를 놓고 벌어진 논쟁이 걷잡을 수 없이 커졌습니다.

**Bientôt, les pères, les mères, les cousins et les parents décédés ont été nommés.**

곧 아버지, 어머니, 사촌, 죽은 친척들의 이름이 지어졌습니다.

**Les opinions de Hal sur l'art ou les pièces de son oncle sont devenues partie intégrante du combat.**

핼의 예술에 대한 견해나 그의 삼촌의 연극에 대한 견해가 싸움의 일부가 되었습니다.

Les convictions politiques de Charles sont également entrées dans le débat.

찰스의 정치적 신념 또한 논쟁에 포함되었습니다.

Pour Mercedes, même les ragots de la sœur de son mari semblaient pertinents.

메르세데스에게는 남편의 누이의 소문조차도 중요한 것처럼 보였습니다.

Elle a exprimé son opinion sur ce sujet et sur de nombreux défauts de la famille de Charles.

그녀는 그 문제와 찰스 가족의 많은 단점에 대한 의견을 밝혔습니다.

Pendant qu'ils se disputaient, le feu restait éteint et le camp à moitié monté.

그들이 논쟁하는 동안 불은 꺼져 있었고 캠프는 반쯤 세워져 있었습니다.

Pendant ce temps, les chiens restaient froids et sans nourriture.

그 사이 개들은 추위에 떨며 아무것도 먹지 못했습니다.

Mercedes avait un grief qu'elle considérait comme profondément personnel.

메르세데스는 자신이 매우 개인적으로 생각하는 불만을 품고 있었습니다.

Elle se sentait maltraitée en tant que femme, privée de ses doux privilèges.

그녀는 여성으로서 부당한 대우를 받았다고 느꼈고, 신사로서의 특권을 박탈당했다고 느꼈습니다.

Elle était jolie et douce, et habituée à la chevalerie toute sa vie.

그녀는 예쁘고 상냥했으며, 평생 기사도 정신에 익숙했습니다.

Mais son mari et son frère la traitaient désormais avec impatience.

하지만 그녀의 남편과 오빠는 이제 그녀를 참을성 없이 대했습니다.

Elle avait pour habitude d'agir comme si elle était impuissante, et ils commencèrent à se plaindre.

그녀는 무력하게 행동하는 게 습관이었고, 그들은
불평하기 시작했습니다.

**Offensée par cela, elle leur rendit la vie encore plus difficile.**
그녀는 이에 불쾌감을 느꼈고, 그들의 삶을 더욱 어렵게
만들었습니다.

**Elle a ignoré les chiens et a insisté pour conduire elle-même
le traîneau.**
그녀는 개들을 무시하고 직접 썰매를 타겠다고
고집했습니다.

**Bien que légère en apparence, elle pesait cent vingt livres.**
그녀는 겉모습은 가벼웠지만 몸무게는 120파운드나
나갔습니다.

**Ce fardeau supplémentaire était trop lourd pour les chiens
affamés et faibles.**
그 추가적인 부담은 굶주리고 허약한 개들에게는 너무
컸습니다.

**Elle a continué à monter pendant des jours, jusqu'à ce que
les chiens s'effondrent sous les rênes.**
그럼에도 불구하고 그녀는 개들이 고삐를 잡고 쓰러질
때까지 며칠 동안 말을 탔습니다.

**Le traîneau s'arrêta et Charles et Hal la supplièrent de
marcher.**
썰매는 멈춰 섰고, 찰스와 핼은 썰매에게 걸어가라고
간청했습니다.

**Ils la supplièrent et la supplièrent, mais elle pleura et les
traita de cruels.**
그들은 간청하고 간청했지만, 그녀는 울면서 그들을
잔인하다고 불렀습니다.

**À une occasion, ils l'ont tirée du traîneau avec force et colère.**
한번은 그들은 엄청난 힘과 분노로 그녀를 썰매에서
끌어냈습니다.

**Ils n'ont plus jamais essayé après ce qui s'est passé cette fois-
là.**
그들은 그 일이 있은 후로 다시는 시도하지 않았습니다.

**Elle devint molle comme un enfant gâté et s'assit dans la
neige.**

그녀는 버릇없는 아이처럼 힘이 빠지고 눈 속에
앉았습니다.

**Ils continuèrent leur chemin, mais elle refusa de se lever ou de les suivre.**

그들은 계속 움직였지만, 그녀는 일어나거나
뒤따라오기를 거부했습니다.

**Après trois milles, ils s'arrêtèrent, revinrent et la ramenèrent.**

3마일을 간 뒤, 그들은 멈춰 서서 돌아와 그녀를 다시
업고 돌아왔다.

**Ils l'ont rechargée sur le traîneau, en utilisant encore une fois la force brute.**

그들은 다시 힘을 써서 그녀를 썰매에 다시 태웠다.

**Dans leur profonde misère, ils étaient insensibles à la souffrance des chiens.**

그들은 깊은 비참함에 빠져서 개들의 고통에는
무감각했습니다.

**Hal croyait qu'il fallait s'endurcir et il a imposé cette croyance aux autres.**

할은 사람이 강해져야 한다고 믿었고, 그 믿음을 다른
사람들에게 강요했습니다.

**Il a d'abord essayé de prêcher sa philosophie à sa sœur**

그는 먼저 자신의 철학을 여동생에게 전파하려고
했습니다.

**et puis, sans succès, il prêcha à son beau-frère.**

그리고 나서, 성공하지 못한 채 그는 처남에게
설교했습니다.

**Il a eu plus de succès avec les chiens, mais seulement parce qu'il leur a fait du mal.**

그는 개들을 다루는 데 더 성공적이었지만, 그것은 그가
개들을 다치게 했기 때문일 뿐이다.

**Chez Five Fingers, la nourriture pour chiens est complètement épuisée.**

파이브 핑거스에서는 개 사료가 완전히 떨어졌습니다.

**Une vieille squaw édentée a vendu quelques kilos de peau de cheval congelée**

이가 없는 늙은 여자가 얼어붙은 말가죽 몇 파운드를
팔았습니다.

**Hal a échangé son revolver contre la peau de cheval séchée.**
할은 리볼버를 말린 말가죽과 교환했다.

**La viande provenait de chevaux affamés d'éleveurs de bétail des mois auparavant.**
그 고기는 몇 달 전 목축업자들이 굶주린 말의
고기였습니다.

**Gelée, la peau était comme du fer galvanisé ; dure et immangeable.**
얼어붙은 가죽은 마치 아연 도금된 철과 같아서 질기고
먹을 수 없었습니다.

**Les chiens devaient mâcher la peau sans fin pour la manger.**
개들은 가죽을 먹기 위해 끝없이 씹어야 했습니다.

**Mais les cordes en cuir et les cheveux courts n'étaient guère une nourriture.**
하지만 가죽 같은 털과 짧은 털은 영양분이 될 수
없었다.

**La majeure partie de la peau était irritante et ne constituait pas véritablement de la nourriture.**
가죽의 대부분은 자극적이었고, 엄밀히 말하면 음식이
아니었습니다.

**Et pendant tout ce temps, Buck titubait en tête, comme dans un cauchemar.**
그리고 그 모든 일에도 불구하고 벅은 악몽 속에서처럼
비틀거리며 앞장섰다.

**Il tirait quand il le pouvait ; quand il ne le pouvait pas, il restait allongé jusqu'à ce qu'un fouet ou un gourdin le relève.**
그는 할 수 있을 때는 잡아당겼고, 할 수 없을 때는
채찍이나 곤봉이 그를 들어올릴 때까지 누워
있었습니다.

**Son pelage fin et brillant avait perdu toute sa rigidité et son éclat d'autrefois.**
그의 곱고 윤기 나는 털은 한때 가지고 있던 뻣뻣함과
윤기를 모두 잃어버렸습니다.

Ses cheveux pendaient, mous, en bataille et coagulés par le sang séché des coups.

그의 머리카락은 힘없이 늘어져 있었고, 질질 끌려 있었으며, 타격으로 인한 말라붙은 피로 굳어 있었다.

Ses muscles se sont réduits à l'état de cordes et ses coussinets de chair étaient tous usés.

그의 근육은 끈처럼 줄어들었고, 살갗은 모두 닳아 없어졌습니다.

Chaque côte, chaque os apparaissait clairement à travers les plis de la peau ridée.

주름진 피부 사이로 각 갈비뼈, 각 뼈가 선명하게 드러났습니다.

C'était déchirant, mais le cœur de Buck ne pouvait pas se briser.

가슴 아픈 일이었지만, 벅의 마음은 무너지지 않았습니다.

L'homme au pull rouge avait testé cela et l'avait prouvé il y a longtemps.

빨간 스웨터를 입은 남자는 그것을 오래전에 시험해 보고 증명했습니다.

Comme ce fut le cas pour Buck, ce fut le cas pour tous ses coéquipiers restants.

벅의 경우와 마찬가지로, 그의 나머지 팀원들도 마찬가지였다.

Il y en avait sept au total, chacun étant un squelette ambulant de misère.

모두 일곱 명이었고, 각자는 비참함의 걸어다니는 해골이었습니다.

Ils étaient devenus insensibles au fouet, ne ressentant qu'une douleur lointaine.

그들은 채찍질에 무감각해졌고, 멀리서 느껴지는 고통만을 느꼈습니다.

Même la vue et le son leur parvenaient faiblement, comme à travers un épais brouillard.

짙은 안개 속에서처럼, 시력과 청각조차 희미하게 그들에게 전달되었습니다.

**Ils n'étaient pas à moitié vivants : c'étaient des os avec de faibles étincelles à l'intérieur.**

그들은 반쯤 살아 있는 것이 아니었습니다. 그들은 안에 희미한 불꽃이 있는 뼈일 뿐이었습니다.

**Lorsqu'ils s'arrêtèrent, ils s'effondrèrent comme des cadavres, leurs étincelles presque éteintes.**

멈추자 그들은 시체처럼 쓰러졌고, 불꽃은 거의 사라졌습니다.

**Et lorsque le fouet ou le gourdin frappaient à nouveau, les étincelles voltigeaient faiblement.**

그리고 채찍이나 곤봉이 다시 닿았을 때, 불꽃은 약하게 펄럭였다.

**Puis ils se levèrent, titubèrent en avant et traînèrent leurs membres en avant.**

그러고 나서 그들은 일어나 비틀거리며 앞으로 나아가며 팔다리를 앞으로 끌었다.

**Un jour, le gentil Billee tomba et ne put plus se relever du tout.**

어느 날 친절한 빌리는 쓰러져서 더 이상 일어날 수 없게 되었습니다.

**Hal avait échangé son revolver, alors il a utilisé une hache pour tuer Billee à la place.**

할은 리볼버를 교환했기 때문에 대신 도끼를 사용해 빌리를 죽였습니다.

**Il le frappa à la tête, puis lui coupa le corps et le traîna.**

그는 그의 머리를 내리친 다음 그의 몸을 베어내고 끌고 갔다.

**Buck vit cela, et les autres aussi ; ils savaient que la mort était proche.**

벅은 이 사실을 알았고, 다른 사람들도 이를 보았습니다. 그들은 죽음이 다가오고 있다는 것을 알았습니다.

**Le lendemain, Koona partit, ne laissant que cinq chiens dans l'équipe affamée.**

다음날 쿠나는 떠났고, 굶주린 팀에는 개 다섯 마리만 남았습니다.

Joe, qui n'était plus méchant, était trop loin pour se rendre compte de quoi que ce soit.

조는 더 이상 심술궂지 않았지만, 너무 정신이 나가서 아무것도 알아차리지 못했습니다.

Pike, ne faisant plus semblant d'être blessé, était à peine conscient.

파이크는 더 이상 부상을 가장하지 않았고, 거의 의식이 없었습니다.

Solleks, toujours fidèle, se lamentait de ne plus avoir de force à donner.

여전히 충실한 솔렉스는 더 이상 줄 힘이 없다는 것을 슬퍼했습니다.

Teek a été le plus battu parce qu'il était plus frais, mais qu'il s'estompait rapidement.

티크는 더 신선했기 때문에 가장 많이 패배했지만, 빠르게 쇠퇴했습니다.

Et Buck, toujours en tête, ne maintenait plus l'ordre ni ne le faisait respecter.

그리고 여전히 선두에 있던 벅은 더 이상 질서를 유지하거나 이를 집행하지 않았습니다.

À moitié aveugle à cause de sa faiblesse, Buck suivit la piste au toucher seul.

약함으로 인해 반쯤 눈이 먼 벅은 감각만으로 흔적을 따라갔다.

C'était un beau temps printanier, mais aucun d'entre eux ne l'a remarqué.

아름다운 봄날씨였지만, 그들 중 누구도 그것을 눈치채지 못했습니다.

Chaque jour, le soleil se levait plus tôt et se couchait plus tard qu'avant.

매일 해가 예전보다 일찍 뜨고, 예전보다 늦게 졌습니다.

À trois heures du matin, l'aube était arrivée ; le crépuscule durait jusqu'à neuf heures.

새벽 3시가 되자 새벽이 밝았고, 황혼은 9시까지 지속되었습니다.

Les longues journées étaient remplies du plein soleil printanier.

긴 낮 동안에는 봄의 햇살이 활짝 비치었습니다.

Le silence fantomatique de l'hiver s'était transformé en un murmure chaleureux.

겨울의 유령같은 고요함은 따뜻한 속삭임으로
바뀌었습니다.

Toute la terre s'éveillait, animée par la joie des êtres vivants.

온 땅이 깨어나, 살아있는 존재들의 기쁨으로 살아 숨
쉬고 있었습니다.

Le bruit provenait de ce qui était resté mort et immobile pendant l'hiver.

그 소리는 겨울 내내 죽어서 움직이지 않던 것에서
나왔습니다.

Maintenant, ces choses bougeaient à nouveau, secouant le long sommeil de gel.

이제 그 것들이 다시 움직이며 긴 서리잠을
털어냈습니다.

La sève montait à travers les troncs sombres des pins en attente.

기다리고 있던 소나무의 어두운 줄기 사이로 수액이
흘러내렸습니다.

Les saules et les trembles font apparaître de jeunes bourgeons brillants sur chaque brindille.

버드나무와 아스펜은 각 나뭇가지에서 밝고 어린 새싹을
터뜨렸습니다.

Les arbustes et les vignes se parent d'un vert frais tandis que les bois prennent vie.

숲이 생기를 띠면서 관목과 덩굴이 새 푸르름을 띱니다.

Les grillons chantaient la nuit et les insectes rampaient au soleil.

밤에는 귀뚜라미가 울었고, 낮에는 벌레가
기어다녔습니다.

Les perdrix résonnaient et les pics frappaient profondément dans les arbres.

참새가 울부짖고, 딱따구리가 나무 깊숙이 울었다.

**Les écureuils bavardaient, les oiseaux chantaient et les oies klaxonnaient au-dessus des chiens.**
다람쥐가 지저귀고, 새들이 노래하고, 거위들이 개들 위로 울었습니다.

**Les oiseaux sauvages arrivaient en groupes serrés, volant vers le haut depuis le sud.**
들새들이 남쪽에서 날아오면서 날카로운 쐐기 모양 떼를 지어 날아왔습니다.

**De chaque colline venait la musique des ruisseaux cachés et impétueux.**
모든 언덕에서 숨겨진 시냇물이 흐르는 음악이 들려왔다.

**Toutes choses ont dégelé et se sont brisées, se sont pliées et ont repris leur mouvement.**
모든 것이 녹아내리고 부러지고, 구부러지고 다시 움직이기 시작했습니다.

**Le Yukon s'efforçait de briser les chaînes de froid de la glace gelée.**
유콘 강은 얼어붙은 얼음의 차가운 사슬을 끊으려고 애썼다.

**La glace fondait en dessous, tandis que le soleil la faisait fondre par le dessus.**
얼음은 아래쪽에서 녹았고, 태양은 위쪽에서 녹였습니다.

**Des trous d'aération se sont ouverts, des fissures se sont propagées et des morceaux sont tombés dans la rivière.**
공기구멍이 열리고, 균열이 벌어지고, 덩어리가 강으로 떨어졌습니다.

**Au milieu de toute cette vie débordante et flamboyante, les voyageurs titubaient.**
이 모든 폭발적이고 불타는 삶 속에서 여행자들은 비틀거렸습니다.

**Deux hommes, une femme et une meute de huskies marchaient comme des morts.**
두 남자, 한 여자, 그리고 허스키 무리가 죽은 사람처럼 걸어갔다.

**Les chiens tombaient, Mercedes pleurait, mais continuait à conduire le traîneau.**
개들이 넘어지고, 메르세데스는 울었지만, 여전히
썰매를 탔다.

**Hal jura faiblement et Charles cligna des yeux à travers ses yeux larmoyants.**
할은 힘없이 욕설을 내뱉었고, 찰스는 눈물을 흘리며
눈을 깜빡였다.

**Ils tombèrent sur le camp de John Thornton à l'embouchure de la rivière White.**
그들은 화이트 리버 하구에서 존 손튼의 캠프에 우연히
들어갔습니다.

**Lorsqu'ils s'arrêtèrent, les chiens s'effondrèrent, comme s'ils étaient tous morts.**
그들이 멈추자, 개들은 모두 죽은 것처럼 쓰러졌습니다.

**Mercedes essuya ses larmes et regarda John Thornton.**
메르세데스는 눈물을 닦고 존 손튼을 바라보았다.

**Charles s'assit sur une bûche, lentement et raidement, souffrant du sentier.**
찰스는 몸을 뻣뻣하게 하고 천천히 통나무에 앉았다.
그는 발걸음 때문에 몸이 아팠다.

**Hal parlait pendant que Thornton sculptait l'extrémité d'un manche de hache.**
손튼이 도끼 자루의 끝을 조각하는 동안 할이 이야기를
나누었습니다.

**Il taillait du bois de bouleau et répondait par des réponses brèves et fermes.**
그는 자작나무를 깎아 짧고 단호한 대답을 내렸다.

**Lorsqu'on lui a demandé son avis, il a donné des conseils, certain qu'ils ne seraient pas suivis.**
그가 묻자 그는 그 조언이 따르지 않을 것이라고
확신하며 조언을 했습니다.

**Hal a expliqué : « Ils nous ont dit que la glace du sentier disparaissait. »**
할은 "산길의 얼음이 빠져나가고 있다고 들었어요."라고
설명했습니다.

« Ils ont dit que nous devions rester sur place, mais nous sommes arrivés à White River. »

"그들은 우리가 그 자리에 머물러야 한다고 했지만, 우리는 화이트 리버에 도착했습니다."

Il a terminé sur un ton moqueur, comme pour crier victoire dans les difficultés.

그는 마치 고난 속에서 승리를 주장하듯이 비웃는 어조로 말을 마쳤다.

« Et ils t'ont dit la vérité », répondit doucement John Thornton à Hal.

"그들이 당신에게 진실을 말했어요." 존 손튼이 조용히 할에게 대답했다.

« La glace peut céder à tout moment, elle est prête à tomber. »

"얼음은 언제든지 무너질 수 있어요. 떨어져 나갈 준비가 되어 있죠."

« Seuls un peu de chance et des imbéciles ont pu arriver jusqu'ici en vie. »

"오직 행운과 바보들만이 이렇게 멀리까지 살아올 수 있었을 거야."

« Je vous le dis franchement, je ne risquerais pas ma vie pour tout l'or de l'Alaska. »

"솔직히 말해서, 알래스카의 모든 금을 위해서라면 내 목숨을 걸고 싶지 않아요."

« C'est parce que tu n'es pas un imbécile, je suppose », répondit Hal.

"그건 당신이 바보가 아니기 때문일 거예요." 할이 대답했다.

« Tout de même, nous irons à Dawson. » Il déroula son fouet.

"그래도 우리는 도슨에게로 갈 거야." 그는 채찍을 풀었다.

« Monte là-haut, Buck ! Salut ! Debout ! Vas-y ! » cria-t-il durement.

"일어나, 벅! 안녕! 일어나! 어서!" 그는 거칠게 소리쳤다.

Thornton continuait à tailler, sachant que les imbéciles n'entendraient pas la raison.

쏜튼은 바보들은 이성의 말을 듣지 않을 거라는 걸 알고 계속해서 깎아내렸습니다.

Arrêter un imbécile était futile, et deux ou trois imbéciles ne changeaient rien.

어리석은 사람을 막는 것은 소용이 없습니다. 그리고 두세 명이 속아도 아무것도 변하지 않습니다.

Mais l'équipe n'a pas bougé au son de l'ordre de Hal.

하지만 핼의 명령에도 불구하고 팀은 움직이지 않았다.

Désormais, seuls les coups pouvaient les faire se relever et avancer.

이제 그들을 일으켜 세우고 앞으로 나아가게 할 수 있는 것은 타격뿐이었습니다.

Le fouet claquait encore et encore sur les chiens affaiblis.

채찍은 약해진 개들에게 계속해서 휘둘렸다.

John Thornton serra fermement ses lèvres et regarda en silence.

존 손튼은 입술을 꽉 다물고 말없이 지켜보았다.

Solleks fut le premier à se relever sous le fouet.

채찍질을 당하자 솔렉스가 가장 먼저 일어섰다.

Puis Teek le suivit, tremblant. Joe poussa un cri en se relevant.

그러자 틱이 몸을 떨며 따라왔다. 조는 비틀거리며 일어서며 비명을 질렀다.

Pike a essayé de se relever, a échoué deux fois, puis est finalement resté debout, chancelant.

파이크는 일어서려고 했지만 두 번이나 실패하고 마침내 비틀거리며 일어섰다.

Mais Buck resta là où il était tombé, sans bouger du tout cette fois.

하지만 벅은 쓰러진 자리에 그대로 누워서 전혀 움직이지 않았습니다.

Le fouet le frappait à plusieurs reprises, mais il ne faisait aucun bruit.

채찍이 그를 계속해서 베었지만 그는 소리를 내지
않았다.

**Il n'a pas bronché ni résisté, il est simplement resté immobile et silencieux.**

그는 움찔하거나 저항하지 않고 그저 가만히
있었습니다.

**Thornton remua plus d'une fois, comme pour parler, mais ne le fit pas.**

쏜튼은 말을 하려는 듯 여러 번 몸을 움직였지만 말을
하지 않았다.

**Ses yeux s'humidifièrent, et le fouet continuait à claquer contre Buck.**

그의 눈은 젖었고, 채찍은 여전히 벅을 때렸다.

**Finalement, Thornton commença à marcher lentement, ne sachant pas quoi faire.**

마침내, 쏜튼은 무엇을 해야 할지 몰라 천천히 왔다 갔다
하기 시작했습니다.

**C'était la première fois que Buck échouait, et Hal devint furieux.**

벅이 실패한 것은 이번이 처음이었고, 핼은 분노했다.

**Il a jeté le fouet et a pris la lourde massue à la place.**

그는 채찍을 내려놓고 대신 무거운 곤봉을 집어들었다.

**Le gourdin en bois s'abattit violemment, mais Buck ne se releva toujours pas pour bouger.**

나무 곤봉이 세게 내려왔지만, 벅은 여전히 일어나
움직이지 않았다.

**Comme ses coéquipiers, il était trop faible, mais plus que cela.**

그의 팀 동료들처럼 그도 너무 약했습니다. 하지만 그
이상이었습니다.

**Buck avait décidé de ne pas bouger, quoi qu'il arrive.**

벅은 무슨 일이 일어나더라도 움직이지 않기로
결심했습니다.

**Il sentait quelque chose de sombre et de certain planer juste devant lui.**

그는 바로 앞에 뭔가 어둡고 확실한 것이 떠 있는 것을
느꼈다.

Cette peur l'avait saisi dès qu'il avait atteint la rive du
fleuve.
그 공포는 그가 강둑에 도착하자마자 그를
사로잡았습니다.

Cette sensation ne l'avait pas quitté depuis qu'il sentait la
glace s'amincir sous ses pattes.
그는 발 밑의 얼음이 얇아지는 것을 느낀 이후로 그
느낌을 떨쳐낼 수 없었다.

Quelque chose de terrible l'attendait – il le sentait juste au
bout du sentier.
뭔가 끔찍한 일이 기다리고 있다는 것을 그는 산길 바로
아래에서 느꼈다.

Il n'allait pas marcher vers cette terrible chose devant lui.
그는 앞에 있는 그 끔찍한 것을 향해 걸어갈 생각이
없었다.

Il n'allait pas obéir à un quelconque ordre qui le conduirait
à cette chose.
그는 그를 그 곳으로 인도하는 어떠한 명령에도
복종하지 않을 것입니다.

La douleur des coups ne l'atteignait plus guère, il était trop
loin.
타격의 고통은 이제 그에게 거의 느껴지지 않았다. 그는
너무 지쳐 있었다.

L'étincelle de vie vacillait faiblement, s'affaiblissant sous
chaque coup cruel.
생명의 불꽃이 낮게 깜빡이며 잔혹한 일격마다
희미해졌습니다.

Ses membres semblaient lointains ; tout son corps semblait
appartenir à un autre.
그의 팔다리는 멀리 떨어져 있는 것 같았고, 그의 몸
전체는 다른 사람의 소유인 것 같았다.

Il ressentit un étrange engourdissement alors que la douleur
disparaissait complètement.

그는 고통이 완전히 사라지자 이상한 무감각함을
느꼈다.

**De loin, il sentait qu'il était battu, mais il le savait à peine.**
멀리서 그는 자신이 구타당하고 있다는 것을 느꼈지만
거의 알지 못했습니다.

**Il pouvait entendre les coups sourds faiblement, mais ils ne
faisaient plus vraiment mal.**
그는 쿵쿵거리는 소리를 희미하게 들었지만, 더 이상
진짜로 아프지는 않았다.

**Les coups ont porté, mais son corps ne semblait plus être le
sien.**
타격이 가해졌지만, 그의 몸은 더 이상 자신의 몸 같지
않았습니다.

**Puis, soudain, sans prévenir, John Thornton poussa un cri
sauvage.**
그러자 갑자기, 아무런 경고도 없이, 존 손튼이 갑자기
큰 소리로 울부짖었다.

**C'était inarticulé, plus le cri d'une bête que celui d'un
homme.**
그것은 분명하지 않았고, 사람의 울음소리라기보다는
짐승의 울음소리에 가까웠다.

**Il sauta sur l'homme avec la massue et renversa Hal en
arrière.**
그는 곤봉을 든 남자에게 달려들어 할을 뒤로 밀어냈다.

**Hal vola comme s'il avait été frappé par un arbre, atterrissant
durement sur le sol.**
할은 나무에 맞은 듯 날아가다가 땅에 세게 착지했다.

**Mercedes a crié de panique et s'est agrippée au visage.**
메르세데스는 당황해서 큰 소리로 비명을 지르며 얼굴을
움켜쥐었다.

**Charles se contenta de regarder, s'essuya les yeux et resta
assis.**
찰스는 그저 바라보며 눈물을 닦고 앉아만 있었다.

**Son corps était trop raide à cause de la douleur pour se lever
ou aider au combat.**

그의 몸은 너무 뻣뻣해서 일어날 수도, 싸움에 참여할
수도 없었다.

**Thornton se tenait au-dessus de Buck, tremblant de fureur,
incapable de parler.**

쏜튼은 벅 위에 서서 분노에 떨며 말을 할 수 없었다.

**Il tremblait de rage et luttait pour trouver sa voix à travers
elle.**

그는 분노에 몸을 떨었고, 그 속에서 자신의 목소리를
찾으려고 애썼다.

**« Si tu frappes encore ce chien, je te tue », dit-il finalement.**

"그 개를 다시 때리면 죽여버릴 거야." 그는 마침내
말했다.

**Hal essuya le sang de sa bouche et s'avança à nouveau.**

할은 입가의 피를 닦고 다시 앞으로 나왔다.

**« C'est mon chien », murmura-t-il. « Dégage, ou je te répare.
»**

"내 개잖아." 그가 중얼거렸다. "비켜, 안 그러면 내가
고쳐줄게."

**« Je vais à Dawson, et vous ne m'en empêcherez pas », a-t-il
ajouté.**

그는 "나는 도슨으로 갈 거야. 너희가 나를 막을 수는
없어."라고 덧붙였다.

**Thornton se tenait fermement entre Buck et le jeune homme
en colère.**

쏜튼은 벅과 화난 청년 사이에 굳건히 섰다.

**Il n'avait aucune intention de s'écarter ou de laisser passer
Hal.**

그는 물러나거나 핼을 지나가게 할 생각이 전혀 없었다.

**Hal sortit son couteau de chasse, long et dangereux à la
main.**

할은 사냥용 칼을 꺼냈다. 그 칼은 길고 위험했다.

**Mercedes a crié, puis pleuré, puis ri dans une hystérie
sauvage.**

메르세데스는 비명을 지르고, 울고, 그리고 격렬한
히스테리에 빠져 웃었다.

Thornton frappa la main de Hal avec le manche de sa hache, fort et vite.

쏜튼은 도끼 자루로 핼의 손을 빠르고 세게 쳤다.

Le couteau s'est détaché de la main de Hal et a volé au sol.

칼은 할의 손에서 빠져나와 땅으로 떨어졌다.

Hal essaya de ramasser le couteau, et Thornton frappa à nouveau ses jointures.

할은 칼을 집으려고 했고, 쏜튼은 다시 한번 그의 손가락 관절을 두드렸다.

Thornton se baissa alors, attrapa le couteau et le tint.

그러자 쏜튼은 몸을 굽혀 칼을 움켜쥐고 있었다.

D'un coup rapide de manche de hache, il coupa les rênes de Buck.

그는 도끼 자루를 두 번 빠르게 휘둘러 벅의 고삐를 잘랐다.

Hal n'avait plus aucune résistance et s'éloigna du chien.

할은 더 이상 싸울 힘이 없었고 개에게서 물러섰다.

De plus, Mercedes avait désormais besoin de ses deux bras pour se maintenir debout.

게다가 메르세데스는 이제 몸을 똑바로 세우려면 두 팔이 모두 필요했다.

Buck était trop proche de la mort pour pouvoir à nouveau tirer un traîneau.

벅은 다시 썰매를 끌기에는 너무 죽음이 가까웠다.

Quelques minutes plus tard, ils se sont retirés et ont descendu la rivière.

몇 분 후, 그들은 강을 따라 내려갔습니다.

Buck leva faiblement la tête et les regarda quitter la banque.

벅은 힘없이 고개를 들고 그들이 은행에서 나가는 것을 지켜보았다.

Pike a mené l'équipe, avec Solleks à l'arrière dans la roue.

파이크가 팀을 이끌었고, 솔렉스가 뒤에서 휠을 맡았습니다.

Joe et Teek marchaient entre eux, tous deux boitant d'épuisement.

조와 틱은 둘 다 지쳐서 다리를 절뚝거리며 그 사이를
걸어갔다.

**Mercedes s'assit sur le traîneau et Hal saisit le long mât.**
메르세데스는 썰매에 앉았고, 할은 긴 썰매 막대를
잡았다.

**Charles trébuchait derrière, ses pas maladroits et incertains.**
찰스는 뒤처지며 비틀거렸고, 그의 발걸음은 어색하고
불안했다.

**Thornton s'agenouilla près de Buck et chercha doucement
des os cassés.**
쏜튼은 벅 옆에 무릎을 꿇고 조심스럽게 부러진 뼈를
만져보았다.

**Ses mains étaient rudes mais bougeaient avec gentillesse et
attention.**
그의 손은 거칠었지만 친절하고 세심하게 움직였다.

**Le corps de Buck était meurtri mais ne présentait aucune
blessure durable.**
벅의 몸은 멍이 들었지만 영구적인 부상은 보이지
않았습니다.

**Ce qui restait, c'était une faim terrible et une faiblesse quasi
totale.**
남은 것은 극심한 배고픔과 거의 완전한
쇠약뿐이었습니다.

**Au moment où cela fut clair, le traîneau était déjà loin en
aval.**
이것이 명확해졌을 때쯤, 썰매는 이미 강 하류로 멀리
이동해 버렸습니다.

**L'homme et le chien regardaient le traîneau ramper
lentement sur la glace fissurée.**
남자와 개는 썰매가 갈라지는 얼음 위로 천천히
기어가는 것을 지켜보았습니다.

**Puis, ils virent le traîneau s'enfoncer dans un creux.**
그러자 그들은 썰매가 움푹 들어간 곳으로 가라앉는
것을 보았습니다.

**Le mât s'est envolé, Hal s'y accrochant toujours en vain.**

기둥이 날아올랐지만, 할은 여전히 기둥에 매달려
있었지만 소용이 없었다.

**Le cri de Mercedes les atteignit à travers la distance froide.**
메르세데스의 비명 소리가 차가운 거리를 가로질러
그들에게 전해졌습니다.

**Charles se retourna et recula, mais il était trop tard.**
찰스는 돌아서서 한 걸음 물러섰다. 하지만 그는 너무
늦었다.

**Une calotte glaciaire entière a cédé et ils sont tous tombés à travers.**
빙하 전체가 무너졌고, 그들은 모두 그 아래로
떨어졌습니다.

**Les chiens, le traîneau et les gens ont disparu dans l'eau noire en contrebas.**
개, 썰매, 사람들이 아래의 검은 물 속으로
사라졌습니다.

**Il ne restait qu'un large trou dans la glace là où ils étaient passés.**
그들이 지나간 자리에는 얼음에 넓은 구멍만 남았다.

**Le fond du sentier s'était affaissé, comme Thornton l'avait prévenu.**
쏜튼이 경고한 대로, 산길의 바닥이 빠져나갔습니다.

**Thornton et Buck se regardèrent, silencieux pendant un moment.**
쏜튼과 벅은 잠시 아무 말 없이 서로를 바라보았다.

**« Pauvre diable », dit doucement Thornton, et Buck lui lécha la main.**
"불쌍한 놈이군." 쏜튼이 부드럽게 말했고, 벅은 그의
손을 핥았다.

## Pour l'amour d'un homme
## 남자를 사랑해서

John Thornton s'est gelé les pieds dans le froid du mois de décembre précédent.

존 손튼은 지난 12월의 추위로 발이 얼어붙었습니다.

Ses partenaires l'ont mis à l'aise et l'ont laissé se rétablir seul.

그의 파트너들은 그를 편안하게 해 주었고 그가 혼자 회복할 수 있도록 내버려 두었습니다.

Ils remontèrent la rivière pour rassembler un radeau de billes de bois pour Dawson.

그들은 도슨을 위해 톱질용 통나무를 모으기 위해 강을 거슬러 올라갔습니다.

Il boitait encore légèrement lorsqu'il a sauvé Buck de la mort.

그는 벅을 죽음에서 구해냈을 때에도 여전히 약간 절뚝거리고 있었습니다.

Mais avec le temps chaud qui continue, même cette boiterie a disparu.

하지만 따뜻한 날씨가 계속되자 그 절름발이도 사라졌습니다.

Allongé au bord de la rivière pendant les longues journées de printemps, Buck se reposait.

벅은 긴 봄날 강둑에 누워서 휴식을 취했습니다.

Il regardait l'eau couler et écoutait les oiseaux et les insectes.

그는 흐르는 물을 바라보며 새와 곤충의 소리에 귀를 기울였다.

Lentement, Buck reprit ses forces sous le soleil et le ciel.

벅은 천천히 태양과 하늘 아래서 힘을 되찾았습니다.

Un repos merveilleux après avoir parcouru trois mille kilomètres.

3천 마일을 여행한 후에 휴식을 취하니 기분이 정말 좋았습니다.

Buck est devenu paresseux à mesure que ses blessures guérissaient et que son corps se remplissait.

벅의 상처가 낫고 몸이 부풀어 오르자, 그는 게으르게
되었다.

**Ses muscles se raffermirent et la chair revint recouvrir ses os.**

그의 근육이 단단해졌고, 살이 다시 뼈를 덮었습니다.

**Ils se reposaient tous : Buck, Thornton, Skeet et Nig.**

그들은 모두 쉬고 있었습니다. 벅, 손튼, 스키트, 니그.

**Ils attendaient le radeau qui allait les transporter jusqu'à
Dawson.**

그들은 도슨으로 그들을 데려다줄 뗏목을 기다렸다.

**Skeet était un petit setter irlandais qui s'est lié d'amitié avec
Buck.**

스키트는 벅과 친구가 된 작은 아일랜드 세터였습니다.

**Buck était trop faible et malade pour lui résister lors de leur
première rencontre.**

벅은 첫 만남에서 그녀를 저항할 수 없을 만큼 약하고
아팠다.

**Skeet avait le trait de guérisseur que certains chiens
possèdent naturellement.**

스키트는 일부 개들이 본래 가지고 있는 치료사 특성을
가지고 있었습니다.

**Comme une mère chatte, elle lécha et nettoya les blessures à
vif de Buck.**

그녀는 어미 고양이처럼 벅의 상처를 핥고 닦아주었다.

**Chaque matin, après le petit-déjeuner, elle répétait son
travail minutieux.**

매일 아침 식사 후, 그녀는 신중하게 작업하는 것을
반복했습니다.

**Buck s'attendait à son aide autant qu'à celle de Thornton.**

벅은 쏜튼의 도움을 기대했던 것만큼 그녀의 도움도
기대하게 되었다.

**Nig était également amical, mais moins ouvert et moins
affectueux.**

니그도 친절했지만 덜 개방적이고 덜 애정 어린
사람이었습니다.

**Nig était un gros chien noir, à la fois chien de Saint-Hubert
et chien de chasse.**

니그는 몸집이 큰 검은 개로, 블러드하운드와
디어하운드의 혼합종이었습니다.

Il avait des yeux rieurs et une infinie bonne nature dans son esprit.

그는 웃는 눈을 가지고 있었고, 그의 정신 속에는 끝없는
선량함이 있었습니다.

À la surprise de Buck, aucun des deux chiens n'a montré de jalousie envers lui.

벅이 놀란 것은, 두 마리의 개 모두 그에게 질투심을
보이지 않았다는 것이다.

Skeet et Nig ont tous deux partagé la gentillesse de John Thornton.

스키트와 니그는 둘 다 존 손튼의 친절을 공유했습니다.

À mesure que Buck devenait plus fort, ils l'ont attiré dans des jeux de chiens stupides.

벅이 강해지자, 그들은 그를 어리석은 개 놀이에
유인했습니다.

Thornton jouait souvent avec eux aussi, incapable de résister à leur joie.

쏜튼 역시 종종 그들과 놀았고, 그들의 기쁨을 이기지
못했습니다.

De cette manière ludique, Buck est passé de la maladie à une nouvelle vie.

이런 장난기 넘치는 방식으로 벅은 병에서 벗어나
새로운 삶으로 나아갔습니다.

L'amour – un amour véritable, brûlant et passionné – était enfin à lui.

사랑, 진실하고 뜨겁고 열정적인 사랑이 마침내 그에게
찾아왔습니다.

Il n'avait jamais connu ce genre d'amour dans le domaine de Miller.

그는 밀러의 영지에서 이런 종류의 사랑을 경험한 적이
없었다.

Avec les fils du juge, il avait partagé le travail et l'aventure.

그는 판사의 아들들과 함께 일과 모험을 공유했습니다.

Chez les petits-fils, il vit une fierté raide et vantarde.

그는 손자들에게서 뻣뻣하고 거만한 자존심을 보았다.

**Il entretenait avec le juge Miller lui-même une amitié respectueuse.**

그는 밀러 판사와도 존중하는 우정을 나누었습니다.

**Mais l'amour qui était feu, folie et adoration est venu avec Thornton.**

하지만 쏜튼에게는 불과 광기, 숭배가 담긴 사랑이 찾아왔습니다.

**Cet homme avait sauvé la vie de Buck, et cela seul signifiait beaucoup.**

이 남자는 벅의 생명을 구했고, 그것만으로도 큰 의미가 있었습니다.

**Mais plus que cela, John Thornton était le type de maître idéal.**

하지만 그보다 더 중요한 것은, 존 손튼이 이상적인 스승이었다는 점입니다.

**D'autres hommes s'occupaient de chiens par devoir ou par nécessité professionnelle.**

어떤 사람들은 의무나 사업상의 필요 때문에 개를 돌보았습니다.

**John Thornton prenait soin de ses chiens comme s'ils étaient ses enfants.**

존 손튼은 마치 자기 자식처럼 자기 개들을 돌보았습니다.

**Il prenait soin d'eux parce qu'il les aimait et qu'il ne pouvait tout simplement pas s'en empêcher.**

그는 그들을 사랑했기 때문에 그들을 돌보았고, 도저히 그럴 수 없었습니다.

**John Thornton a vu encore plus loin que la plupart des hommes n'ont jamais réussi à voir.**

존 손튼은 대부분의 남자들이 볼 수 있는 것보다 더 멀리 보았습니다.

**Il n'oubliait jamais de les saluer gentiment ou de leur adresser un mot d'encouragement.**

그는 그들에게 친절하게 인사하거나 격려의 말을 건네는 것을 결코 잊지 않았습니다.

Il adorait s'asseoir avec les chiens pour de longues conversations, ou « gazeuses », comme il disait.

그는 개들과 함께 앉아서 오랜 시간 이야기를 나누는 것을 좋아했습니다. 그의 표현을 빌리자면 "가스 같은" 시간이었습니다.

Il aimait saisir brutalement la tête de Buck entre ses mains fortes.

그는 강한 손으로 벅의 머리를 거칠게 움켜쥐는 것을 좋아했다.

Puis il posa sa tête contre celle de Buck et le secoua doucement.

그러고 나서 그는 자신의 머리를 벅의 머리에 기대고 부드럽게 흔들었다.

Pendant tout ce temps, il traitait Buck de noms grossiers qui signifiaient de l'amour pour Buck.

그는 벅을 향해 무례한 이름을 불렀는데, 이는 벅에 대한 사랑을 의미했다.

Pour Buck, cette étreinte brutale et ces mots ont apporté une joie profonde.

벅에게는 그 거친 포옹과 그 말이 깊은 기쁨을 가져다주었습니다.

Son cœur semblait se déchaîner de bonheur à chaque mouvement.

그의 가슴은 매 움직임마다 행복으로 떨리는 듯했다.

Lorsqu'il se releva ensuite, sa bouche semblait rire.

그가 나중에 벌떡 일어섰을 때, 그의 입은 웃는 것처럼 보였다.

Ses yeux brillaient et sa gorge tremblait d'une joie inexprimée.

그의 눈은 밝게 빛났고, 그의 목은 말로 표현할 수 없는 기쁨으로 떨렸다.

Son sourire resta figé dans cet état d'émotion et d'affection rayonnante.

그의 미소는 그 감정과 빛나는 애정의 상태에서 그대로 멈췄다.

**Thornton s'exclama alors pensivement : « Mon Dieu ! Il peut presque parler ! »**

그러자 손튼은 생각에 잠긴 듯 소리쳤다. "맙소사! 거의 말을 할 수 있을 것 같아!"

**Buck avait une étrange façon d'exprimer son amour qui causait presque de la douleur.**

벅은 사랑을 표현하는 이상한 방법을 가지고 있었는데, 그 방법은 거의 고통을 불러일으켰습니다.

**Il serrait souvent très fort la main de Thornton entre ses dents.**

그는 종종 쏜튼의 손을 이빨로 매우 세게 움켜쥐곤 했다.

**La morsure allait laisser des marques profondes qui resteraient un certain temps après.**

물린 자국은 깊은 상처를 남겼고 그 상처는 한동안 남았습니다.

**Buck croyait que ces serments étaient de l'amour, et Thornton savait la même chose.**

벅은 그 맹세가 사랑이라고 믿었고, 손튼도 똑같은 것을 알았습니다.

**Le plus souvent, l'amour de Buck se manifestait par une adoration silencieuse, presque silencieuse.**

벅의 사랑은 대개 조용하고 거의 말없는 숭배의 형태로 나타났습니다.

**Bien qu'il soit ravi lorsqu'on le touche ou qu'on lui parle, il ne cherche pas à attirer l'attention.**

그는 누군가 만지거나 말을 걸면 기뻐했지만, 주의를 끌려고 하지는 않았습니다.

**Skeet a poussé son nez sous la main de Thornton jusqu'à ce qu'il la caresse.**

스키트는 쏜튼의 손 아래로 그녀의 코를 쿡 찌르며 쓰다듬었다.

**Nig s'approcha tranquillement et posa sa grosse tête sur le genou de Thornton.**

니그는 조용히 다가가서 큰 머리를 손튼의 무릎에 기댔다.

Buck, au contraire, se contentait d'aimer à distance respectueuse.

반면 벅은 존중심을 가지고 거리를 두고 사랑하는 것에 만족했습니다.

Il resta allongé pendant des heures aux pieds de Thornton, alerte et observant attentivement.

그는 몇 시간 동안 쏜튼의 발치에 누워서 경계하며 주의 깊게 지켜보았습니다.

Buck étudiait chaque détail du visage de son maître et le moindre mouvement.

벅은 주인의 얼굴과 사소한 움직임 하나하나를 주의 깊게 살폈다.

Ou bien il était allongé plus loin, étudiant la silhouette de l'homme en silence.

아니면 더 멀리 누워서 침묵 속에서 남자의 모습을 살펴보기도 했습니다.

Buck observait chaque petit mouvement, chaque changement de posture ou de geste.

벅은 모든 작은 움직임, 자세나 몸짓의 변화를 살폈다.

Ce lien était si puissant qu'il attirait souvent le regard de Thornton.

이런 강력한 연결은 종종 쏜튼의 시선을 끌었다.

Il rencontra les yeux de Buck sans un mot, l'amour brillant clairement à travers.

그는 아무 말 없이 벅의 눈을 마주쳤고, 그의 눈에는 사랑이 선명하게 빛났다.

Pendant longtemps après avoir été sauvé, Buck n'a jamais laissé Thornton hors de vue.

구출된 후 오랫동안 벅은 쏜튼을 눈에서 떼지 않았습니다.

Chaque fois que Thornton quittait la tente, Buck le suivait de près à l'extérieur.

쏜튼이 텐트를 나갈 때마다 벅은 그를 바짝 뒤따라 밖으로 나갔다.

Tous les maîtres sévères du Northland avaient fait que Buck avait peur de faire confiance.

북쪽 땅의 가혹한 주인들은 모두 벅이 신뢰하기 어렵게 만들었습니다.

**Il craignait qu'aucun homme ne puisse rester son maître plus d'un court instant.**

그는 누구도 짧은 시간 이상 자신의 주인으로 남을 수 없을 것이라고 두려워했습니다.

**Il craignait que John Thornton ne disparaisse comme Perrault et François.**

그는 존 손튼이 페로와 프랑수아처럼 사라질 것을 두려워했습니다.

**Même la nuit, la peur de le perdre hantait le sommeil agité de Buck.**

밤에도 그를 잃을지도 모른다는 두려움이 벅의 불안한 잠을 괴롭혔다.

**Quand Buck se réveilla, il se glissa dehors dans le froid et se dirigea vers la tente.**

벅이 깨어나자 그는 추위 속으로 기어나와 텐트로 갔다.

**Il écoutait attentivement le doux bruit de la respiration à l'intérieur.**

그는 안에서 들리는 부드러운 호흡음을 주의 깊게 들었다.

**Malgré l'amour profond de Buck pour John Thornton, la nature sauvage est restée vivante.**

벅이 존 손튼을 깊이 사랑했음에도 불구하고, 야생은 살아남았습니다.

**Cet instinct primitif, éveillé dans le Nord, n'a pas disparu.**

북쪽에서 깨어난 그 원시적 본능은 사라지지 않았습니다.

**L'amour a apporté la dévotion, la loyauté et le lien chaleureux du coin du feu.**

사랑은 헌신과 충성, 그리고 벽난로 주변의 따뜻한 유대감을 가져다주었습니다.

**Mais Buck a également conservé son instinct sauvage, vif et toujours en alerte.**

하지만 벅은 또한 자신의 거친 본능을 날카롭게 유지하고 항상 경계했습니다.

Il n'était pas seulement un animal de compagnie apprivoisé venu des terres douces de la civilisation.

그는 문명의 부드러운 땅에서 길들여진 애완동물일 뿐이 아니었습니다.

Buck était un être sauvage qui était venu s'asseoir près du feu de Thornton.

벅은 쏜튼의 불 옆에 앉아 있던 야생적인 존재였습니다.

Il ressemblait à un chien du Southland, mais la sauvagerie vivait en lui.

그는 사우스랜드의 개처럼 보였지만, 그의 내면에는 야성이 깃들어 있었습니다.

Son amour pour Thornton était trop grand pour permettre de voler cet homme.

그는 쏜튼을 너무나 사랑했기 때문에 그에게서 물건을 훔치는 것을 허용할 수 없었습니다.

Mais dans n'importe quel autre camp, il volerait avec audace et sans relâche.

하지만 다른 진영이었다면 그는 주저하지 않고 과감하게 도둑질을 했을 것입니다.

Il était si habile à voler que personne ne pouvait l'attraper ou l'accuser.

그는 도둑질에 너무나 능숙해서 아무도 그를 잡거나 고발할 수 없었습니다.

Son visage et son corps étaient couverts de cicatrices dues à de nombreux combats passés.

그의 얼굴과 몸은 과거의 수많은 싸움으로 인한 상처로 뒤덮여 있었습니다.

Buck se battait toujours avec acharnement, mais maintenant il se battait avec plus de ruse.

벅은 여전히 사납게 싸웠지만, 이제는 더욱 교활하게 싸웠다.

Skeet et Nig étaient trop doux pour se battre, et ils appartenaient à Thornton.

스키트와 니그는 싸우기에는 너무 온순했고, 그들은 쏜튼의 것이었다.

**Mais tout chien étranger, aussi fort ou courageux soit-il, cédait.**

하지만 낯선 개는 아무리 강하고 용감하더라도
항복했습니다.

**Sinon, le chien se retrouvait à lutter contre Buck, à se battre pour sa vie.**

그렇지 않으면, 그 개는 벅과 싸우게 되고, 자신의
생명을 위해 싸우게 됩니다.

**Buck n'a eu aucune pitié une fois qu'il a choisi de se battre contre un autre chien.**

벅은 다른 개와 싸우기로 결정하자 더 이상 자비를
베풀지 않았습니다.

**Il avait bien appris la loi du gourdin et des crocs dans le Nord.**

그는 북쪽 땅에서 곤봉과 송곳니의 법칙을 잘
배웠습니다.

**Il n'a jamais abandonné un avantage et n'a jamais reculé devant la bataille.**

그는 결코 이점을 포기하지 않았고, 결코 전투에서
물러나지 않았습니다.

**Il avait étudié les Spitz et les chiens les plus féroces de la poste et de la police.**

그는 스피츠와 우편 및 경찰에 투입된 가장 사나운
개들에 대해 연구했습니다.

**Il savait clairement qu'il n'y avait pas de juste milieu dans un combat sauvage.**

그는 격렬한 전투에서는 중간지대가 없다는 것을 분명히
알고 있었습니다.

**Il doit gouverner ou être gouverné ; faire preuve de miséricorde signifie faire preuve de faiblesse.**

그는 통치해야 하고 그렇지 않으면 통치를 받아야 한다.
자비를 베푸는 것은 약함을 베푸는 것을 의미한다.

**La miséricorde était inconnue dans le monde brut et brutal de la survie.**

생존의 잔혹하고 거친 세상에서 자비는 알려지지
않았습니다.

**Faire preuve de miséricorde était perçu comme de la peur, et la peur menait rapidement à la mort.**

자비를 베푸는 것은 두려움으로 여겨졌고, 두려움은 곧 죽음으로 이어졌습니다.

**L'ancienne loi était simple : tuer ou être tué, manger ou être mangé.**

옛날의 법은 간단했습니다. 죽이거나 죽임을 당하고, 먹거나 먹혀라.

**Cette loi venait des profondeurs du temps, et Buck la suivait pleinement.**

그 법칙은 시간의 깊은 곳에서 나왔고, 벅은 그것을 온전히 따랐습니다.

**Buck était plus vieux que son âge et que le nombre de respirations qu'il prenait.**

벅은 그의 나이보다, 그리고 그가 숨쉬는 횟수보다 더 많았습니다.

**Il a clairement relié le passé ancien au moment présent.**

그는 고대의 과거와 현재를 명확하게 연결했습니다.

**Les rythmes profonds des âges le traversaient comme les marées.**

시대의 깊은 리듬이 조수처럼 그의 몸을 스쳐 지나갔다.

**Le temps pulsait dans son sang aussi sûrement que les saisons faisaient bouger la terre.**

그의 피 속에서 시간은 마치 계절이 지구를 움직이는 것처럼 확실하게 뛰었습니다.

**Il était assis près du feu de Thornton, la poitrine forte et les crocs blancs.**

그는 쏜튼의 불 옆에 앉아 있었는데, 튼튼한 가슴과 하얀 송곳니를 가지고 있었습니다.

**Sa longue fourrure ondulait, mais derrière lui, les esprits des chiens sauvages observaient.**

그의 긴 털이 흔들렸지만, 그의 뒤에서 야생 개들의 영혼이 지켜보고 있었습니다.

**Des demi-loups et des loups à part entière s'agitaient dans son cœur et dans ses sens.**

그의 마음과 감각 속에서 반늑대와 온전한 늑대가
꿈틀거렸다.

**Ils goûtèrent sa viande et burent la même eau que lui.**
그들은 그의 고기를 맛보았고, 그가 마셨던 것과 같은
물을 마셨습니다.

**Ils reniflaient le vent à ses côtés et écoutaient la forêt.**
그들은 그 옆에서 바람을 맡고 숲의 소리에 귀를
기울였다.

**Ils murmuraient la signification des sons sauvages dans
l'obscurité.**
그들은 어둠 속에서 거친 소리의 의미를 속삭였다.

**Ils façonnaient ses humeurs et guidaient chacune de ses
réactions silencieuses.**
그들은 그의 기분을 형성하고 그의 조용한 반응을
이끌었습니다.

**Ils se sont couchés avec lui pendant son sommeil et sont
devenus une partie de ses rêves profonds.**
그들은 그가 잠들었을 때 그와 함께 누워 그의 깊은 꿈의
일부가 되었습니다.

**Ils rêvaient avec lui, au-delà de lui, et constituaient son
esprit même.**
그들은 그와 함께, 그를 넘어 꿈을 꾸었고, 그의 정신을
만들어냈습니다.

**Les esprits de la nature appelèrent si fort que Buck se sentit
attiré.**
야생의 정령들이 너무나 강하게 불러서 벅은 끌리는
것을 느꼈다.

**Chaque jour, l'humanité et ses revendications
s'affaiblissaient dans le cœur de Buck.**
벅의 마음속에서 인류와 그들의 주장은 날이 갈수록
약해졌습니다.

**Au plus profond de la forêt, un appel étrange et palpitant
allait s'élever.**
숲 속 깊은 곳에서 이상하고도 신나는 부름이 울려
퍼졌습니다.

Chaque fois qu'il entendait l'appel, Buck ressentait une
envie à laquelle il ne pouvait résister.
그 부름을 들을 때마다 벅은 저항할 수 없는 충동을
느꼈다.

Il allait se détourner du feu et des sentiers battus des
humains.
그는 불과 인간의 낡은 길에서 돌아서려고 했습니다.

Il allait s'enfoncer dans la forêt, avançant sans savoir
pourquoi.
그는 왜인지도 모른 채 숲 속으로 뛰어들려고 했습니다.

Il ne remettait pas en question cette attraction, car l'appel
était profond et puissant.
그는 이러한 끌림을 의심하지 않았습니다. 왜냐하면 그
부름은 깊고 강력했기 때문입니다.

Souvent, il atteignait l'ombre verte et la terre douce et intacte
그는 종종 푸른 그늘과 부드럽고 손길이 닿지 않은 땅에
도달했습니다.

Mais ensuite, son amour profond pour John Thornton l'a
ramené vers le feu.
하지만 존 손튼에 대한 강한 사랑이 그를 다시 불 속으로
끌어들였습니다.

Seul John Thornton tenait véritablement le cœur sauvage de
Buck entre ses mains.
오직 존 손튼만이 벅의 거친 마음을 진정으로 붙잡고
있었습니다.

Le reste de l'humanité n'avait aucune valeur ni signification
durable pour Buck.
나머지 인류는 벅에게 지속적인 가치나 의미가
없었습니다.

Les étrangers pourraient le féliciter ou caresser sa fourrure
avec des mains amicales.
낯선 사람들이 그를 칭찬하거나 친절한 손으로 그의
털을 쓰다듬을 수도 있습니다.

Buck resta impassible et s'éloigna à cause de trop d'affection.
벅은 아무런 감정도 느끼지 못하고 너무 많은 애정에
휩쓸려 떠났다.

**Hans et Pete sont arrivés avec le radeau qu'ils attendaient depuis longtemps**
한스와 피트는 오랫동안 기다려온 뗏목을 가지고 도착했습니다.

**Buck les a ignorés jusqu'à ce qu'il apprenne qu'ils étaient proches de Thornton.**
벅은 쏜튼과 가까워졌다는 것을 알 때까지 그들을 무시했습니다.

**Après cela, il les a tolérés, mais ne leur a jamais montré toute sa chaleur.**
그 후로 그는 그들을 참아주긴 했지만 결코 온전한 따뜻함을 보여주지는 않았습니다.

**Il prenait de la nourriture ou des marques de gentillesse de leur part comme s'il leur rendait service.**
그는 마치 그들에게 은혜를 베푸는 것처럼 그들에게서 음식이나 친절을 받았습니다.

**Ils étaient comme Thornton : simples, honnêtes et clairs dans leurs pensées.**
그들은 쏜튼과 같았습니다. 단순하고, 정직하고, 생각이 명확했습니다.

**Tous ensemble, ils se rendirent à la scierie de Dawson et au grand tourbillon**
그들은 모두 함께 Dawson의 제재소와 큰 소용돌이로 여행했습니다.

**Au cours de leur voyage, ils ont appris à comprendre profondément la nature de Buck.**
그들은 여행을 하면서 벅의 본성을 깊이 이해하는 법을 배웠습니다.

**Ils n'ont pas essayé de se rapprocher comme Skeet et Nig l'avaient fait.**
그들은 스키트와 니그처럼 친해지려고 노력하지 않았습니다.

**Mais l'amour de Buck pour John Thornton n'a fait que s'approfondir avec le temps.**
하지만 벅의 존 쏜튼에 대한 사랑은 시간이 지날수록 더욱 깊어졌습니다.

Seul Thornton pouvait placer un sac sur le dos de Buck en été.

여름에 벅의 등에 짐을 실어줄 수 있는 사람은 손튼뿐이었다.

Quoi que Thornton ordonne, Buck était prêt à l'exécuter pleinement.

벅은 손튼이 명령한 것은 무엇이든 온전히 수행할 의지가 있었습니다.

Un jour, après avoir quitté Dawson pour les sources du Tanana,

어느 날, 그들이 도슨을 떠나 타나나 강 상류로 향했을 때,

le groupe était assis sur une falaise qui descendait d'un mètre jusqu'au substrat rocheux nu.

그 무리는 3피트나 되는 절벽 위에 앉아 있었는데, 그 절벽은 맨 바위로 되어 있었습니다.

John Thornton était assis près du bord et Buck se reposait à côté de lui.

존 손튼은 가장자리에 앉았고, 벅은 그의 옆에서 쉬었다.

Thornton eut une pensée soudaine et attira l'attention des hommes.

쏜튼은 갑자기 생각이 떠올라 남자들의 주의를 끌었다.

Il désigna le gouffre et donna un seul ordre à Buck.

그는 틈새 너머를 가리키며 벅에게 단 하나의 명령을 내렸다.

« Saute, Buck ! » dit-il en balançant son bras au-dessus de la chute.

"뛰어, 벅!" 그는 팔을 휘두르며 말했다.

En un instant, il dut attraper Buck, qui sautait pour obéir.

그는 그 순간, 복종하려고 뛰어오는 벅을 붙잡아야 했습니다.

Hans et Pete se sont précipités en avant et ont ramené les deux hommes en sécurité.

한스와 피트는 앞으로 달려가 두 사람을 안전한 곳으로 끌어당겼다.

Une fois que tout fut terminé et qu'ils eurent repris leur souffle, Pete prit la parole.

모든 것이 끝나고, 그들이 숨을 돌린 후, 피트가 입을 열었습니다.

« L'amour est étrange », dit-il, secoué par la dévotion féroce du chien.

그는 개의 강렬한 헌신에 흔들리며 "사랑이 묘하네요."라고 말했다.

Thornton secoua la tête et répondit avec un sérieux calme.

쏜튼은 고개를 저으며 차분하고 진지하게 대답했다.

« Non, l'amour est splendide », dit-il, « mais aussi terrible. »

"아니요, 사랑은 훌륭해요." 그가 말했다. "하지만 끔찍하기도 해요."

« Parfois, je dois l'admettre, ce genre d'amour me fait peur. »

"가끔은, 이런 종류의 사랑이 나를 두렵게 만든다는 걸 인정해야겠어요."

Pete hocha la tête et dit : « Je détesterais être l'homme qui te touche. »

피트는 고개를 끄덕이며 말했다. "당신을 만지는 남자가 되고 싶지는 않아요."

Il regarda Buck pendant qu'il parlait, sérieux et plein de respect.

그는 벅을 바라보며 진지하고 존경심 가득한 어조로 말했다.

« Py Jingo ! » s'empressa de dire Hans. « Moi non plus, non monsieur. »

"파이 징고!" 한스가 재빨리 말했다. "저도요, 안 돼요."

Avant la fin de l'année, les craintes de Pete se sont réalisées à Circle City.

그 해가 끝나기 전, 피트의 두려움은 서클 시티에서 현실이 되었습니다.

Un homme cruel nommé Black Burton a provoqué une bagarre dans le bar.

블랙 버튼이라는 잔인한 남자가 술집에서 싸움을 걸었습니다.

Il était en colère et malveillant, s'en prenant à un nouveau tendre.

그는 화가 나서 악의를 품고 새로 온 신입생을 향해 덤벼들었다.

John Thornton est intervenu, calme et de bonne humeur comme toujours.

존 손튼은 언제나처럼 차분하고 상냥한 태도로 나섰습니다.

Buck était allongé dans un coin, la tête baissée, observant Thornton de près.

벅은 구석에 누워서 머리를 숙인 채 손튼을 유심히 지켜보고 있었다.

Burton frappa soudainement, son coup envoyant Thornton tourner.

버튼이 갑자기 주먹을 날렸고, 그의 주먹에 손튼이 회전했다.

Seule la barre du bar l'a empêché de s'écraser violemment au sol.

그가 바닥에 세게 떨어지는 것을 막아준 것은 바의 난간뿐이었다.

Les observateurs ont entendu un son qui n'était ni un aboiement ni un cri.

감시자들은 짖는 소리나 울부짖는 소리가 아닌 소리를 들었습니다.

un rugissement profond sortit de Buck alors qu'il se lançait vers l'homme.

벅은 그 남자를 향해 달려들면서 깊은 포효를 터뜨렸다.

Burton a levé le bras et a sauvé sa vie de justesse.

버튼은 팔을 들어올려 간신히 자신의 목숨을 구했습니다.

Buck l'a percuté, le faisant tomber à plat sur le sol.

벅이 그에게 부딪히면서 그는 바닥에 쓰러졌습니다.

Buck mordit profondément le bras de l'homme, puis se jeta à la gorge.

벅은 남자의 팔을 깊이 물고, 목을 노렸다.

Burton n'a pu bloquer que partiellement et son cou a été déchiré.

버튼은 반쯤만 막을 수 있었고 그의 목은 찢어졌습니다.

Des hommes se sont précipités, les bâtons levés, et ont chassé Buck de l'homme ensanglanté.

남자들이 달려들어 곤봉을 들고 벅을 피 흘리는 남자에게서 쫓아냈다.

Un chirurgien est intervenu rapidement pour arrêter l'écoulement du sang.

외과의사는 재빨리 수술을 해서 피가 흐르는 것을 막았습니다.

Buck marchait de long en large et grognait, essayant d'attaquer encore et encore.

벅은 왔다 갔다 하며 으르렁거리며 계속해서 공격하려고 했습니다.

Seuls les coups de massue l'ont empêché d'atteindre Burton.

버튼에게 다가가려는 그를 막은 것은 오직 휘두르는 곤봉뿐이었다.

Une réunion de mineurs a été convoquée et tenue sur place.

그 자리에서 광부 회의가 소집되어 개최되었습니다.

Ils ont convenu que Buck avait été provoqué et ont voté pour le libérer.

그들은 벅이 도발을 받았다는 데 동의하고 그를 석방하기로 투표했습니다.

Mais le nom féroce de Buck résonnait désormais dans tous les camps d'Alaska.

하지만 벅의 사나운 이름은 이제 알래스카의 모든 캠프에 울려 퍼졌습니다.

Plus tard cet automne-là, Buck sauva à nouveau Thornton d'une nouvelle manière.

그해 가을에 벅은 새로운 방법으로 다시 한번 손튼을 구했습니다.

Les trois hommes guidaient un long bateau sur des rapides impétueux.

세 남자는 거친 급류 속으로 긴 배를 몰고 가고 있었습니다.

Thornton dirigeait le bateau et donnait des indications pour se rendre sur le rivage.

쏜튼은 배를 조종하며 해안선으로 가는 길을 외쳤다.

Hans et Pete couraient sur terre, tenant une corde d'arbre en arbre.

한스와 피트는 나무에서 나무로 밧줄을 잡고 땅으로 달려갔다.

Buck suivait le rythme sur la rive, surveillant toujours son maître.

벅은 강둑에서 늘 주인을 지켜보며 속도를 유지했습니다.

À un endroit désagréable, des rochers surplombaient les eaux vives.

한 군데에서는 물살이 빠른데 바위가 튀어나와 있었습니다.

Hans lâcha la corde et Thornton dirigea le bateau vers le large.

한스는 밧줄을 놓았고, 손튼은 배를 크게 틀었다.

Hans sprinta pour rattraper le bateau en passant devant les rochers dangereux.

한스는 위험한 바위를 지나 다시 배를 잡기 위해 달려갔다.

Le bateau a franchi le rebord mais a heurté une partie plus forte du courant.

배는 난간을 넘었지만 더 강한 흐름에 부딪혔습니다.

Hans a attrapé la corde trop vite et a déséquilibré le bateau.

한스는 밧줄을 너무 빨리 잡아 배의 균형을 잃었습니다.

Le bateau s'est retourné et a heurté la berge, cul en l'air.

배가 뒤집혀 바닥이 위로 향한 채 강둑에 부딪혔습니다.

Thornton a été jeté dehors et emporté dans la partie la plus sauvage de l'eau.

쏜튼은 밖으로 튕겨져 나가 물속의 가장 거친 곳으로 휩쓸려갔다.

Aucun nageur n'aurait pu survivre dans ces eaux mortelles et tumultueuses.

그 위험하고 격렬한 물살 속에서는 어떤 수영자도
살아남을 수 없었을 것입니다.

**Buck sauta instantanément et poursuivit son maître sur la rivière.**

벅은 즉시 뛰어들어 강 아래로 주인을 쫓아갔다.

**Après trois cents mètres, il atteignit enfin Thornton.**

300야드를 달린 후, 그는 마침내 손튼에 도착했습니다.

**Thornton attrapa la queue de Buck, et Buck se tourna vers le rivage.**

쏜튼은 벅의 꼬리를 잡았고, 벅은 해안으로
돌아섰습니다.

**Il nageait de toutes ses forces, luttant contre la force de l'eau.**

그는 물의 격렬한 저항에 맞서며 온 힘을 다해
수영했습니다.

**Ils se déplaçaient en aval plus vite qu'ils ne pouvaient atteindre le rivage.**

그들은 해안에 도달하는 것보다 더 빠른 속도로 하류로
이동했습니다.

**Plus loin, la rivière rugissait plus fort alors qu'elle tombait dans des rapides mortels.**

앞에서 강물은 치명적인 급류로 떨어지면서 더욱 큰
소리를 냈습니다.

**Les rochers fendaient l'eau comme les dents d'un énorme peigne.**

바위들이 거대한 빗살처럼 물을 가르며 나 있었다.

**L'attraction de l'eau près de la chute était sauvage et inévitable.**

물방울이 떨어지는 곳 근처의 물의 힘은 사납고 벗어날
수 없었습니다.

**Thornton savait qu'ils ne pourraient jamais atteindre le rivage à temps.**

쏜튼은 그들이 결코 제시간에 해안에 도착할 수 없다는
것을 알고 있었습니다.

**Il a gratté un rocher, s'est écrasé sur un deuxième,**

그는 한 바위를 긁어 넘고, 두 번째 바위를
부수었습니다.

Et puis il s'est écrasé contre un troisième rocher, l'attrapant à deux mains.

그리고 그는 세 번째 바위에 부딪혀 두 손으로 그것을 붙잡았습니다.

Il lâcha Buck et cria par-dessus le rugissement : « Vas-y, Buck ! Vas-y ! »

그는 벅을 놓아주고 포효하는 소리 위로 소리쳤다. "가, 벅! 가!"

Buck n'a pas pu rester à flot et a été emporté par le courant.

벅은 떠 있을 수 없었고 해류에 휩쓸려 떠내려갔습니다.

Il s'est battu avec acharnement, s'efforçant de se retourner, mais n'a fait aucun progrès.

그는 힘겹게 몸을 돌려 방향을 바꾸려고 했지만 전혀 진전이 없었습니다.

Puis il entendit Thornton répéter l'ordre par-dessus le rugissement de la rivière.

그러자 그는 강물의 울림 속에서 쏜튼이 명령을 반복하는 것을 들었습니다.

Buck sortit de l'eau et leva la tête comme pour un dernier regard.

벅은 물에서 몸을 내밀고, 마지막으로 한 번 더 바라보려는 듯 고개를 들었다.

puis il se retourna et obéit, nageant vers la rive avec résolution.

그러고 나서 돌아서서 순종하며 단호하게 강둑을 향해 헤엄쳐갔다.

Pete et Hans l'ont tiré à terre au dernier moment possible.

피트와 한스는 마지막 순간에 그를 해안으로 끌어올렸습니다.

Ils savaient que Thornton ne pourrait s'accrocher au rocher que quelques minutes de plus.

그들은 쏜튼이 바위에 매달려 있을 수 있는 시간이 몇 분밖에 되지 않는다는 걸 알고 있었습니다.

Ils coururent sur la berge jusqu'à un endroit bien au-dessus de l'endroit où il était suspendu.

그들은 그가 매달려 있는 곳보다 훨씬 위쪽의 지점까지
강둑을 따라 올라갔습니다.

**Ils ont soigneusement attaché la ligne du bateau au cou et
aux épaules de Buck.**
그들은 보트의 줄을 벅의 목과 어깨에 조심스럽게
묶었습니다.

**La corde était serrée mais suffisamment lâche pour
permettre la respiration et le mouvement.**
밧줄은 꼭 맞지만 숨쉬고 움직이기에는 충분히
느슨했습니다.

**Puis ils le jetèrent à nouveau dans la rivière tumultueuse et
mortelle.**
그들은 그를 다시 급류에 휩쓸려 죽음의 강물에
던졌습니다.

**Buck nageait avec audace mais manquait son angle face à la
force du courant.**
벅은 대담하게 헤엄쳤지만 물살의 힘에 밀려 각도를
놓쳤다.

**Il a vu trop tard qu'il allait dépasser Thornton.**
그는 쏜튼을 지나쳐 흘러갈 것이라는 것을 너무 늦게
깨달았습니다.

**Hans tira fort sur la corde, comme si Buck était un bateau en
train de chavirer.**
한스는 마치 벅이 전복하는 배인 것처럼 밧줄을
팽팽하게 당겼다.

**Le courant l'a entraîné vers le fond et il a disparu sous la
surface.**
물살이 그를 끌어당겼고, 그는 수면 아래로
사라졌습니다.

**Son corps a heurté la berge avant que Hans et Pete ne le
sortent.**
한스와 피트가 그를 끌어내기 전에 그의 몸은 강둑에
부딪혔습니다.

**Il était à moitié noyé et ils l'ont chassé de l'eau.**
그는 반쯤 물에 빠져 죽었고, 그들은 그에게서 물을
뿜어냈습니다.

Buck se leva, tituba et s'effondra à nouveau sur le sol.

벅은 일어서서 비틀거리다가 다시 땅바닥에
쓰러졌습니다.

Puis ils entendirent la voix de Thornton faiblement portée
par le vent.

그때 그들은 바람에 실려오는 쏜튼의 목소리를 들었다.

Même si les mots n'étaient pas clairs, ils savaient qu'il était
proche de la mort.

말은 분명하지 않았지만, 그들은 그가 죽음이
다가왔다는 것을 알고 있었습니다.

Le son de la voix de Thornton frappa Buck comme une
décharge électrique.

손튼의 목소리가 전기 충격처럼 벅을 강타했다.

Il sauta et courut sur la berge, retournant au point de
lancement.

그는 뛰어올라 강둑을 따라 달려 출발 지점으로
돌아왔습니다.

Ils attachèrent à nouveau la corde à Buck, et il entra à
nouveau dans le ruisseau.

그들은 다시 밧줄을 벅에게 묶었고, 그는 다시 개울로
들어갔다.

Cette fois, il nagea directement et fermement dans l'eau
tumultueuse.

이번에는 그는 똑바로 그리고 힘차게 흐르는 물속으로
헤엄쳐 들어갔다.

Hans laissa sortir la corde régulièrement tandis que Pete
l'empêchait de s'emmêler.

한스는 밧줄이 엉키지 않도록 잡고 있는 동안 꾸준히
밧줄을 풀었다.

Buck a nagé avec acharnement jusqu'à ce qu'il soit aligné
juste au-dessus de Thornton.

벅은 쏜튼 바로 위에 위치할 때까지 열심히 헤엄쳤다.

Puis il s'est retourné et a foncé comme un train à toute
vitesse.

그러고 나서 그는 돌아서서 마치 전속력으로 달리는
기차처럼 달려내려갔다.

Thornton le vit arriver, se redressa et entoura son cou de ses bras.

쏜튼은 그가 오는 것을 보고 몸을 굳히고 그의 목에 팔을 둘렀다.

Hans a attaché la corde fermement autour d'un arbre alors qu'ils étaient tous les deux entraînés sous l'eau.

한스는 둘 다 나무 밑으로 끌려가자 밧줄을 나무에 단단히 묶었다.

Ils ont dégringolé sous l'eau, s'écrasant contre des rochers et des débris de la rivière.

그들은 물속으로 떨어지면서 바위와 강 잔해물에 부딪혔습니다.

Un instant, Buck était au sommet, l'instant d'après, Thornton se levait en haletant.

어느 순간 벅이 위에 있었는데, 다음 순간 쏜튼이 헐떡이며 일어섰습니다.

Battus et étouffés, ils se dirigèrent vers la rive et la sécurité.

그들은 폭행을 당하고 질식해서 강둑과 안전한 곳으로 향했습니다.

Thornton a repris connaissance, allongé sur un tronc d'arbre.

쏜튼은 표류물 위에 누워서 의식을 되찾았습니다.

Hans et Pete ont travaillé dur pour lui redonner souffle et vie.

한스와 피트는 그가 다시 숨쉬고 살아갈 수 있도록 열심히 노력했습니다.

Sa première pensée fut pour Buck, qui gisait immobile et mou.

그의 첫 번째 생각은 움직이지 않고 힘없이 누워 있는 벅에 대한 것이었습니다.

Nig hurla sur le corps de Buck et Skeet lui lécha doucement le visage.

니그는 벅의 몸 위로 울부짖었고, 스키트는 그의 얼굴을 부드럽게 핥았습니다.

Thornton, endolori et meurtri, examina Buck avec des mains prudentes.

손튼은 상처와 멍이 난 채로 벅을 조심스럽게
살펴보았다.

Il a trouvé trois côtes cassées, mais aucune blessure mortelle
chez le chien.

그는 개에게서 갈비뼈 세 개가 부러진 것을 발견했지만
치명적인 상처는 발견하지 못했습니다.

« C'est réglé », dit Thornton. « On campe ici. » Et c'est ce
qu'ils firent.

"그럼 됐지." 손튼이 말했다. "우린 여기서 캠핑을 하죠."
그리고 그들은 그렇게 했다.

Ils sont restés jusqu'à ce que les côtes de Buck soient guéries
et qu'il puisse à nouveau marcher.

그들은 벅의 갈비뼈가 아물고 그가 다시 걸을 수 있을
때까지 머물렀습니다.


Cet hiver-là, Buck accomplit un exploit qui augmenta encore
sa renommée.

그 겨울, 벅은 자신의 명성을 더욱 높이는 업적을
이루었습니다.

C'était moins héroïque que de sauver Thornton, mais tout
aussi impressionnant.

쏜튼을 구한 것만큼 영웅적이지는 않았지만, 마찬가지로
인상적이었습니다.

À Dawson, les partenaires avaient besoin de provisions pour
un long voyage.

도슨의 파트너들은 먼 여행을 위한 물품이
필요했습니다.

Ils voulaient voyager vers l'Est, dans des terres sauvages et
intactes.

그들은 동쪽, 손길이 닿지 않은 자연 그대로의 땅으로
여행하고 싶어했습니다.

L'acte de Buck dans l'Eldorado Saloon a rendu ce voyage
possible.

엘도라도 살롱에 있는 벅의 증서 덕분에 그 여행이
가능해졌습니다.

Tout a commencé avec des hommes qui se vantaient de leurs chiens en buvant un verre.

그것은 남자들이 술을 마시며 자기 개에 대해 자랑하는 것에서 시작되었습니다.

La renommée de Buck a fait de lui la cible de défis et de doutes.

벅의 명성은 그를 도전과 의심의 표적으로 만들었다.

Thornton, fier et calme, resta ferme dans la défense du nom de Buck.

쏜튼은 당당하고 침착하게 벅의 이름을 수호하는 데 굳건히 섰습니다.

Un homme a déclaré que son chien pouvait facilement tirer deux cents kilos.

한 남자는 자신의 개가 500파운드를 쉽게 끌 수 있다고 말했습니다.

Un autre a dit six cents, et un troisième s'est vanté d'en avoir sept cents.

또 다른 사람은 600이라고 말했고, 세 번째 사람은 700이라고 자랑했습니다.

« Pfft ! » dit John Thornton, « Buck peut tirer un traîneau de mille livres. »

"푸우!" 존 손튼이 말했다. "벅은 1,000파운드짜리 썰매를 끌 수 있어."

Matthewson, un roi de Bonanza, s'est penché en avant et l'a défié.

보난자 킹인 매튜슨이 앞으로 몸을 기울여 그에게 도전했습니다.

« Tu penses qu'il peut mettre autant de poids en mouvement ? »

"그가 그렇게 많은 힘을 행사할 수 있다고 생각하세요?"

« Et tu penses qu'il peut tirer le poids sur une centaine de mètres ? »

"그가 그 무게를 100야드나 끌 수 있다고 생각하세요?"

Thornton répondit froidement : « Oui. Buck est assez doué pour le faire. »

쏜튼이 차갑게 대답했다. "그래. 벅은 그럴 만큼 강인해."

« Il mettra mille livres en mouvement et le tirera sur une centaine de mètres. »

"그는 1,000파운드의 힘을 움직여 100야드까지 끌어올릴 수 있어요."

Matthewson sourit lentement et s'assura que tous les hommes entendaient ses paroles.

매튜슨은 천천히 미소를 지으며 모든 남자들이 자신의 말을 듣도록 했다.

« J'ai mille dollars qui disent qu'il ne peut pas. Le voilà. »

"그가 못 간다고 적힌 천 달러가 있어요. 여기 있어요."

Il a claqué un sac de poussière d'or de la taille d'une saucisse sur le bar.

그는 소시지 크기의 금가루 자루를 바 위에 내던졌다.

Personne ne dit un mot. Le silence devint pesant et tendu autour d'eux.

아무도 아무 말도 하지 않았다. 그들 주변의 침묵은 점점 무겁고 긴장되었다.

Le bluff de Thornton – s'il en était un – avait été pris au sérieux.

쏜튼의 허세는—만약 그것이 허세였다면—심각하게 받아들여졌습니다.

Il sentit la chaleur monter sur son visage tandis que le sang affluait sur ses joues.

그는 얼굴이 뜨거워지는 것을 느꼈고, 피가 뺨으로 몰려왔다.

Sa langue avait pris le pas sur sa raison à ce moment-là.

그 순간 그의 혀가 이성보다 앞서 나갔다.

Il ne savait vraiment pas si Buck pouvait déplacer mille livres.

그는 벅이 1,000파운드를 옮길 수 있을지 정말로 몰랐다.

Une demi-tonne ! Rien que sa taille lui pesait le cœur.

반 톤이나 되는 무게! 그 크기만으로도 가슴이 무거워졌다.

Il avait foi en la force de Buck et le pensait capable.

그는 벅의 힘을 믿었고 그가 유능하다고 생각했습니다.

Mais il n'avait jamais été confronté à ce genre de défi, pas comme celui-ci.

하지만 그는 이런 종류의 도전에 직면한 적이 없었습니다.

Une douzaine d'hommes l'observaient tranquillement, attendant de voir ce qu'il allait faire.

12명의 남자가 그를 조용히 지켜보며 그가 무엇을 할지 지켜보고 있었습니다.

Il n'avait pas d'argent, ni Hans ni Pete.

그는 돈이 없었습니다. 한스나 피트도 마찬가지였습니다.

« J'ai un traîneau dehors », dit Matthewson froidement et directement.

매튜슨은 차갑고 직설적으로 "밖에 썰매가 있어요"라고 말했다.

« Il est chargé de vingt sacs de cinquante livres chacun, tous de farine.

"그 안에는 밀가루로 만든 자루가 20개 들어 있어요. 자루당 무게가 50파운드예요.

« Alors ne laissez pas un traîneau manquant devenir votre excuse maintenant », a-t-il ajouté.

그는 "그러니 지금 썰매가 없어졌다는 것을 변명으로 삼지 마세요"라고 덧붙였다.

Thornton resta silencieux. Il ne savait pas quels mots lui dire.

손튼은 아무 말도 하지 않았다. 무슨 말을 해야 할지 알 수 없었다.

Il regarda les visages autour de lui sans les voir clairement.

그는 주위를 둘러보았지만 얼굴들이 뚜렷이 보이지 않았다.

Il ressemblait à un homme figé dans ses pensées, essayant de redémarrer.

그는 생각에 잠겨 다시 시작하려고 하는 사람처럼 보였다.

Puis il a vu Jim O'Brien, un ami de l'époque Mastodon.

그러다가 그는 마스토돈 시절 친구인 짐 오브라이언을
만났습니다.

**Ce visage familier lui a donné un courage qu'il ne savait pas avoir.**

그 친숙한 얼굴은 그에게 자신이 가지고 있다는 것을
몰랐던 용기를 주었습니다.

**Il se tourna et demanda à voix basse : « Peux-tu me prêter mille ? »**

그는 돌아서서 작은 목소리로 "천 달러만 빌려줄 수
있나요?"라고 물었습니다.

**« Bien sûr », dit O'Brien, laissant déjà tomber un lourd sac près de l'or.**

"물론이죠." 오브라이언이 말하며 금화가 든 무거운
자루를 떨어뜨렸다.

**« Mais honnêtement, John, je ne crois pas que la bête puisse faire ça. »**

"하지만 솔직히 말해서, 존, 나는 그 짐승이 이런 일을 할
수 있다고 믿지 않아."

**Tout le monde dans le Saloon Eldorado s'est précipité dehors pour voir l'événement.**

엘도라도 살롱에 있던 모든 사람들이 그 행사를 보기
위해 달려 나갔습니다.

**Ils ont laissé les tables et les boissons, et même les jeux ont été interrompus.**

그들은 테이블과 음료를 남겨두고 떠났고, 심지어
게임도 중단되었습니다.

**Les croupiers et les joueurs sont venus assister à la fin de ce pari audacieux.**

딜러와 도박꾼들은 대담한 내기의 끝을 지켜보러
왔습니다.

**Des centaines de personnes se sont rassemblées autour du traîneau dans la rue glacée.**

수백 명의 사람들이 얼음으로 뒤덮인 거리의 썰매
주위에 모였습니다.

**Le traîneau de Matthewson était chargé d'une charge complète de sacs de farine.**

매튜슨의 썰매에는 밀가루 자루가 가득 실려
있었습니다.

Le traîneau était resté immobile pendant des heures à des
températures négatives.

썰매는 영하의 기온 속에 몇 시간 동안 놓여 있었습니다.

Les patins du traîneau étaient gelés et collés à la neige
tassée.

썰매의 바퀴는 굳어버린 눈에 꼭 붙어 있었습니다.

Les hommes ont offert une cote de deux contre un que Buck
ne pourrait pas déplacer le traîneau.

남자들은 벅이 썰매를 움직일 수 없을 것이라는
배당률을 두 대 1로 제시했습니다.

Une dispute a éclaté sur ce que signifiait réellement « sortir
».

"브레이크 아웃"이 실제로 무엇을 의미하는지에 대한
논쟁이 벌어졌습니다.

O'Brien a déclaré que Thornton devrait desserrer la base
gelée du traîneau.

오브라이언은 쏜튼이 썰매의 얼어붙은 바닥을 풀어야
한다고 말했다.

Buck pourrait alors « sortir » d'un départ solide et immobile.

그러면 벅은 흔들리지 않고 안정적으로 출발하여
"탈출"할 수 있었습니다.

Matthewson a soutenu que le chien devait également libérer
les coureurs.

매튜슨은 개가 주자들을 자유롭게 풀어줘야 한다고
주장했다.

Les hommes qui avaient entendu le pari étaient d'accord
avec le point de vue de Matthewson.

내기를 들은 사람들은 매튜슨의 의견에 동의했습니다.

Avec cette décision, les chances sont passées à trois contre
un contre Buck.

그 판결로 벅에게 유리한 배당률은 3 대 1로
높아졌습니다.

Personne ne s'est manifesté pour prendre en compte les
chances croissantes de trois contre un.

점점 커지는 3대 1의 확률에 맞서기 위해 나서는 사람은 아무도 없었다.

**Pas un seul homme ne croyait que Buck pouvait accomplir un tel exploit.**

버크가 그 위대한 업적을 이룰 수 있다고 믿는 사람은 단 한 명도 없었다.

**Thornton s'était précipité dans le pari, lourd de doutes.**

쏜튼은 의심에 사로잡혀 서둘러 내기를 걸었다.

**Il regarda alors le traîneau et l'attelage de dix chiens à côté.**

이제 그는 썰매와 그 옆에 있는 열 마리의 개로 이루어진 팀을 바라보았습니다.

**En voyant la réalité de la tâche, elle semblait encore plus impossible.**

그 과제의 현실을 깨닫자 그것은 더욱 불가능해 보였다.

**Matthewson était plein de fierté et de confiance à ce moment-là.**

그 순간 매튜슨은 자부심과 자신감으로 가득 찼습니다.

**« Trois contre un ! » cria-t-il. « Je parie mille de plus, Thornton !**

"3 대 1!" 그가 소리쳤다. "쏜튼, 1,000달러 더 걸겠어!"

**« Que dites-vous ? » ajouta-t-il, assez fort pour que tout le monde l'entende.**

"무슨 말씀이시죠?" 그는 모든 사람이 들을 수 있을 만큼 큰 소리로 덧붙였다.

**Le visage de Thornton exprimait ses doutes, mais son esprit s'était élevé.**

쏜튼의 얼굴에는 의심이 드러났지만, 그의 기운은 올라갔습니다.

**Cet esprit combatif ignorait les probabilités et ne craignait rien du tout.**

그 투지는 역경을 무시했고 아무것도 두려워하지 않았습니다.

**Il a appelé Hans et Pete pour apporter tout leur argent sur la table.**

그는 한스와 피트에게 전화해서 그들이 가지고 있는 현금을 모두 가져오라고 했습니다.

**Il ne leur restait plus grand-chose : seulement deux cents dollars au total.**
그들에게 남은 것은 거의 없었습니다. 모두 합쳐 200달러뿐이었습니다.

**Cette petite somme représentait toute leur fortune pendant les temps difficiles.**
이 소액은 힘든 시기에 그들이 가진 모든 재산이었습니다.

**Pourtant, ils ont misé toute leur fortune contre le pari de Matthewson.**
그럼에도 불구하고 그들은 매튜슨의 베팅에 모든 재산을 걸었습니다.

**L'attelage de dix chiens a été dételé et éloigné du traîneau.**
10마리의 개로 이루어진 팀은 썰매에서 떨어져 나와 멀어졌습니다.

**Buck a été placé dans les rênes, portant son harnais familier.**
벅은 익숙한 하네스를 착용하고 고삐를 잡았다.

**Il avait capté l'énergie de la foule et ressenti la tension.**
그는 군중의 에너지를 느꼈고 긴장감을 느꼈습니다.

**D'une manière ou d'une autre, il savait qu'il devait faire quelque chose pour John Thornton.**
그는 어떻게든 존 손튼을 위해 뭔가를 해야 한다는 걸 알았습니다.

**Les gens murmuraient avec admiration devant la fière silhouette du chien.**
사람들은 개의 당당한 모습에 감탄하며 중얼거렸다.

**Il était mince et fort, sans une seule once de chair supplémentaire.**
그는 살이 한 톨도 찌지 않은, 마른 몸과 강한 몸매를 가지고 있었습니다.

**Son poids total de cent cinquante livres n'était que puissance et endurance.**
그의 전체 체중 150파운드는 모두 힘과 지구력이었습니다.

**Le pelage de Buck brillait comme de la soie, épais de santé et de force.**

벅의 코트는 실크처럼 빛났고, 건강과 힘이 두껍게
깃들어 있었다.

La fourrure le long de son cou et de ses épaules semblait se
soulever et se hérisser.

그의 목과 어깨의 털이 들어올려지고 뻣뻣해지는 것
같았다.

Sa crinière bougeait légèrement, chaque cheveu vivant de sa
grande énergie.

그의 갈기가 살짝 움직였고, 머리카락 하나하나가 그의
강렬한 에너지로 살아 있었습니다.

Sa large poitrine et ses jambes fortes correspondaient à sa
silhouette lourde et robuste.

그의 넓은 가슴과 튼튼한 다리는 그의 무겁고 강인한
몸매와 잘 어울렸습니다.

Des muscles ondulaient sous son manteau, tendus et fermes
comme du fer lié.

그의 코트 아래에서는 근육이 꿈틀거리며, 쇠로 묶인
것처럼 팽팽하고 단단했다.

Les hommes le touchaient et juraient qu'il était bâti comme
une machine en acier.

남자들은 그를 만지며 그가 강철 기계처럼 생겼다고
맹세했습니다.

Les chances ont légèrement baissé à deux contre un contre le
grand chien.

그 위대한 개에 대한 승산 확률은 약간 떨어져 2 대 1이
되었습니다.

Un homme des bancs de Skookum s'avança en bégayant.

스쿠컴 벤치에 앉아 있던 한 남자가 더듬거리며 앞으로
나아갔다.

« Bien, monsieur ! J'offre huit cents pour lui – avant
l'examen, monsieur ! »

"좋습니다, 선생님! 시험 전에 800달러를 제안합니다,
선생님!"

« Huit cents, tel qu'il est en ce moment ! » insista l'homme.

"지금 기준으로 800명이에요!" 그 남자가 주장했다.

Thornton s'avança, sourit et secoua calmement la tête.

쏜튼은 앞으로 나서서 미소를 지으며 차분하게 고개를
저었다.

**Matthewson est rapidement intervenu avec une voix
d'avertissement et un froncement de sourcils.**

매튜슨은 재빨리 경고하는 목소리와 눈살을 찌푸리며
나섰다.

**« Éloignez-vous de lui », dit-il. « Laissez-lui de l'espace. »**

"그에게서 물러나야 합니다." 그가 말했다. "그에게
공간을 주세요."

**La foule se tut ; seuls les joueurs continuaient à miser deux
contre un.**

군중은 조용해졌다. 오직 도박꾼들만이 여전히 2대 1을
걸고 있었다.

**Tout le monde admirait la carrure de Buck, mais la charge
semblait trop lourde.**

모두가 벅의 몸매에 감탄했지만, 무게가 너무 무거워
보였다.

**Vingt sacs de farine, pesant chacun cinquante livres,
semblaient beaucoup trop.**

밀가루 자루 20개(각 자루의 무게가 50파운드)는 너무
많은 것 같았습니다.

**Personne n'était prêt à ouvrir sa bourse et à risquer son
argent.**

누구도 주머니를 열어 돈을 걸고 싶어하지 않았습니다.

**Thornton s'agenouilla à côté de Buck et prit sa tête à deux
mains.**

쏜튼은 벅 옆에 무릎을 꿇고 두 손으로 그의 머리를
잡았다.

**Il pressa sa joue contre celle de Buck et lui parla à l'oreille.**

그는 자신의 뺨을 벅의 뺨에 대고 그의 귀에 대고
말했다.

**Il n'y avait plus de secousses enjouées ni d'insultes
affectueuses murmurées.**

이제는 장난스럽게 흔드는 일도, 속삭이는 애정 어린
모욕도 없었습니다.

Il murmura simplement doucement : « Autant que tu m'aimes, Buck. »

그는 단지 부드럽게 중얼거렸다. "당신이 나를 아무리 사랑하더라도, 벅."

Buck émit un gémissement silencieux, son impatience à peine contenue.

벅은 조용히 신음하며 간신히 열망을 억눌렀다.

Les spectateurs observaient avec curiosité la tension qui emplissait l'air.

구경꾼들은 긴장감이 공기 중에 가득 차는 것을 호기심 어린 눈으로 지켜보았습니다.

Le moment semblait presque irréel, comme quelque chose qui dépassait la raison.

그 순간은 거의 비현실적으로 느껴졌고, 이성을 초월한 것 같은 느낌이었습니다.

Lorsque Thornton se leva, Buck prit doucement sa main dans ses mâchoires.

쏜튼이 일어서자, 벅은 조심스럽게 그의 손을 턱에 쥐었다.

Il appuya avec ses dents, puis relâcha lentement et doucement.

그는 이를 눌러 누른 다음 천천히 부드럽게 놓았다.

C'était une réponse silencieuse d'amour, non prononcée, mais comprise.

말로 표현한 것이 아니라 이해한 조용한 사랑의 대답이었습니다.

Thornton s'éloigna du chien et donna le signal.

쏜튼은 개에게서 멀리 떨어져서 신호를 보냈다.

« Maintenant, Buck », dit-il, et Buck répondit avec un calme concentré.

"자, 벅," 그가 말했고, 벅은 집중된 침착함으로 대답했습니다.

Buck a resserré les traces, puis les a desserrées de quelques centimètres.

벅은 흔적을 조였다가 다시 몇 인치 정도 느슨하게 했습니다.

C'était la méthode qu'il avait apprise ; sa façon de briser le traîneau.

이것이 그가 배운 방법이었습니다. 썰매를 부수는 방법이었습니다.

« Tiens ! » cria Thornton, sa voix aiguë dans le silence pesant.

"이런!" 쏜튼이 무거운 침묵 속에서 날카로운 목소리로 소리쳤다.

Buck se tourna vers la droite et se jeta de tout son poids.

벅은 오른쪽으로 돌아서서 온몸의 무게를 실어 달려들었다.

Le mou disparut et toute la masse de Buck heurta les lignes serrées.

느슨한 부분이 사라지고, 벅의 몸 전체가 단단한 줄에 부딪혔다.

Le traîneau tremblait et les patins émettaient un bruit de crépitement.

썰매가 떨렸고, 주자들은 딱딱거리는 소리를 냈다.

« Haw ! » ordonna Thornton, changeant à nouveau la direction de Buck.

"하!" 쏜튼이 명령하며 벅의 방향을 다시 바꿨다.

Buck répéta le mouvement, cette fois en tirant brusquement vers la gauche.

벅은 다시 한번 움직임을 시도했고, 이번에는 왼쪽으로 급격히 방향을 틀었다.

Le traîneau craquait plus fort, les patins claquaient et se déplaçaient.

썰매는 더 큰 소리를 내며, 썰매의 주자들이 딱딱거리고 움직였다.

La lourde charge glissait légèrement latéralement sur la neige gelée.

무거운 짐이 얼어붙은 눈 위로 살짝 옆으로 미끄러졌습니다.

Le traîneau s'était libéré de l'emprise du sentier glacé !

썰매는 얼음길에서 벗어났습니다!

Les hommes retenaient leur souffle, ignorant qu'ils ne respiraient même pas.

남자들은 자신이 숨을 쉬지 않는다는 사실조차 모른 채 숨을 참았습니다.

« Maintenant, TIREZ ! » cria Thornton à travers le silence glacial.

"당겨!" 손튼이 얼어붙은 침묵 속에서 소리쳤다.

L'ordre de Thornton résonna fort, comme le claquement d'un fouet.

쏜튼의 명령은 채찍을 휘두르는 소리처럼 날카롭게 울려 퍼졌다.

Buck se jeta en avant avec un mouvement violent et saccadé.

벅은 사납고 충격적인 돌진으로 몸을 앞으로 던졌습니다.

Tout son corps se tendit et se contracta sous l'énorme tension.

그의 몸 전체가 엄청난 부담으로 긴장되고 뭉쳐졌습니다.

Des muscles ondulaient sous sa fourrure comme des serpents prenant vie.

그의 털 아래에서 근육이 꿈틀거리는 모습이 마치 살아 움직이는 뱀 같았다.

Sa large poitrine était basse, la tête tendue vers l'avant en direction du traîneau.

그의 큰 가슴은 낮게 위치하고, 머리는 썰매를 향해 뻗어 있었습니다.

Ses pattes bougeaient comme l'éclair, ses griffes tranchant le sol gelé.

그의 발은 번개처럼 움직였고, 발톱으로 얼어붙은 땅을 갈랐다.

Des rainures ont été creusées profondément alors qu'il luttait pour chaque centimètre de traction.

그는 견인력을 한 인치라도 더 얻으려고 애쓰면서 홈을 깊게 파냈습니다.

Le traîneau se balança, trembla et commença un mouvement lent et agité.

썰매는 흔들리고 떨리더니 느리고 불안하게 움직이기
시작했습니다.

**Un pied a glissé et un homme dans la foule a gémi à haute
voix.**

한 발이 미끄러지자 군중 속의 한 남자가 큰 소리로
신음했습니다.

**Puis le traîneau s'élança en avant dans un mouvement
saccadé et brusque.**

그러자 썰매가 갑자기 거칠게 앞으로 움직였다.

**Cela ne s'est pas arrêté à nouveau - un demi-pouce... un
pouce... deux pouces de plus.**

더 이상 멈추지 않았습니다. 반 인치... 한 인치... 두
인치 더.

**Les secousses devinrent plus faibles à mesure que le
traîneau commençait à prendre de la vitesse.**

썰매가 속도를 내면서 갑작스러운 움직임은 점점
줄어들었습니다.

**Bientôt, Buck tirait avec une puissance douce et régulière.**

곧 벅은 부드럽고 고르게 굴러가는 힘으로 끌어당기기
시작했습니다.

**Les hommes haletèrent et finirent par se rappeler de respirer
à nouveau.**

남자들은 숨을 헐떡이며 마침내 다시 숨을 쉬는 법을
기억해냈습니다.

**Ils n'avaient pas remarqué que leur souffle s'était arrêté de
stupeur.**

그들은 경외심에 숨이 멎는 줄도 몰랐다.

**Thornton courait derrière, lançant des ordres courts et
joyeux.**

쏜튼은 짧고 쾌활한 명령을 외치며 뒤따라 달렸다.

**Devant nous se trouvait une pile de bois de chauffage qui
marquait la distance.**

앞에는 거리를 알려주는 장작더미가 놓여 있었습니다.

**Alors que Buck s'approchait du tas, les acclamations
devenaient de plus en plus fortes.**

벅이 더미에 가까워질수록 환호성은 점점 더
커졌습니다.

**Les acclamations se sont transformées en rugissement
lorsque Buck a dépassé le point d'arrivée.**

벅이 종착점을 지나자 환호성은 함성으로 커졌습니다.

**Les hommes ont sauté et crié, même Matthewson a esquissé
un sourire.**

남자들은 놀라서 소리쳤고, 매튜슨조차도 미소를
지었다.

**Les chapeaux volaient dans les airs, les mitaines étaient
lancées sans réfléchir ni viser.**

모자가 공중으로 날아가고, 장갑이 생각이나 목적 없이
던져졌습니다.

**Les hommes se sont attrapés et se sont serré la main sans
savoir à qui.**

누구인지도 모르는 남자들이 서로를 붙잡고 악수했다.

**Toute la foule bourdonnait d'une célébration folle et
joyeuse.**

군중 전체가 열광적이고 즐거운 축하 분위기에
휩싸였다.

**Thornton tomba à genoux à côté de Buck, les mains
tremblantes.**

쏜튼은 떨리는 손으로 벅 옆에 무릎을 꿇었다.

**Il pressa sa tête contre celle de Buck et le secoua doucement
d'avant en arrière.**

그는 자신의 머리를 벅의 머리에 가져다 대고 가볍게
앞뒤로 흔들었다.

**Ceux qui s'approchaient l'entendaient maudire le chien avec
un amour silencieux.**

다가간 사람들은 그가 조용한 사랑으로 개를 저주하는
것을 들었습니다.

**Il a insulté Buck pendant un long moment, doucement,
chaleureusement, avec émotion.**

그는 오랫동안 벅을 향해 욕설을 퍼부었다. 부드럽고,
따뜻하게, 감정을 담아서.

« Bien, monsieur ! Bien, monsieur ! » s'écria précipitamment
le roi du Banc Skookum.

"좋아요, 선생님! 좋아, 선생님!" 스쿠컴 벤치의 왕이
황급히 소리쳤다.

« Je vous donne mille, non, douze cents, pour ce chien,
monsieur ! »

"저 개 한 마리에 천 달러, 아니, 천이백 달러를
드리겠습니다, 선생님!"

Thornton se leva lentement, les yeux brillants d'émotion.

쏜튼은 천천히 일어섰고, 그의 눈은 감정으로 빛났다.

Les larmes coulaient ouvertement sur ses joues sans aucune
honte.

그의 빰에는 조금의 부끄러움도 없이 눈물이 줄줄
흘러내렸다.

« Monsieur », dit-il au roi du banc Skookum, ferme et posé.

그는 Skookum Bench의 왕에게 "선생님"이라고 말하며
꾸준하고 단호하게 말했습니다.

« Non, monsieur. Allez au diable, monsieur. C'est ma
réponse définitive. »

"아니요, 선생님. 지옥에나 가시죠, 선생님. 이게 제
마지막 대답입니다."

Buck attrapa doucement la main de Thornton dans ses
mâchoires puissantes.

벅은 튼튼한 턱으로 쏜튼의 손을 부드럽게 잡았다.

Thornton le secoua de manière enjouée, leur lien étant plus
profond que jamais.

쏜튼은 장난스럽게 그를 흔들었고, 두 사람의 유대감은
그 어느 때보다 깊었다.

La foule, émue par l'instant, recula en silence.

그 순간에 감동한 군중은 조용히 뒤로 물러섰다.

Dès lors, personne n'osa interrompre cette affection si
sacrée.

그 이후로 그 누구도 감히 그 신성한 애정을 방해하지
못했습니다.

## Le son de l'appel
## 부름의 소리

Buck avait gagné seize cents dollars en cinq minutes.

벅은 5분 만에 1,600달러를 벌었습니다.

Cet argent a permis à John Thornton de payer une partie de ses dettes.

그 돈으로 존 손튼은 빚의 일부를 갚을 수 있었습니다.

Avec le reste de l'argent, il se dirigea vers l'Est avec ses partenaires.

그는 남은 돈을 가지고 동료들과 함께 동쪽으로 향했습니다.

Ils cherchaient une mine perdue légendaire, aussi vieille que le pays lui-même.

그들은 그 나라만큼이나 오래된 전설 속 잃어버린 광산을 찾았습니다.

Beaucoup d'hommes avaient cherché la mine, mais peu l'avaient trouvée.

많은 사람들이 광산을 찾았지만, 실제로 광산을 찾은 사람은 거의 없었습니다.

Plus d'un homme avait disparu au cours de cette quête dangereuse.

위험한 탐색 중에 몇몇 남자가 사라졌습니다.

Cette mine perdue était enveloppée à la fois de mystère et d'une vieille tragédie.

이 잃어버린 광산은 미스터리와 오래된 비극에 싸여 있었습니다.

Personne ne savait qui avait été le premier homme à découvrir la mine.

광산을 처음 발견한 사람이 누구인지는 아무도 몰랐습니다.

Les histoires les plus anciennes ne mentionnent personne par son nom.

가장 오래된 이야기에는 누구의 이름도 언급되지 않습니다.

Il y avait toujours eu là une vieille cabane délabrée.

그곳에는 항상 낡고 허름한 오두막이 있었습니다.

**Des hommes mourants avaient juré qu'il y avait une mine à côté de cette vieille cabane.**

죽어가는 사람들은 그 오래된 오두막 옆에 광산이 있었다고 맹세했습니다.

**Ils ont prouvé leurs histoires avec de l'or comme on n'en trouve nulle part ailleurs.**

그들은 다른 어떤 곳에서도 찾을 수 없는 금으로 자신의 이야기를 증명했습니다.

**Aucune âme vivante n'avait jamais pillé le trésor de cet endroit.**

그 곳에서 보물을 약탈한 사람은 아무도 없었습니다.

**Les morts étaient morts, et les morts ne racontent pas d'histoires.**

죽은 자는 죽었고, 죽은 자는 아무 말도 하지 않는다.

**Thornton et ses amis se dirigèrent donc vers l'Est.**

그래서 쏜튼과 그의 친구들은 동쪽으로 향했습니다.

**Pete et Hans se sont joints à eux, amenant Buck et six chiens forts.**

피트와 한스가 벅과 힘센 개 여섯 마리를 데리고 합류했습니다.

**Ils se sont lancés sur un chemin inconnu là où d'autres avaient échoué.**

그들은 다른 사람들이 실패한 알려지지 않은 산길로 들어섰습니다.

**Ils ont parcouru soixante-dix milles en traîneau sur le fleuve Yukon gelé.**

그들은 얼어붙은 유콘 강을 따라 70마일을 썰매를 타고 올라갔습니다.

**Ils tournèrent à gauche et suivirent le sentier jusqu'au Stewart.**

그들은 좌회전하여 스튜어트로 향하는 산길을 따라갔다.

**Ils passèrent le Mayo et le McQuestion, poursuivant leur route.**

그들은 메이요 앤 맥퀘션을 지나 계속해서 전진했습니다.

Le Stewart s'est rétréci en un ruisseau, traversant des pics déchiquetés.

스튜어트 강은 뾰족한 봉우리를 지나며 흐르는 개울처럼 줄어들었다.

Ces pics acérés marquaient l'épine dorsale même du continent.

이 날카로운 봉우리들은 대륙의 핵심을 이루었습니다.

John Thornton exigeait peu des hommes ou de la nature sauvage.

존 손튼은 사람이나 자연에 별로 많은 것을 요구하지 않았습니다.

Il ne craignait rien dans la nature et affrontait la nature sauvage avec aisance.

그는 자연 속에서 아무것도 두려워하지 않았고, 야생에 쉽게 맞섰습니다.

Avec seulement du sel et un fusil, il pouvait voyager où il le souhaitait.

그는 소금과 소총만 가지고 원하는 곳 어디든 여행할 수 있었습니다.

Comme les indigènes, il chassait de la nourriture pendant ses voyages.

그는 원주민들처럼 여행하면서 식량을 사냥했습니다.

S'il n'attrapait rien, il continuait, confiant en la chance qui l'attendait.

아무것도 잡지 못하더라도 그는 앞으로 행운이 있을 것이라고 믿고 계속 나아갔습니다.

Au cours de ce long voyage, la viande était la principale nourriture qu'ils mangeaient.

이 긴 여정에서 그들이 주로 먹은 음식은 고기였습니다.

Le traîneau contenait des outils et des munitions, mais aucun horaire strict.

썰매에는 도구와 탄약이 실려 있었지만, 엄격한 시간표는 없었습니다.

Buck adorait cette errance, la chasse et la pêche sans fin.

벅은 이런 방랑, 끝없는 사냥과 낚시를 좋아했습니다.

Pendant des semaines, ils ont voyagé jour après jour.

그들은 몇 주 동안 매일매일 여행을 했습니다.

**D'autres fois, ils établissaient des camps et restaient immobiles pendant des semaines.**

어떤 때는 캠프를 짓고 몇 주 동안 움직이지 않고 머물기도 했습니다.

**Les chiens se reposaient pendant que les hommes creusaient dans la terre gelée.**

남자들이 얼어붙은 흙을 파헤치는 동안 개들은 휴식을 취했습니다.

**Ils chauffaient des poêles sur des feux et cherchaient de l'or caché.**

그들은 불 위에 냄비를 올려놓고 숨겨진 금을 찾았습니다.

**Certains jours, ils souffraient de faim, et d'autres jours, ils faisaient des festins.**

어떤 날은 굶주렸고, 어떤 날은 잔치를 벌였습니다.

**Leurs repas dépendaient du gibier et de la chance de la chasse.**

그들의 식사는 사냥감과 사냥의 행운에 달려 있었습니다.

**Quand l'été arrivait, les hommes et les chiens chargeaient des charges sur leur dos.**

여름이 오자, 사람들과 개들은 등에 짐을 짊어졌습니다.

**Ils ont fait du rafting sur des lacs bleus cachés dans des forêts de montagne.**

그들은 산림 속에 숨겨진 푸른 호수를 뗏목으로 건넜습니다.

**Ils naviguaient sur des bateaux minces sur des rivières qu'aucun homme n'avait jamais cartographiées.**

그들은 아무도 지도에 표시해 본 적이 없는 강에서 가느다란 배를 타고 항해했습니다.

**Ces bateaux ont été construits à partir d'arbres sciés dans la nature.**

그 배들은 야생에서 톱질한 나무로 만들어졌습니다.

**Les mois passèrent et ils sillonnèrent des terres sauvages et inconnues.**

몇 달이 지났고, 그들은 알려지지 않은 광활한 땅을 지나갔습니다.

**Il n'y avait pas d'hommes là-bas, mais de vieilles traces suggéraient qu'il y en avait eu.**

거기에는 남자가 없었지만, 오래된 흔적으로 보아 남자가 있었던 것으로 보인다.

**Si la Cabane Perdue était réelle, alors d'autres étaient déjà passés par là.**

만약 잃어버린 오두막이 실제로 존재한다면, 다른 사람들도 한때 이곳으로 왔을 것이다.

**Ils traversaient des cols élevés dans des blizzards, même pendant l'été.**

그들은 여름에도 눈보라 속에서 높은 고개를 건넜습니다.

**Ils frissonnaient sous le soleil de minuit sur les pentes nues des montagnes.**

그들은 벌거벗은 산비탈에서 자정의 태양 아래서 떨고 있었습니다.

**Entre la limite des arbres et les champs de neige, ils montaient lentement.**

그들은 나무가 우거진 곳과 눈밭 사이를 천천히 올라갔습니다.

**Dans les vallées chaudes, ils écrasaient des nuages de moucherons et de mouches.**

따뜻한 계곡에서는 그들은 모기와 파리떼를 쫓아냈습니다.

**Ils cueillaient des baies sucrées près des glaciers en pleine floraison estivale.**

그들은 여름철 꽃이 만발한 빙하 근처에서 달콤한 열매를 따 먹었습니다.

**Les fleurs qu'ils ont trouvées étaient aussi belles que celles du Southland.**

그들이 발견한 꽃은 사우스랜드의 꽃만큼이나 아름다웠습니다.

**Cet automne-là, ils atteignirent une région solitaire remplie de lacs silencieux.**
그해 가을, 그들은 조용한 호수가 가득한 외딴 지역에 도착했습니다.

**La terre était triste et vide, autrefois pleine d'oiseaux et de bêtes.**
그 땅은 한때 새와 짐승이 살았지만 지금은 쓸쓸하고 텅 비어 있습니다.

**Il n'y avait plus de vie, seulement le vent et la glace qui se formait dans les flaques.**
이제는 생명은 존재하지 않았고, 오직 바람과 웅덩이에 형성되는 얼음만이 있을 뿐이었습니다.

**Les vagues s'écrasaient sur les rivages déserts avec un son doux et lugubre.**
파도가 텅 빈 해안에 부드럽고 슬픈 소리를 내며 밀려왔다.

**Un autre hiver arriva et ils suivirent à nouveau de vieux sentiers lointains.**
또다시 겨울이 왔고, 그들은 다시 희미하고 오래된 길을 따라갔다.

**C'étaient les traces d'hommes qui les avaient cherchés bien avant eux.**
이것은 그들보다 훨씬 먼저 수색을 했던 사람들의 흔적이었습니다.

**Un jour, ils trouvèrent un chemin creusé profondément dans la forêt sombre.**
그들은 어느 날 어둠의 숲 속으로 깊이 파인 길을 발견했습니다.

**C'était un vieux sentier, et ils sentaient que la cabane perdue était proche.**
그곳은 오래된 산길이었고, 그들은 잃어버린 오두막이 가까이 있다고 느꼈습니다.

**Mais le sentier ne menait nulle part et s'enfonçait dans les bois épais.**

하지만 그 길은 어디로도 이어지지 않고 울창한 숲
속으로 사라졌습니다.

**Personne ne savait qui avait fait ce sentier et pourquoi.**
누가 그 길을 만들었는지, 그리고 왜 만들었는지 아무도
몰랐습니다.

**Plus tard, ils ont trouvé l'épave d'un lodge caché parmi les arbres.**
나중에 그들은 나무 사이에 숨겨진 롯지의 잔해를
발견했습니다.

**Des couvertures pourries gisaient éparpillées là où quelqu'un avait dormi.**
누군가가 잠을 잤던 곳에는 썩은 담요가 흩어져
있었습니다.

**John Thornton a trouvé un fusil à silex à long canon enterré à l'intérieur.**
존 손튼은 안에 묻힌 긴 총신의 화승총을 발견했습니다.

**Il savait qu'il s'agissait d'un fusil de la Baie d'Hudson depuis les premiers jours de son commerce.**
그는 초창기부터 이것이 허드슨 만의 총이라는 것을
알고 있었습니다.

**À cette époque, ces armes étaient échangées contre des piles de peaux de castor.**
그 당시에는 그런 총을 비버 가죽 몇 뭉치와 교환하곤
했습니다.

**C'était tout : il ne restait aucune trace de l'homme qui avait construit le lodge.**
그게 전부였습니다. 롯지를 지은 사람에 대한 단서는
전혀 남아 있지 않았습니다.


**Le printemps est revenu et ils n'ont trouvé aucun signe de la Cabane Perdue.**
다시 봄이 왔지만, 그들은 잃어버린 오두막의 흔적을
찾을 수 없었다.

**Au lieu de cela, ils trouvèrent une large vallée avec un ruisseau peu profond.**

대신 그들은 얕은 개울이 흐르는 넓은 계곡을
발견했습니다.

**L'or recouvrait le fond des casseroles comme du beurre
jaune et lisse.**

냄비 바닥에는 매끈한 노란 버터처럼 금이 깔려
있었습니다.

**Ils s'arrêtèrent là et ne cherchèrent plus la cabane.**

그들은 거기서 멈춰 서서 더 이상 오두막을 찾지
않았습니다.

**Chaque jour, ils travaillaient et trouvaient des milliers de
pièces d'or en poudre.**

그들은 매일 일하여 수천 개의 금가루를 발견했습니다.

**Ils ont emballé l'or dans des sacs de peau d'élan, de
cinquante livres chacun.**

그들은 금을 각각 50파운드씩 무스 가죽 자루에 담아
포장했습니다.

**Les sacs étaient empilés comme du bois de chauffage à
l'extérieur de leur petite loge.**

가방들은 그들의 작은 숙소 밖에 장작처럼 쌓여
있었습니다.

**Ils travaillaient comme des géants et les jours passaient
comme des rêves rapides.**

그들은 거인처럼 일했고, 하루하루는 꿈처럼 빨리
지나갔습니다.

**Ils ont amassé des trésors au fil des jours sans fin.**

끝없는 나날이 빠르게 흘러가는 동안 그들은 보물을
쌓았습니다.

**Les chiens n'avaient pas grand-chose à faire, à part
transporter de la viande de temps en temps.**

개들이 할 수 있는 일은 가끔씩 고기를 끌어오는 것
외에는 별로 없었다.

**Thornton chassait et tuait le gibier, et Buck restait allongé
près du feu.**

쏜튼은 사냥을 해서 사냥감을 잡았고, 벅은 불 옆에 누워
있었습니다.

Il a passé de longues heures en silence, perdu dans ses pensées et ses souvenirs.

그는 오랜 시간 침묵 속에 생각과 기억에 잠겨 있었습니다.

L'image de l'homme poilu revenait de plus en plus souvent à l'esprit de Buck.

털이 많은 남자의 이미지가 벅의 마음속에 더 자주 떠올랐다.

Maintenant que le travail se faisait rare, Buck rêvait en clignant des yeux devant le feu.

이제 일자리가 부족해지자 벅은 불을 쳐다보며 눈을 깜빡이며 꿈을 꾸었다.

Dans ces rêves, Buck errait avec l'homme dans un autre monde.

그 꿈속에서 벅은 그 남자와 함께 다른 세계를 방황했습니다.

La peur semblait être le sentiment le plus fort dans ce monde lointain.

두려움은 그 먼 세상에서 가장 강한 감정인 듯했다.

Buck vit l'homme poilu dormir avec la tête baissée.

벅은 털이 많은 남자가 머리를 숙인 채 잠들어 있는 것을 보았다.

Ses mains étaient jointes et son sommeil était agité et interrompu.

그는 손을 꽉 쥐고 있었고, 잠은 불안하고 깨져 있었습니다.

Il se réveillait en sursaut et regardait avec crainte dans le noir.

그는 깜짝 놀라 깨어나 두려움에 떨며 어둠 속을 응시하곤 했습니다.

Ensuite, il jetait plus de bois sur le feu pour garder la flamme vive.

그리고 그는 불꽃을 밝게 유지하기 위해 불에 나무를 더 많이 던졌습니다.

Parfois, ils marchaient le long d'une plage au bord d'une mer grise et infinie.

때때로 그들은 잿빛으로 끝없이 펼쳐진 바다를 따라
해변을 따라 걸었습니다.

**L'homme poilu ramassait des coquillages et les mangeait en marchant.**

털이 많은 남자는 조개류를 주워서 걸으면서
먹었습니다.

**Ses yeux cherchaient toujours des dangers cachés dans l'ombre.**

그의 눈은 항상 그림자 속에 숨겨진 위험을 찾았습니다.

**Ses jambes étaient toujours prêtes à sprinter au premier signe de menace.**

그의 다리는 언제나 위협의 첫 징후에 달려들 준비가
되어 있었습니다.

**Ils rampaient à travers la forêt, silencieux et méfiants, côte à côte.**

그들은 나란히 조용히 조심스럽게 숲을 지나갔다.

**Buck le suivit sur ses talons, et tous deux restèrent vigilants.**

벅이 그의 뒤를 따랐고, 두 사람은 모두 경계를 늦추지
않았습니다.

**Leurs oreilles frémissaient et bougeaient, leurs nez reniflaient l'air.**

그들의 귀는 꿈틀거리고 움직였고, 코는 공기를
맡았습니다.

**L'homme pouvait entendre et sentir la forêt aussi intensément que Buck.**

그 남자는 벅만큼이나 숲의 냄새와 소리를 예리하게
들을 수 있었습니다.

**L'homme poilu se balançait à travers les arbres avec une vitesse soudaine.**

털이 많은 남자가 갑작스러운 속도로 나무 사이로
달려갔다.

**Il sautait de branche en branche, sans jamais lâcher prise.**

그는 가지에서 가지로 뛰어다니며 한 번도 놓치지
않았습니다.

**Il se déplaçait aussi vite au-dessus du sol que sur celui-ci.**

그는 땅 위에서만큼 빠르게 움직였다.

Buck se souvenait des longues nuits passées sous les arbres, à veiller.

벅은 나무 아래에서 긴 밤을 보내며 경계를 지키던 때를 기억했다.

L'homme dormait perché dans les branches, s'accrochant fermement.

그 남자는 나뭇가지에 매달려 몸을 꼭 붙잡고 잠을 잤다.

Cette vision de l'homme poilu était étroitement liée à l'appel des profondeurs.

털이 많은 남자에 대한 이 환상은 깊은 부름과 밀접하게 연관되어 있었습니다.

L'appel résonnait toujours à travers la forêt avec une force obsédante.

그 부름은 여전히 숲 속에 잊혀지지 않을 만큼 힘차게 울려 퍼졌다.

L'appel remplit Buck de désir et d'un sentiment de joie incessant.

그 전화는 벅의 마음을 그리움과 끊임없는 기쁨으로 채웠다.

Il ressentait d'étranges pulsions et des frémissements qu'il ne pouvait nommer.

그는 이름 붙일 수 없는 이상한 충동과 움직임을 느꼈다.

Parfois, il suivait l'appel au plus profond des bois tranquilles.

때때로 그는 조용한 숲 속 깊은 곳까지 부름을 따라갔다.

Il cherchait l'appel, aboyant doucement ou fort au fur et à mesure.

그는 부름을 찾으려고 가면서 가볍게 또는 날카롭게 짖었다.

Il renifla la mousse et la terre noire où poussaient les herbes.

그는 풀이 자라는 이끼와 검은 흙을 맡았습니다.

Il renifla de plaisir aux riches odeurs de la terre profonde.

그는 깊은 땅에서 풍기는 풍부한 냄새를 즐기며 코를 킁킁거렸다.

Il s'est accroupi pendant des heures derrière des troncs couverts de champignons.

그는 곰팡이로 뒤덮인 나무줄기 뒤에 몇 시간 동안
웅크리고 있었습니다.

**Il resta immobile, écoutant les yeux écarquillés chaque petit
bruit.**

그는 움직이지 않고 눈을 크게 뜨고 모든 작은 소리에
귀를 기울였다.

**Il espérait peut-être surprendre la chose qui avait lancé
l'appel.**

그는 전화를 건 사람을 놀라게 하고 싶었을지도 모른다.

**Il ne savait pas pourquoi il agissait de cette façon, il le faisait
simplement.**

그는 왜 이런 행동을 했는지 몰랐지만, 그냥 그렇게
행동했을 뿐이었습니다.

**Les pulsions venaient du plus profond de moi, au-delà de la
pensée ou de la raison.**

그런 충동은 생각이나 이성을 초월한 깊은 내면에서
나왔습니다.

**Des envies irrésistibles s'emparèrent de Buck sans
avertissement ni raison.**

저항할 수 없는 충동이 아무런 경고나 이유 없이 벅을
사로잡았습니다.

**Parfois, il somnolait paresseusement dans le camp sous la
chaleur de midi.**

그는 가끔 한낮의 더위 속에서 캠프 안에서 게으르게
졸기도 했습니다.

**Soudain, sa tête se releva et ses oreilles se dressèrent en
alerte.**

갑자기 그의 머리가 들려졌고 그의 귀가
솟아올랐습니다.

**Puis il se leva d'un bond et se précipita dans la nature sans
s'arrêter.**

그러자 그는 벌떡 일어나 잠시도 멈추지 않고 야생으로
달려 나갔다.

**Il a couru pendant des heures à travers les sentiers forestiers
et les espaces ouverts.**

그는 숲길과 열린 공간을 수 시간 동안 달렸습니다.

Il aimait suivre les lits des ruisseaux asséchés et espionner les oiseaux dans les arbres.

그는 마른 개울바닥을 따라가고 나무 위에 있는 새들을 관찰하는 것을 좋아했습니다.

Il pouvait rester caché toute la journée, à regarder les perdrix se pavaner.

그는 하루 종일 숨어서 참새들이 활보하는 것을 지켜볼 수도 있었습니다.

Ils tambourinaient et marchaient, inconscients de la présence de Buck.

그들은 벅이 아직 존재한다는 사실을 모른 채 북을 치며 행진했다.

Mais ce qu'il aimait le plus, c'était courir au crépuscule en été.

하지만 그가 가장 좋아했던 것은 여름 황혼 무렵에 달리는 것이었습니다.

La faible lumière et les bruits endormis de la forêt le remplissaient de joie.

희미한 빛과 졸린 숲의 소리가 그를 기쁨으로 채웠다.

Il lisait les panneaux forestiers aussi clairement qu'un homme lit un livre.

그는 마치 사람이 책을 읽듯이 숲 속의 표지판을 또렷하게 읽었습니다.

Et il cherchait toujours la chose étrange qui l'appelait.

그리고 그는 항상 자신을 부르는 이상한 것을 찾았습니다.

Cet appel ne s'est jamais arrêté : il l'atteignait qu'il soit éveillé ou endormi.

그 부름은 결코 멈추지 않았습니다. 깨어 있든 잠들어 있든 그 부름은 그에게 닿았습니다.


Une nuit, il se réveilla en sursaut, les yeux perçants et les oreilles hautes.

어느 날 밤, 그는 깜짝 놀라 깨어났는데, 눈은 예리하고 귀는 쫑긋 서 있었습니다.

**Ses narines se contractaient tandis que sa crinière se dressait en vagues.**

그의 콧구멍은 꿈틀거렸고 그의 갈기는 물결치듯 곤두섰다.

**Du plus profond de la forêt, le son résonna à nouveau, le vieil appel.**

숲 속 깊은 곳에서 다시 소리가 들렸습니다. 옛날의 부름이었습니다.

**Cette fois, le son résonnait clairement, un hurlement long, obsédant et familier.**

이번에는 소리가 또렷하게 들렸습니다. 길고, 잊혀지지 않고, 친숙한 울부짖음이었습니다.

**C'était comme le cri d'un husky, mais d'un ton étrange et sauvage.**

그것은 허스키의 울음소리와 비슷했지만, 음색이 이상하고 거칠었습니다.

**Buck reconnut immédiatement le son – il avait entendu exactement le même son depuis longtemps.**

벅은 그 소리를 즉시 알아챘다. 그는 오래전에 그 소리를 들었던 것이다.

**Il sauta à travers le camp et disparut rapidement dans les bois.**

그는 캠프를 뛰어넘어 재빨리 숲 속으로 사라졌다.

**Alors qu'il s'approchait du bruit, il ralentit et se déplaça avec précaution.**

그는 소리가 가까워지자 속도를 늦추고 조심스럽게 움직였다.

**Bientôt, il atteignit une clairière entre d'épais pins.**

그는 곧 울창한 소나무 사이의 개간지에 도착했습니다.

**Là, debout sur ses pattes arrière, était assis un loup des bois grand et maigre.**

거기, 엉덩이를 땅에 대고 똑바로 앉아 있는 키가 크고 마른 늑대가 있었습니다.

**Le nez du loup pointait vers le ciel, résonnant toujours de l'appel.**

늑대의 코는 하늘을 가리키며 여전히 울음소리를 울리고
있었다.

Buck n'avait émis aucun son, mais le loup s'arrêta et écouta.
벅은 소리를 내지 않았지만 늑대는 멈춰서서 귀를
기울였다.

Sentant quelque chose, le loup se tendit, scrutant l'obscurité.
무언가를 감지한 늑대는 긴장하며 어둠 속을
탐색했습니다.

Buck apparut en rampant, le corps bas, les pieds immobiles
sur le sol.
벅이 몸을 숙이고 발은 땅에 닿은 채 조용히 다가왔다.

Sa queue était droite, son corps enroulé sous la tension.
그의 꼬리는 곧게 뻗었고, 몸은 긴장감으로 팽팽하게
꼬여 있었습니다.

Il a montré à la fois une menace et une sorte d'amitié
brutale.
그는 위협적인 모습과 거친 우정의 모습을 동시에
보였다.

C'était le salut prudent partagé par les bêtes sauvages.
그것은 야생 동물이 나누는 조심스러운 인사였습니다.

Mais le loup se retourna et s'enfuit dès qu'il vit Buck.
하지만 늑대는 벅을 보자마자 돌아서 도망갔습니다.

Buck se lança à sa poursuite, sautant sauvagement, désireux
de le rattraper.
벅은 맹렬하게 뛰어올라 그것을 따라잡으려고
달려들었다.

Il suivit le loup dans un ruisseau asséché bloqué par un
embâcle.
그는 늑대를 따라 나무가 막혀 있는 마른 개울로
들어갔다.

Acculé, le loup se retourna et tint bon.
궁지에 몰린 늑대는 돌아서서 그 자리에 섰다.

Le loup grognait et claquait comme un chien husky pris au
piège dans un combat.
늑대는 싸움에 갇힌 허스키 개처럼 으르렁거리고
딱딱거렸다.

Les dents du loup claquaient rapidement, son corps se hérissant d'une fureur sauvage.

늑대의 이빨이 빠르게 딱딱 부딪혔고, 늑대의 몸은 격렬한 분노로 가득 찼습니다.

Buck n'attaqua pas mais encercla le loup avec une gentillesse prudente.

벅은 공격하지 않고 조심스럽고 친근하게 늑대 주위를 돌았습니다.

Il a essayé de bloquer sa fuite par des mouvements lents et inoffensifs.

그는 느리고 무해한 움직임으로 탈출을 막으려고 했습니다.

Le loup était méfiant et effrayé : Buck le dépassait trois fois.

늑대는 경계심과 두려움을 느꼈습니다. 벅은 늑대보다 세 배나 더 무거웠습니다.

La tête du loup atteignait à peine l'épaule massive de Buck.

늑대의 머리는 벅의 거대한 어깨에 간신히 닿았습니다.

À l'affût d'une brèche, le loup s'est enfui et la poursuite a repris.

늑대는 틈을 노리고 달려갔고 추격은 다시 시작되었습니다.

Plusieurs fois, Buck l'a coincé et la danse s'est répétée.

벅은 여러 번 그를 몰아붙였고, 춤은 반복되었다.

Le loup était maigre et faible, sinon Buck n'aurait pas pu l'attraper.

늑대는 마르고 약했기 때문에 벅이 그를 잡을 수 없었을 것이다.

Chaque fois que Buck s'approchait, le loup se retournait et lui faisait face avec peur.

벅이 다가갈 때마다 늑대는 돌아서서 두려움에 휩싸여 그를 마주 보았다.

Puis, à la première occasion, il s'est précipité dans les bois une fois de plus.

그러다가 기회가 생기자마자 그는 다시 숲으로 달려갔다.

Mais Buck n'a pas abandonné et finalement le loup a fini par lui faire confiance.

하지만 벅은 포기하지 않았고, 마침내 늑대는 그를 신뢰하게 되었습니다.

Il renifla le nez de Buck, et les deux devinrent joueurs et alertes.

그는 벅의 코를 맡았고, 두 사람은 장난기 넘치고 경계심을 갖게 되었다.

Ils jouaient comme des animaux sauvages, féroces mais timides dans leur joie.

그들은 야생 동물처럼 놀았고, 기쁨 속에서는 사나우면서도 수줍어했습니다.

Au bout d'un moment, le loup s'éloigna au trot avec un calme déterminé.

얼마 후, 늑대는 차분한 마음으로 달려갔습니다.

Il a clairement montré à Buck qu'il voulait être suivi.

그는 벅에게 자신이 따라와야 한다는 것을 분명히 보여주었습니다.

Ils couraient côte à côte dans l'obscurité du crépuscule.

그들은 황혼의 어둠 속을 나란히 달렸다.

Ils suivirent le lit du ruisseau jusqu'à la gorge rocheuse.

그들은 개울바닥을 따라 바위 협곡으로 올라갔습니다.

Ils traversèrent une ligne de partage des eaux froide où le ruisseau avait pris sa source.

그들은 개울이 시작되는 차가운 분수령을 건넜습니다.

Sur la pente la plus éloignée, ils trouvèrent une vaste forêt et de nombreux ruisseaux.

저 멀리 있는 경사지에는 넓은 숲과 많은 개울이 있었습니다.

À travers ce vaste territoire, ils ont couru pendant des heures sans s'arrêter.

그들은 이 광활한 땅을 몇 시간 동안 멈추지 않고 달렸습니다.

Le soleil se leva plus haut, l'air devint chaud, mais ils continuèrent à courir.

태양은 더 높이 떠올랐고, 공기는 따뜻해졌지만 그들은
계속 달렸습니다.

**Buck était rempli de joie : il savait qu'il répondait à son appel.**

벅은 기쁨으로 가득 찼습니다. 그는 자신이 부름에
응답했다는 것을 알았습니다.

**Il courut à côté de son frère de la forêt, plus près de la source de l'appel.**

그는 숲 속의 형제 옆으로 달려가, 부름의 근원에 더
가까이 다가갔다.

**De vieux sentiments sont revenus, puissants et difficiles à ignorer.**

옛날의 감정이 돌아왔고, 그 감정은 강렬해서 무시하기
어려웠다.

**C'étaient les vérités derrière les souvenirs de ses rêves.**

이것이 그의 꿈 속 기억 속에 담긴 진실이었습니다.

**Il avait déjà fait tout cela auparavant, dans un monde lointain et obscur.**

그는 이 모든 일을 먼 어두운 세상에서 이미 행한 적이
있었습니다.

**Il recommença alors, courant librement avec le ciel ouvert au-dessus.**

그는 이번에도 똑같은 짓을 반복하며, 머리 위의 열린
하늘을 마음껏 날아다녔습니다.

**Ils s'arrêtèrent près d'un ruisseau pour boire l'eau froide qui coulait.**

그들은 차갑게 흐르는 물을 마시기 위해 개울가에
멈췄다.

**Alors qu'il buvait, Buck se souvint soudain de John Thornton.**

그는 술을 마시던 중 갑자기 존 손튼을 떠올렸다.

**Il s'assit en silence, déchiré par l'attrait de la loyauté et de l'appel.**

그는 충성심과 부름에 대한 갈등 속에서 침묵 속에
앉았습니다.

Le loup continua à trotter, mais revint pour pousser Buck à avancer.

늑대는 계속 달렸지만, 돌아와서 벅을 앞으로 재촉했습니다.

Il renifla son nez et essaya de le cajoler avec des gestes doux.

그는 코를 킁킁거리며 부드러운 몸짓으로 그를 달래려고 노력했다.

Mais Buck se retourna et reprit le chemin par lequel il était venu.

하지만 벅은 돌아서서 온 길로 돌아갔습니다.

Le loup courut à côté de lui pendant un long moment, gémissant doucement.

늑대는 오랫동안 그의 옆을 따라 달리며 조용히 낑낑거렸다.

Puis il s'assit, leva le nez et poussa un long hurlement.

그러고 나서 그는 앉아서 코를 들어올리고 길게 울부짖었다.

C'était un cri lugubre, qui s'adoucit à mesure que Buck s'éloignait.

그것은 애절한 울음소리였지만, 벅이 걸어가면서 그 울음소리는 부드러워졌습니다.

Buck écouta le son du cri s'estomper lentement dans le silence de la forêt.

벅은 울음소리가 숲의 고요함 속으로 천천히 사라지는 것을 들었다.

John Thornton était en train de dîner lorsque Buck a fait irruption dans le camp.

존 손튼이 저녁을 먹고 있을 때 벅이 캠프로 뛰어 들어왔습니다.

Buck sauta sauvagement sur lui, le léchant, le mordant et le faisant culbuter.

벅은 그에게 달려들어 핥고, 물고, 넘어뜨렸습니다.

Il l'a renversé, s'est hissé dessus et l'a embrassé sur le visage.

그는 그를 쓰러뜨리고 그 위로 기어올라가 그의 얼굴에 키스했습니다.

**Thornton appelait cela avec affection « jouer le fou du commun ».**

손튼은 이를 애정을 담아 "일반 바보 놀이"라고
불렀습니다.

**Pendant tout ce temps, il maudissait doucement Buck et le secouait d'avant en arrière.**

그러는 동안 그는 벅을 부드럽게 저주하며 앞뒤로
흔들었다.

**Pendant deux jours et deux nuits entières, Buck n'a pas quitté le camp une seule fois.**

이틀 밤낮으로 벅은 캠프를 한 번도 떠나지 않았습니다.

**Il est resté proche de Thornton et ne l'a jamais quitté des yeux.**

그는 쏜튼과 가까이 지내며 그를 시야에서 벗어나지
않게 했습니다.

**Il le suivait pendant qu'il travaillait et le regardait pendant qu'il mangeait.**

그는 그가 일하는 모습을 따라갔고, 그가 식사하는
모습을 지켜보았습니다.

**Il voyait Thornton dans ses couvertures la nuit et dehors chaque matin.**

그는 밤에는 쏜튼이 담요를 뒤집어쓰고, 아침에는 그가
담요를 뒤집어쓰고 있는 것을 보았습니다.

**Mais bientôt l'appel de la forêt revint, plus fort que jamais.**

하지만 곧 숲의 부름이 예전보다 더 크게 돌아왔습니다.

**Buck devint à nouveau agité, agité par les pensées du loup sauvage.**

벅은 야생 늑대에 대한 생각에 다시 불안해졌습니다.

**Il se souvenait de la terre ouverte et de la course côte à côte.**

그는 넓은 땅과 나란히 달리는 것을 기억했습니다.

**Il commença à errer à nouveau dans la forêt, seul et alerte.**

그는 다시 한번 혼자서 정신을 차리고 숲속으로
들어가기 시작했습니다.

**Mais le frère sauvage ne revint pas et le hurlement ne fut pas entendu.**

그러나 야생의 형제는 돌아오지 않았고, 울부짖음도
들리지 않았습니다.

Buck a commencé à dormir dehors, restant absent pendant
des jours.

벅은 밖에서 자기 시작했고, 며칠씩이나 밖에 나가지
않았습니다.

Une fois, il traversa la haute ligne de partage des eaux où le
ruisseau commençait.

그는 개울이 시작되는 높은 분수령을 건넜습니다.

Il entra dans le pays des bois sombres et des larges
ruisseaux.

그는 어두운 숲과 넓게 흐르는 개울이 있는 땅에
들어갔습니다.

Pendant une semaine, il a erré, à la recherche de signes de
son frère sauvage.

그는 일주일 동안 야생 형제의 흔적을 찾아
돌아다녔습니다.

Il tuait sa propre viande et voyageait à grands pas, sans
relâche.

그는 스스로 고기를 잡고, 지치지 않고 긴 걸음걸이로
여행을 했습니다.

Il pêchait le saumon dans une large rivière qui se jetait dans
la mer.

그는 바다로 이어지는 넓은 강에서 연어를 낚았습니다.

Là, il combattit et tua un ours noir rendu fou par les insectes.

그곳에서 그는 벌레에 미쳐버린 검은곰과 싸워서
죽였습니다.

L'ours était en train de pêcher et courait aveuglément à
travers les arbres.

곰은 낚시를 하던 중 나무 사이로 눈을 감고 달려갔다.

La bataille fut féroce, réveillant le profond esprit combatif
de Buck.

그 전투는 치열했고, 벅의 깊은 투지를 일깨웠습니다.

Deux jours plus tard, Buck est revenu et a trouvé des
carcajous près de sa proie.

이틀 후, 벅은 자신이 죽인 사냥감에 울버린이 있는 것을 발견했습니다.

**Une douzaine d'entre eux se disputaient la viande avec une fureur bruyante.**

그들 중 12명이 고기를 놓고 시끄럽고 분노하며 싸웠다.

**Buck chargea et les dispersa comme des feuilles dans le vent.**

벅은 달려들어 바람에 날리는 나뭇잎처럼 그들을 흩어버렸다.

**Deux loups restèrent derrière, silencieux, sans vie et immobiles pour toujours.**

두 마리의 늑대가 뒤에 남았습니다. 영원히 조용하고, 생명이 없고, 움직이지 않았습니다.

**La soif de sang était plus forte que jamais.**

피에 대한 갈증은 그 어느 때보다 강해졌습니다.

**Buck était un chasseur, un tueur, se nourrissant de créatures vivantes.**

벅은 사냥꾼이자 살인자였으며, 살아있는 생물을 잡아먹었습니다.

**Il a survécu seul, en s'appuyant sur sa force et ses sens aiguisés.**

그는 자신의 힘과 예리한 감각에 의지해 혼자 살아남았습니다.

**Il prospérait dans la nature, où seuls les plus résistants pouvaient vivre.**

그는 강인한 사람만이 살 수 있는 야생에서 잘 살았습니다.

**De là, une grande fierté s'éleva et remplit tout l'être de Buck.**

그러자 큰 자부심이 솟아올라 벅의 온 존재를 가득 채웠다.

**Sa fierté se reflétait dans chacun de ses pas, dans le mouvement de chacun de ses muscles.**

그의 자부심은 그의 모든 발걸음과 근육의 움직임에서 드러났습니다.

**Sa fierté était aussi claire qu'un discours, visible dans la façon dont il se comportait.**

그의 자존심은 말에서처럼 분명했고, 그가 행동하는
방식에서도 드러났다.

**Même son épais pelage semblait plus majestueux et brillait davantage.**

그의 두꺼운 털도 더욱 위엄 있어 보였고, 더욱 밝게
빛났다.

**Buck aurait pu être confondu avec un loup géant.**

벅은 거대한 목재늑대로 오해받을 수도 있었습니다.

**À l'exception du brun sur son museau et des taches au-dessus de ses yeux.**

주둥이의 갈색과 눈 위의 반점을 제외하고요.

**Et la traînée de fourrure blanche qui courait au milieu de sa poitrine.**

그리고 그의 가슴 중앙을 따라 흘러내리는 흰 털줄기.

**Il était encore plus grand que le plus grand loup de cette race féroce.**

그는 그 사나운 늑대 중에서도 가장 큰 늑대보다도 더
컸습니다.

**Son père, un Saint-Bernard, lui a donné de la taille et une ossature lourde.**

그의 아버지는 세인트 버나드 종으로, 그에게 크고
튼튼한 체구를 물려주었습니다.

**Sa mère, une bergère, a façonné cette masse en forme de loup.**

그의 어머니는 양치기였는데, 그 덩어리를 늑대
모양으로 만들었습니다.

**Il avait le long museau d'un loup, bien que plus lourd et plus large.**

그는 늑대처럼 긴 주둥이를 가지고 있었지만, 늑대보다
무겁고 넓었습니다.

**Sa tête était celle d'un loup, mais construite à une échelle massive et majestueuse.**

그의 머리는 늑대의 머리였지만, 그 규모는 엄청나고
위엄이 넘쳤습니다.

**La ruse de Buck était la ruse du loup et de la nature.**

벅의 교활함은 늑대의 교활함과 야생의 교활함이었다.

Son intelligence lui vient à la fois du berger allemand et du Saint-Bernard.

그의 지능은 저먼 셰퍼드와 세인트 버나드에게서 나왔습니다.

Tout cela, ajouté à une expérience difficile, faisait de lui une créature redoutable.

이 모든 것과 혹독한 경험 때문에 그는 무서운 존재가 되었습니다.

Il était aussi redoutable que n'importe quelle bête qui parcourait les régions sauvages du nord.

그는 북부 황야를 돌아다니는 어떤 짐승보다도 강력했습니다.

Ne se nourrissant que de viande, Buck a atteint le sommet de sa force.

오직 고기만 먹고 사는 벅은 자신의 힘의 정점에 도달했습니다.

Il débordait de puissance et de force masculine dans chaque fibre de son être.

그는 온몸에 힘과 남성적 강인함이 넘쳐흘렀습니다.

Lorsque Thornton lui caressait le dos, ses poils brillaient d'énergie.

쏜튼이 그의 등을 쓰다듬자, 그의 털에서 에너지가 솟아올랐다.

Chaque cheveu crépitait, chargé du contact du magnétisme vivant.

각각의 머리카락이 딱딱거렸고, 살아있는 자기력으로 충전된 듯했다.

Son corps et son cerveau étaient réglés sur le ton le plus fin possible.

그의 몸과 두뇌는 가능한 가장 좋은 음정으로 조정되었습니다.

Chaque nerf, chaque fibre et chaque muscle fonctionnaient en parfaite harmonie.

모든 신경, 섬유, 근육이 완벽한 조화를 이루며 작동했습니다.

À tout son ou toute vue nécessitant une action, il répondait instantanément.

행동이 필요한 소리나 광경에 그는 즉시 반응했습니다.

Si un husky sautait pour attaquer, Buck pouvait sauter deux fois plus vite.

허스키가 공격하려고 뛰어들면, 벅은 두 배나 빨리 뛰어오를 수 있었습니다.

Il a réagi plus vite que les autres ne pouvaient le voir ou l'entendre.

그는 다른 사람들이 보거나 들을 수 있는 것보다 더 빠르게 반응했습니다.

La perception, la décision et l'action se sont produites en un seul instant fluide.

인식, 결정, 행동이 모두 한 순간에 이루어졌습니다.

En vérité, ces actes étaient distincts, mais trop rapides pour être remarqués.

사실, 이 두 가지 행위는 별개였지만 너무 빨리 진행되어 알아차리지 못했습니다.

Les intervalles entre ces actes étaient si brefs qu'ils semblaient n'en faire qu'un.

이 두 행위 사이의 간격이 너무 짧아서 마치 하나가 된 것처럼 보였습니다.

Ses muscles et son être étaient comme des ressorts étroitement enroulés.

그의 근육과 존재는 단단히 꼬인 스프링과 같았습니다.

Son corps débordait de vie, sauvage et joyeux dans sa puissance.

그의 몸은 활력으로 솟구쳐 올랐고, 그 힘은 거칠고 즐거웠다.

Parfois, il avait l'impression que la force allait jaillir de lui entièrement.

때때로 그는 힘이 자신에게서 완전히 터져 나올 것 같은 느낌을 받았습니다.

« Il n'y a jamais eu un tel chien », a déclaré Thornton un jour tranquille.

"그런 개는 결코 없었어." 쏜튼은 어느 조용한 날 이렇게
말했다.

**Les partenaires regardaient Buck sortir fièrement du camp.**
두 사람은 벅이 캠프에서 당당하게 걸어나오는 모습을
지켜보았다.

**« Lorsqu'il a été créé, il a changé ce que pouvait être un chien
», a déclaré Pete.**
피트는 "그가 만들어졌을 때, 개가 될 수 있는 모습이
바뀌었어요."라고 말했습니다.

**« Par Jésus ! Je le pense moi-même », acquiesça rapidement
Hans.**
"맙소사! 나도 그렇게 생각해." 한스가 재빨리 동의했다.

**Ils l'ont vu s'éloigner, mais pas le changement qui s'est
produit après.**
그들은 그가 행진하는 모습은 보았지만, 그 후에 일어난
변화는 보지 못했습니다.

**Dès qu'il est entré dans les bois, Buck s'est complètement
transformé.**
숲에 들어서자마자 벅은 완전히 변했습니다.

**Il ne marchait plus, mais se déplaçait comme un fantôme
sauvage parmi les arbres.**
그는 더 이상 행진하지 않고, 나무 사이를 야생 유령처럼
움직였다.

**Il devint silencieux, les pieds comme un chat, une lueur
traversant les ombres.**
그는 조용해졌고, 고양이발처럼 움직이며 그림자 속으로
스쳐 지나가는 깜빡임이 되었다.

**Il utilisait la couverture avec habileté, rampant sur le ventre
comme un serpent.**
그는 능숙하게 엄폐물을 사용했고, 뱀처럼 배를
기어다녔습니다.

**Et comme un serpent, il pouvait bondir en avant et frapper
en silence.**
그리고 뱀처럼 그는 앞으로 뛰어올라 소리 없이 공격할
수 있었습니다.

Il pourrait voler un lagopède directement dans son nid caché.

그는 숨겨진 둥지에서 뇌조를 바로 훔칠 수도 있었습니다.

Il a tué des lapins endormis sans un seul bruit.

그는 잠자는 토끼들을 소리 하나 내지 않고 죽였습니다.

Il pouvait attraper des tamias en plein vol alors qu'ils fuyaient trop lentement.

그는 다람쥐들이 너무 느리게 도망가기 때문에 공중에서 그들을 잡을 수 있었습니다.

Même les poissons dans les bassins ne pouvaient échapper à ses attaques soudaines.

심지어 연못 속의 물고기조차도 그의 갑작스러운 공격을 피할 수 없었다.

Même les castors astucieux qui réparaient les barrages n'étaient pas à l'abri de lui.

댐을 고치는 똑똑한 비버조차도 그에게서 안전하지 못했습니다.

Il tuait pour se nourrir, pas pour le plaisir, mais il préférait tuer ses propres victimes.

그는 재미로가 아니라 음식을 위해 살인을 저질렀지만, 자신이 죽인 것이 가장 좋았다.

Pourtant, un humour sournois traversait certaines de ses chasses silencieuses.

그럼에도 불구하고 그의 조용한 사냥에는 교활한 유머가 흐르고 있었습니다.

Il s'est approché des écureuils, mais les a laissés s'échapper.

그는 다람쥐에게 가까이 다가갔지만 다람쥐가 도망가도록 내버려 두었습니다.

Ils allaient fuir vers les arbres, bavardant dans une rage effrayée.

그들은 두려움과 분노에 찬 소리를 지르며 나무 위로 도망갈 참이었다.

À l'arrivée de l'automne, les orignaux ont commencé à apparaître en plus grand nombre.

가을이 오면서 무스가 더 많이 나타나기 시작했습니다.

**Ils se sont déplacés lentement vers les basses vallées pour affronter l'hiver.**

그들은 겨울을 맞이하기 위해 천천히 낮은 계곡으로 이동했습니다.

**Buck avait déjà abattu un jeune veau errant.**

벅은 이미 어린 길 잃은 송아지 한 마리를 잡아왔다.

**Mais il aspirait à affronter des proies plus grandes et plus dangereuses.**

하지만 그는 더 크고 더 위험한 먹잇감에 맞서고 싶어했습니다.

**Un jour, à la ligne de partage des eaux, à la tête du ruisseau, il trouva sa chance.**

어느 날 분수령에서, 개울의 상류에서 그는 기회를 찾았습니다.

**Un troupeau de vingt orignaux avait traversé des terres boisées.**

20마리의 무스 무리가 숲에서 건너왔습니다.

**Parmi eux se trouvait un puissant taureau, le chef du groupe.**

그들 중에는 힘센 황소가 있었는데, 그는 그 무리의 리더였다.

**Le taureau mesurait plus de six pieds de haut et avait l'air féroce et sauvage.**

그 황소는 키가 6피트가 넘었고 사납고 거칠어 보였습니다.

**Il lança ses larges bois, quatorze pointes se ramifiant vers l'extérieur.**

그는 넓은 뿔을 흔들었고, 뿔의 14개가 바깥쪽으로 갈라졌습니다.

**Les extrémités de ces bois s'étendaient sur sept pieds de large.**

뿔의 끝은 너비가 7피트나 되었습니다.

**Ses petits yeux brûlaient de rage lorsqu'il aperçut Buck à proximité.**

그는 근처에 벅이 있는 것을 보고 작은 눈으로 분노를 표했다.

Il poussa un rugissement furieux, tremblant de fureur et de douleur.

그는 격노와 고통으로 떨면서 맹렬한 포효를 터뜨렸다.

Une pointe de flèche sortait près de son flanc, empennée et pointue.

그의 옆구리 근처에는 깃털이 돋아 있고 날카로운 화살촉이 튀어나와 있었다.

Cette blessure a contribué à expliquer son humeur sauvage et amère.

이 상처는 그의 사나운, 씁쓸한 기분을 설명하는 데 도움이 되었습니다.

Buck, guidé par un ancien instinct de chasseur, a fait son mouvement.

벅은 고대의 사냥 본능에 따라 움직였다.

Son objectif était de séparer le taureau du reste du troupeau.

그는 황소를 무리의 나머지 부분에서 분리하는 것을 목표로 삼았습니다.

Ce n'était pas une tâche facile : il fallait de la rapidité et une ruse féroce.

이것은 쉬운 일이 아니었습니다. 빠른 속도와 엄청난 재치가 필요했습니다.

Il aboyait et dansait près du taureau, juste hors de portée.

그는 황소 근처로 짖으며 춤을 추었지만, 황소의 사정거리 바로 바깥에 있었습니다.

L'élan s'est précipité avec d'énormes sabots et des bois mortels.

무스는 거대한 발굽과 치명적인 뿔로 달려들었다.

Un seul coup aurait pu mettre fin à la vie de Buck en un clin d'œil.

한 번의 타격만으로도 벅의 생명은 눈 깜짝할 새에 끝날 수 있었습니다.

Incapable de laisser la menace derrière lui, le taureau devint fou.

위협에서 벗어날 수 없었던 황소는 미쳐버렸다.

Il chargea avec fureur, mais Buck s'échappa toujours.

그는 격노하여 돌격했지만 벅은 언제나 도망쳤다.

**Buck simula une faiblesse, l'attirant plus loin du troupeau.**
벅은 약한 척하며 무리에서 멀어졌습니다.

**Mais les jeunes taureaux allaient charger pour protéger le leader.**
하지만 어린 황소들은 지도자를 보호하기 위해 돌격해 왔습니다.

**Ils ont forcé Buck à battre en retraite et le taureau à rejoindre le groupe.**
그들은 벅을 후퇴하게 했고 황소는 무리에 다시 합류했습니다.

**Il y a une patience dans la nature, profonde et imparable.**
자연에는 깊고 멈출 수 없는 인내심이 있습니다.

**Une araignée attend immobile dans sa toile pendant d'innombrables heures.**
거미는 수없이 많은 시간 동안 거미줄 속에서 움직이지 않고 기다린다.

**Un serpent s'enroule sans tressaillement et attend que son heure soit venue.**
뱀은 꿈틀거리지 않고 똬리를 틀며 때가 될 때까지 기다린다.

**Une panthère se tient en embuscade, jusqu'à ce que le moment arrive.**
표범은 매복 공격을 하지만, 때가 되면 매복 공격을 합니다.

**C'est la patience des prédateurs qui chassent pour survivre.**
이것이 살아남기 위해 사냥하는 포식자의 인내심입니다.

**Cette même patience brûlait à l'intérieur de Buck alors qu'il restait proche.**
벅은 가까이 머물면서 그와 같은 인내심을 불태웠다.

**Il resta près du troupeau, ralentissant sa marche et suscitant la peur.**
그는 무리 근처에 머물며 무리의 행진을 늦추고 두려움을 조장했습니다.

**Il taquinait les jeunes taureaux et harcelait les vaches mères.**
그는 어린 황소들을 놀리고, 어미 암소들을 괴롭혔다.

Il a plongé le taureau blessé dans une rage encore plus profonde et impuissante.

그는 상처 입은 황소를 더욱 깊고 무력한 분노 속으로 몰아넣었다.

Pendant une demi-journée, le combat s'est prolongé sans aucun répit.

반나절 동안 싸움은 쉬지 않고 계속되었습니다.

Buck attaquait sous tous les angles, rapide et féroce comme le vent.

벅은 모든 각도에서 바람처럼 빠르고 맹렬하게 공격했다.

Il a empêché le taureau de se reposer ou de se cacher avec son troupeau.

그는 황소가 쉬거나 무리 속에 숨는 것을 막았습니다.

Le cerf a épuisé la volonté de l'élan plus vite que son corps.

벅은 무스의 몸보다 더 빨리 무스의 의지를 꺾어버렸다.

La journée passa et le soleil se coucha bas dans le ciel du nord-ouest.

하루가 지나고 태양이 북서쪽 하늘에 낮게 졌습니다.

Les jeunes taureaux revinrent plus lentement pour aider leur chef.

어린 황소들은 지도자를 돕기 위해 더 천천히 돌아왔습니다.

Les nuits d'automne étaient revenues et l'obscurité durait désormais six heures.

가을밤이 돌아왔고, 어둠은 이제 여섯 시간 동안 지속되었습니다.

L'hiver les poussait vers des vallées plus sûres et plus chaudes.

겨울은 그들을 더 안전하고 따뜻한 계곡으로 내리막길로 몰아넣었습니다.

Mais ils ne pouvaient toujours pas échapper au chasseur qui les retenait.

하지만 그들은 여전히 그들을 붙잡고 있는 사냥꾼에게서 벗어날 수 없었습니다.

Une seule vie était en jeu : pas celle du troupeau, mais celle de leur chef.

위험에 처한 것은 단 한 명의 목숨뿐이었다. 무리의 목숨이 아니라, 그들의 지도자의 목숨이었다.

Cela rendait la menace lointaine et non leur préoccupation urgente.

그래서 그들은 위협을 멀리하는 것으로 여겼고, 그 위협을 시급한 문제로 여기지 않았습니다.

Au fil du temps, ils ont accepté ce prix et ont laissé Buck prendre le vieux taureau.

시간이 지나면서 그들은 이 비용을 받아들이고 벅이 늙은 황소를 맡게 했습니다.

Alors que le crépuscule s'installait, le vieux taureau se tenait debout, la tête baissée.

황혼이 깃들자 늙은 황소는 머리를 숙인 채 서 있었습니다.

Il regarda le troupeau qu'il avait conduit disparaître dans la lumière déclinante.

그는 자신이 이끌던 무리가 희미해지는 빛 속으로 사라지는 것을 지켜보았습니다.

Il y avait des vaches qu'il avait connues, des veaux qu'il avait autrefois engendrés.

그가 아는 소도 있었고, 한때 낳은 송아지도 있었습니다.

Il y avait des taureaux plus jeunes qu'il avait combattus et dominés au cours des saisons précédentes.

그는 지난 시즌에 더 어린 황소들과 싸워서 다스렸습니다.

Il ne pouvait pas les suivre, car Buck était à nouveau accroupi devant lui.

그는 그들을 따라갈 수 없었다. 그의 앞에는 벅이 다시 웅크리고 있었기 때문이다.

La terreur impitoyable aux crocs bloquait tous les chemins qu'il pouvait emprunter.

무자비한 송곳니를 가진 공포가 그가 갈 수 있는 모든 길을 막았습니다.

Le taureau pesait plus de trois cents livres de puissance dense.

그 황소는 300파운드 이상의 무거운 힘을 가지고 있었습니다.

Il avait vécu longtemps et s'était battu avec acharnement dans un monde de luttes.

그는 오랫동안 살았고, 투쟁의 세상에서 힘겹게 싸웠습니다.

Mais maintenant, à la fin, la mort venait d'une bête bien en dessous de lui.

하지만 이제, 마지막에 이르러 죽음은 그의 훨씬 아래에 있는 짐승에게서 왔습니다.

La tête de Buck n'atteignait même pas les énormes genoux noueux du taureau.

벅의 머리는 황소의 거대한 무릎에도 미치지 못했습니다.

À partir de ce moment, Buck resta avec le taureau nuit et jour.

그 순간부터 벅은 밤낮으로 황소와 함께 지냈습니다.

Il ne lui a jamais laissé de repos, ne lui a jamais permis de brouter ou de boire.

그는 그에게 결코 휴식을 주지 않았고, 방목하거나 물을 마시는 것도 허락하지 않았습니다.

Le taureau a essayé de manger de jeunes pousses de bouleau et des feuilles de saule.

황소는 어린 자작나무 새순과 버드나무 잎을 먹으려고 했습니다.

Mais Buck le repoussa, toujours alerte et toujours attaquant.

하지만 벅은 그를 몰아냈고, 항상 경계하며 항상 공격했습니다.

Même dans les ruisseaux qui ruisselaient, Buck bloquait toute tentative assoiffée.

심지어 졸졸 흐르는 시냇물에서도 벅은 목마른 사람들의 모든 시도를 막았습니다.

Parfois, par désespoir, le taureau s'enfuyait à toute vitesse.

때로는 절망에 빠진 황소는 전속력으로 도망치기도
했습니다.

**Buck le laissa courir, galopant calmement juste derrière,
jamais très loin.**

벅은 그가 달리도록 내버려 두었고, 그의 바로 뒤에서
침착하게 달렸으며, 결코 멀리 떨어지지 않았습니다.

**Lorsque l'élan s'arrêta, Buck s'allongea, mais resta prêt.**

무스가 멈추자 벅은 누워 있었지만 준비를 갖추고
있었습니다.

**Si le taureau essayait de manger ou de boire, Buck frappait
avec une fureur totale.**

황소가 먹거나 마시려고 하면 벅은 맹렬한 분노로
공격했습니다.

**La grosse tête du taureau s'affaissait sous ses vastes bois.**

황소의 커다란 머리는 거대한 뿔 아래로 처져
있었습니다.

**Son rythme ralentit, le trot devint lourd, une marche
trébuchante.**

그의 걸음은 느려졌고, 질주는 무거워졌다. 비틀거리는
걸음걸이였다.

**Il restait souvent immobile, les oreilles tombantes et le nez
au sol.**

그는 종종 귀를 늘어뜨리고 코를 땅에 대고 서
있었습니다.

**Pendant ces moments-là, Buck prenait le temps de boire et
de se reposer.**

그 시간 동안 벅은 술을 마시고 휴식을 취했습니다.

**La langue tirée, les yeux fixés, Buck sentait que la terre était
en train de changer.**

혀를 내밀고 눈을 고정한 채, 벅은 땅이 변하고 있음을
느꼈다.

**Il sentit quelque chose de nouveau se déplacer dans la forêt
et dans le ciel.**

그는 숲과 하늘을 가로질러 새로운 무언가가 움직이는
것을 느꼈습니다.

Avec le retour des orignaux, d'autres créatures sauvages ont fait de même.

무스가 돌아오자 다른 야생 동물들도 돌아왔습니다.

La terre semblait vivante, avec une présence invisible mais fortement connue.

그 땅은 눈에 보이지 않지만 뚜렷하게 알려진 존재감으로 살아 있는 듯했다.

Ce n'était ni par l'ouïe, ni par la vue, ni par l'odorat que Buck le savait.

벅은 소리나 시각이나 후각으로 그것을 알지 못했습니다.

Un sentiment plus profond lui disait que de nouvelles forces étaient en mouvement.

더 깊은 감각은 새로운 세력이 움직이고 있다고 그에게 말했습니다.

Une vie étrange s'agitait dans les bois et le long des ruisseaux.

숲과 개울을 따라 이상한 생명이 움직였다.

Il a décidé d'explorer cet esprit, une fois la chasse terminée.

그는 사냥이 끝난 후 이 영혼을 탐구하기로 결심했습니다.

Le quatrième jour, Buck a finalement abattu l'élan.

네 번째 날, 벅은 마침내 무스를 내려왔습니다.

Il est resté près de la proie pendant une journée et une nuit entières, se nourrissant et se reposant.

그는 하루 종일 밤새도록 사냥한 사슴 곁에 머물며 먹이를 먹고 쉬었습니다.

Il mangea, puis dormit, puis mangea à nouveau, jusqu'à ce qu'il soit fort et rassasié.

그는 먹고, 자고, 다시 먹었는데, 그렇게 몸이 튼튼하고 배부르게 되었다.

Lorsqu'il fut prêt, il retourna vers le camp et Thornton.

준비가 되자 그는 캠프와 손튼 쪽으로 돌아섰습니다.

D'un pas régulier, il commença le long voyage de retour vers la maison.

그는 꾸준한 속도로 집으로 돌아가는 긴 여정을
시작했습니다.

**Il courait d'un pas infatigable, heure après heure, sans
jamais s'égarer.**

그는 지칠 줄 모르고 몇 시간이고 달렸으며, 한 번도
길을 잃지 않았습니다.

**À travers des terres inconnues, il se déplaçait droit comme
l'aiguille d'une boussole.**

그는 알려지지 않은 땅을 나침반 바늘처럼 똑바로
나아갔다.

**Son sens de l'orientation faisait paraître l'homme et la carte
faibles en comparaison.**

그의 방향 감각은 인간과 지도를 비교하면 약해 보였다.

**Tandis que Buck courait, il sentait plus fortement l'agitation
dans la terre sauvage.**

벅은 달릴수록 황야지대에서 더 강한 움직임을 느꼈다.

**C'était un nouveau genre de vie, différent de celui des mois
calmes de l'été.**

그것은 고요한 여름철의 삶과는 다른 새로운 종류의
삶이었습니다.

**Ce sentiment n'était plus un message subtil ou distant.**

이런 느낌은 더 이상 미묘하거나 멀리서 전해지는
메시지가 아니었습니다.

**Maintenant, les oiseaux parlaient de cette vie et les écureuils
en bavardaient.**

이제 새들은 이 삶에 대해 이야기했고 다람쥐들은 이
삶에 대해 지저귀었습니다.

**Même la brise murmurait des avertissements à travers les
arbres silencieux.**

심지어 바람조차도 조용한 나무들 사이로 경고를
속삭였다.

**Il s'arrêta à plusieurs reprises et respira l'air frais du matin.**

그는 여러 번 멈춰서서 신선한 아침 공기를 맡았습니다.

**Il y lut un message qui le fit bondir plus vite en avant.**

그는 거기에서 자신을 더 빨리 앞으로 뛰게 만드는
메시지를 읽었습니다.

Un lourd sentiment de danger l'envahit, comme si quelque chose s'était mal passé.

마치 무슨 일이 잘못된 것처럼, 무거운 위험감이 그를 가득 채웠다.

Il craignait qu'une catastrophe ne se produise – ou ne soit déjà arrivée.

그는 재앙이 다가오고 있다거나 이미 다가왔다고 두려워했습니다.

Il franchit la dernière crête et entra dans la vallée en contrebas.

그는 마지막 능선을 넘어 아래 계곡으로 들어갔다.

Il se déplaçait plus lentement, alerte et prudent à chaque pas.

그는 더욱 천천히, 경계하며 조심스럽게 매 걸음을 옮겼다.

À trois milles de là, il trouva une piste fraîche qui le fit se raidir.

3마일을 나간 뒤 그는 몸을 굳게 만드는 새로운 길을 발견했습니다.

Les cheveux le long de son cou ondulaient et se hérissaient d'alarme.

그의 목덜미의 머리카락이 놀라움으로 흩날리고 곤두섰다.

Le sentier menait directement au camp où Thornton attendait.

그 길은 쏜튼이 기다리고 있던 캠프를 향해 곧장 이어졌습니다.

Buck se déplaçait désormais plus rapidement, sa foulée à la fois silencieuse et rapide.

벅은 이제 더 빨리 움직였다. 그의 걸음걸이는 조용하면서도 빨랐다.

Ses nerfs se sont resserrés lorsqu'il a lu des signes que d'autres allaient manquer.

그는 다른 사람들이 놓칠 징조를 읽으며 긴장감을 느꼈다.

Chaque détail du sentier racontait une histoire, sauf le dernier morceau.

트레일의 각 세부 사항은 이야기를 담고 있었습니다. 마지막 부분을 제외하고요.

Son nez lui parlait de la vie qui s'était déroulée ici.

그의 코는 그에게 이 길을 지나간 삶에 대해 말해주었다.

L'odeur lui donnait une image changeante alors qu'il le suivait de près.

그가 바로 뒤따르자 향기가 그에게 변화하는 그림을 선사했다.

Mais la forêt elle-même était devenue silencieuse, anormalement immobile.

하지만 숲 자체는 고요해졌습니다. 부자연스러울 정도로 고요해졌습니다.

Les oiseaux avaient disparu, les écureuils étaient cachés, silencieux et immobiles.

새들은 사라지고 다람쥐들은 숨어서 조용하고 고요했습니다.

Il n'a vu qu'un seul écureuil gris, allongé sur un arbre mort.

그는 죽은 나무 위에 납작하게 앉아 있는 회색 다람쥐 한 마리만 보았습니다.

L'écureuil se fondait dans la masse, raide et immobile comme une partie de la forêt.

다람쥐는 숲의 일부처럼 뻣뻣하고 움직이지 않고 섞여 있었습니다.

Buck se déplaçait comme une ombre, silencieux et sûr à travers les arbres.

벅은 그림자처럼 움직이며, 나무 사이로 조용하고 확실하게 움직였다.

Son nez se souleva sur le côté comme s'il était tiré par une main invisible.

그의 코는 보이지 않는 손에 잡아당겨진 듯 옆으로 움직였다.

Il se retourna et suivit la nouvelle odeur jusqu'au plus profond d'un fourré.

그는 돌아서서 새로운 향기를 따라 덤불 깊숙이
들어갔다.

**Là, il trouva Nig, étendu mort, transpercé par une flèche.**

그는 그곳에서 니그가 화살에 찔려 죽은 채로 누워 있는
것을 발견했습니다.

**La flèche traversa son corps, laissant encore apparaître ses plumes.**

화살은 그의 몸을 꿰뚫었고, 깃털은 여전히 보였다.

**Nig s'était traîné jusqu'ici, mais il était mort avant d'avoir pu obtenir de l'aide.**

니그는 그곳까지 기어갔지만 도움을 받기 전에
죽었습니다.

**Une centaine de mètres plus loin, Buck trouva un autre chien de traîneau.**

100야드 더 가서 벅은 또 다른 썰매개를 발견했습니다.

**C'était un chien que Thornton avait racheté à Dawson City.**

그 개는 쏜튼이 도슨 시티에서 사온 개였습니다.

**Le chien était en proie à une lutte à mort, se débattant violemment sur le sentier.**

그 개는 죽음의 싸움을 벌이고 있었고, 길에서 심하게
몸부림치고 있었습니다.

**Buck le contourna sans s'arrêter, les yeux fixés devant lui.**

벅은 멈추지 않고 그의 주위를 돌아다녔고, 시선은 앞을
응시했다.

**Du côté du camp venait un chant lointain et rythmé.**

캠프 방향에서 멀리서 리드미컬한 노래가 들려왔다.

**Les voix s'élevaient et retombaient sur un ton étrange, inquiétant et chantant.**

목소리가 이상하고, 섬뜩하고, 노래하듯이
오르락내리락했다.

**Buck rampa jusqu'au bord de la clairière en silence.**

벅은 아무 말 없이 개간지 가장자리로 기어갔다.

**Là, il vit Hans étendu face contre terre, percé de nombreuses flèches.**

그는 한스가 얼굴을 아래로 하고 누워 있는 것을
보았는데, 그의 몸에는 수많은 화살이 박혀 있었다.

**Son corps ressemblait à celui d'un porc-épic, hérissé de plumes.**

그의 몸은 깃털이 난 털이 빽빽이 난 고슴도치처럼 생겼습니다.

**Au même moment, Buck regarda vers le pavillon en ruine.**

동시에 벅은 파괴된 롯지를 바라보았다.

**Cette vue lui fit dresser les cheveux sur la nuque et les épaules.**

그 광경을 보자 그의 목과 어깨에는 소름이 돋았다.

**Une tempête de rage sauvage parcourut tout le corps de Buck.**

격렬한 분노의 폭풍이 벅의 온 몸을 휩쓸었다.

**Il grogna à haute voix, même s'il ne savait pas qu'il l'avait fait.**

그는 자신이 그렇게 했다는 것을 알지 못한 채 큰 소리로 으르렁거렸다.

**Le son était brut, rempli d'une fureur terrifiante et sauvage.**

그 소리는 날카로웠고, 무섭고 야만적인 분노로 가득 차 있었습니다.

**Pour la dernière fois de sa vie, Buck a perdu la raison au profit de l'émotion.**

벅은 인생에서 마지막으로 이성을 잃고 감정을 잃었습니다.

**C'est l'amour pour John Thornton qui a brisé son contrôle minutieux.**

존 손튼에 대한 사랑으로 인해 그의 신중한 통제가 깨졌습니다.

**Les Yeehats dansaient autour de la hutte en épicéa détruite.**

예하트 가족은 파괴된 가문비나무 오두막 주위에서 춤을 추고 있었습니다.

**Puis un rugissement retentit et une bête inconnue chargea vers eux.**

그러자 포효하는 소리가 들렸고, 알 수 없는 짐승이 그들을 향해 달려들었습니다.

**C'était Buck ; une fureur en mouvement ; une tempête vivante de vengeance.**

그것은 벅이었다. 움직이는 분노, 복수의 살아있는 폭풍이었다.

Il se jeta au milieu d'eux, fou du besoin de tuer.

그는 살인의 욕구에 미쳐 그들 한가운데로 달려들었다.

Il sauta sur le premier homme, le chef Yeehat, et frappa juste.

그는 첫 번째 남자, 예하트 족장에게 달려들어 정확히 공격했습니다.

Sa gorge fut déchirée et du sang jaillit à flots.

그의 목이 찢어지고 피가 물줄기로 뿜어져 나왔다.

Buck ne s'arrêta pas, mais déchira la gorge de l'homme suivant d'un seul bond.

벅은 멈추지 않고 단번에 다음 남자의 목을 찢어버렸습니다.

Il était inarrêtable : il déchirait, taillait, ne s'arrêtait jamais pour se reposer.

그는 멈출 수 없었습니다.찢고, 베고, 쉬는 틈도 없이 계속했습니다.

Il s'élança et bondit si vite que leurs flèches ne purent l'atteindre.

그는 너무 빨리 달려가서 화살이 그를 맞힐 수 없었습니다.

Les Yeehats étaient pris dans leur propre panique et confusion.

예하트 가족은 그들만의 공황과 혼란에 빠졌습니다.

Leurs flèches manquèrent Buck et se frappèrent l'une l'autre à la place.

그들의 화살은 벅을 빗나가고 대신 서로를 맞혔습니다.

Un jeune homme a lancé une lance sur Buck et a touché un autre homme.

한 청년이 벅에게 창을 던져 다른 남자를 맞혔습니다.

La lance lui transperça la poitrine, la pointe lui transperçant le dos.

창은 그의 가슴을 꿰뚫었고, 창끝은 그의 등을 찔렀다.

La terreur s'empara des Yeehats et ils se mirent en retraite.

예하트족은 공포에 휩싸여 전속력으로 퇴각했다.

Ils crièrent à l'Esprit Maléfique et s'enfuirent dans les ombres de la forêt.

그들은 악령을 비명을 지르며 숲의 그림자 속으로 도망쳤습니다.

Vraiment, Buck était comme un démon alors qu'il poursuivait les Yeehats.

정말로 벅은 예하츠를 쫓아가는 동안 악마와 같았습니다.

Il les poursuivit à travers la forêt, les faisant tomber comme des cerfs.

그는 숲을 뚫고 그들을 쫓아갔고, 그들을 사슴처럼 쓰러뜨렸습니다.

Ce fut un jour de destin et de terreur pour les Yeehats effrayés.

두려움에 떨던 예하트족에게는 그날이 운명과 공포의 날이 되었다.

Ils se dispersèrent à travers le pays, fuyant au loin dans toutes les directions.

그들은 땅 곳곳에 흩어져서 모든 방향으로 멀리 도망쳤습니다.

Une semaine entière s'est écoulée avant que les derniers survivants ne se retrouvent dans une vallée.

마지막 생존자들이 계곡에 모이기까지 꼬박 일주일이 걸렸습니다.

Ce n'est qu'alors qu'ils ont compté leurs pertes et parlé de ce qui s'était passé.

그제서야 그들은 손실을 계산하고 무슨 일이 일어났는지 이야기합니다.

Buck, après s'être lassé de la chasse, retourna au camp en ruine.

벅은 추격에 지친 후 폐허가 된 캠프로 돌아갔다.

Il a trouvé Pete, toujours dans ses couvertures, tué lors de la première attaque.

그는 첫 번째 공격에서 사망한 피트가 담요를 두른 채 있는 것을 발견했습니다.

**Les signes du dernier combat de Thornton étaient marqués dans la terre à proximité.**

근처 흙에는 쏜튼의 마지막 투쟁의 흔적이 남아 있었습니다.

**Buck a suivi chaque trace, reniflant chaque marque jusqu'à un point final.**

벅은 모든 흔적을 따라가며 각각의 흔적을 마지막 지점까지 냄새 맡았다.

**Au bord d'un bassin profond, il trouva le fidèle Skeet, allongé immobile.**

그는 깊은 웅덩이의 가장자리에서 충실한 스키트가 움직이지 않고 누워 있는 것을 발견했습니다.

**La tête et les pattes avant de Skeet étaient dans l'eau, immobiles dans la mort.**

스키트의 머리와 앞발은 물속에 잠겨 있었고, 죽은 듯 움직이지 않았습니다.

**La piscine était boueuse et contaminée par les eaux de ruissellement provenant des écluses.**

수영장은 진흙투성이였고 수문 상자에서 흘러나온 물로 더러워져 있었습니다.

**Sa surface nuageuse cachait ce qui se trouvait en dessous, mais Buck connaissait la vérité.**

구름이 낀 표면은 그 아래에 무엇이 있는지 숨기고 있었지만, 벅은 진실을 알고 있었습니다.

**Il a suivi l'odeur de Thornton dans la piscine, mais l'odeur ne menait nulle part ailleurs.**

그는 쏜튼의 냄새를 수영장까지 따라갔다. 하지만 그 냄새는 다른 곳으로 이어지지 않았다.

**Aucune odeur ne menait à l'extérieur, seulement le silence des eaux profondes.**

밖으로는 아무런 향기도 나지 않았다. 오직 깊은 물의 고요함만이 느껴졌다.

**Toute la journée, Buck resta près de la piscine, arpentant le camp avec chagrin.**

벅은 하루종일 수영장 근처에 머물며 슬픔에 잠겨 캠프 안을 왔다 갔다 했습니다.

Il errait sans cesse ou restait assis, immobile, perdu dans ses pensées.

그는 불안하게 방황하거나, 고요히 앉아 깊은 생각에 잠겼습니다.

Il connaissait la mort, la fin de la vie, la disparition de tout mouvement.

그는 죽음을 알았습니다. 삶의 끝, 모든 움직임의 소멸을 알았습니다.

Il comprit que John Thornton était parti et ne reviendrait jamais.

그는 존 손튼이 떠났고 다시는 돌아오지 않을 것이라는 걸 알았습니다.

La perte a laissé en lui un vide qui palpitait comme la faim.

그 상실은 그에게 굶주림처럼 뛰는 공허한 공간을 남겼습니다.

Mais c'était une faim que la nourriture ne pouvait apaiser, peu importe la quantité qu'il mangeait.

하지만 아무리 많이 먹어도 배고픔은 해소되지 않았습니다.

Parfois, alors qu'il regardait les Yeehats morts, la douleur s'estompait.

때때로 그는 죽은 예하트들을 바라보면서 고통이 사라졌습니다.

Et puis une étrange fierté monta en lui, féroce et complète.

그러자 그의 안에서 이상하고도 강렬한 자부심이 솟아올랐습니다.

Il avait tué l'homme, le gibier le plus élevé et le plus dangereux de tous.

그는 인간을 죽였습니다. 인간이란 모든 게임 중에서도 가장 고귀하고 위험한 게임입니다.

Il avait tué au mépris de l'ancienne loi du gourdin et des crocs.

그는 몽둥이와 송곳니라는 고대의 법을 어기고 살인을 저질렀습니다.

Buck renifla leurs corps sans vie, curieux et pensif.

벅은 호기심과 생각에 잠겨 그들의 생명 없는 몸을 냄새 맡았다.

Ils étaient morts si facilement, bien plus facilement qu'un husky dans un combat.

그들은 너무 쉽게 죽었어요. 싸움 속의 허스키보다 훨씬 쉽게요.

Sans leurs armes, ils n'avaient aucune véritable force ni menace.

무기가 없다면 그들에게는 진정한 힘도 위협도 없습니다.

Buck n'aurait plus jamais peur d'eux, à moins qu'ils ne soient armés.

벅은 그들이 무장하지 않는 한 다시는 그들을 두려워하지 않을 것이다.

Ce n'est que lorsqu'ils portaient des gourdins, des lances ou des flèches qu'il se méfiait.

오직 그들이 곤봉이나 창, 화살을 휴대하고 있을 때만 조심했다.


La nuit tomba et une pleine lune se leva au-dessus de la cime des arbres.

밤이 되었고, 나무 꼭대기 위로 보름달이 높이 떠올랐습니다.

La pâle lumière de la lune baignait la terre d'une douce lueur fantomatique, comme le jour.

달빛의 희미한 빛이 땅을 낮처럼 부드럽고 희미한 빛으로 물들였다.

Alors que la nuit s'approfondissait, Buck pleurait toujours au bord de la piscine silencieuse.

밤이 깊어갈수록, 벅은 여전히 조용한 웅덩이 옆에서 애도하고 있었습니다.

Puis il prit conscience d'un autre mouvement dans la forêt.

그때 그는 숲 속에서 다른 움직임이 일어나는 것을 느꼈습니다.

L'agitation ne venait pas des Yeehats, mais de quelque chose de plus ancien et de plus profond.

그 감동은 예하츠 에서 나온 것이 아니라, 더 오래되고 더 깊은 곳에서 나온 것이었습니다.

**Il se leva, les oreilles dressées, le nez testant la brise avec précaution.**

그는 일어서서 귀를 치켜들고, 코를 대고 조심스럽게 바람을 살펴보았다.

**De loin, un cri faible et aigu perça le silence.**

멀리서 조용함을 깨고 희미하고 날카로운 비명소리가 들려왔다.

**Puis un chœur de cris similaires suivit de près le premier.**

그러자 첫 번째 소리 바로 뒤에 비슷한 함성의 합창이 이어졌습니다.

**Le bruit se rapprochait, devenant plus fort à chaque instant qui passait.**

소리는 점점 가까워졌고, 지날수록 소리는 점점 더 커졌습니다.

**Buck connaissait ce cri : il venait de cet autre monde dans sa mémoire.**

벅은 이 외침을 알고 있었다. 그것은 그의 기억 속 다른 세계에서 들려오는 소리였다.

**Il se dirigea vers le centre de l'espace ouvert et écouta attentivement.**

그는 열린 공간의 중앙으로 걸어가서 귀를 기울여 들었습니다.

**L'appel retentit, multiple et plus puissant que jamais.**

그 부름은 많은 이의 주목을 끌었고 그 어느 때보다 더 강력했습니다.

**Et maintenant, plus que jamais, Buck était prêt à répondre à son appel.**

그리고 지금, 그 어느 때보다도 벅은 자신의 소명에 응답할 준비가 되었습니다.

**John Thornton était mort et il ne lui restait plus aucun lien avec l'homme.**

존 손튼은 죽었고, 그에게는 인간과의 유대감이 더 이상 남아 있지 않았습니다.

**L'homme et toutes ses prétentions avaient disparu : il était enfin libre.**

인간과 인간에 대한 모든 주장은 사라졌습니다. 마침내 그는 자유로워졌습니다.

**La meute de loups chassait de la viande comme les Yeehats l'avaient fait autrefois.**

늑대 무리는 예하트족이 그랬던 것처럼 고기를 쫓고 있었습니다.

**Ils avaient suivi les orignaux depuis les terres boisées.**

그들은 숲이 우거진 땅에서 무스를 따라 내려왔습니다.

**Maintenant, sauvages et affamés de proies, ils traversèrent sa vallée.**

이제 그들은 야성적이고 먹이를 갈망하며 그의 계곡으로 들어갔습니다.

**Ils arrivèrent dans la clairière éclairée par la lune, coulant comme de l'eau argentée.**

그들은 달빛이 비치는 개간지로 은빛 물처럼 흘러 들어왔습니다.

**Buck se tenait immobile au centre, les attendant.**

벅은 중앙에 서서 움직이지 않고 그들을 기다렸다.

**Sa présence calme et imposante a stupéfié la meute et l'a plongée dans un bref silence.**

그의 차분하고 큰 존재감에 무리는 잠시 침묵에 잠겼다.

**Alors le loup le plus audacieux sauta droit sur lui sans hésitation.**

그러자 가장 대담한 늑대가 주저하지 않고 그에게 달려들었다.

**Buck frappa vite et brisa le cou du loup d'un seul coup.**

벅은 재빠르게 공격해 단 한 번의 타격으로 늑대의 목을 부러뜨렸다.

**Il resta immobile à nouveau tandis que le loup mourant se tordait derrière lui.**

죽어가는 늑대가 그의 뒤로 몸을 비틀자 그는 다시 움직이지 않고 서 있었다.

**Trois autres loups ont attaqué rapidement, l'un après l'autre.**

세 마리의 늑대가 잇따라 재빨리 공격해 왔습니다.

Chacun d'eux s'est retiré en sang, la gorge ou les épaules tranchées.

그들은 모두 피를 흘리며 물러섰고, 목이나 어깨가 베였다.

Cela a suffi à déclencher une charge sauvage de toute la meute.

그것은 무리 전체를 흥분하게 만들기에 충분했습니다.

Ils se précipitèrent ensemble, trop impatients et trop nombreux pour bien frapper.

그들은 너무 열의에 차서 몰려들었고, 군중이 너무 많아서 제대로 공격할 수가 없었다.

La vitesse et l'habileté de Buck lui ont permis de rester en tête de l'attaque.

벅의 빠른 속도와 기술 덕분에 그는 공격보다 앞서 나갈 수 있었습니다.

Il tournait sur ses pattes arrière, claquant et frappant dans toutes les directions.

그는 뒷다리를 돌리며 사방으로 몸을 휘두르며 공격했습니다.

Pour les loups, cela donnait l'impression que sa défense ne s'était jamais ouverte ou n'avait jamais faibli.

늑대들에게는 그의 수비가 전혀 열리지 않거나 흔들리지 않는 것처럼 보였습니다.

Il s'est retourné et a frappé si vite qu'ils ne pouvaient pas passer derrière lui.

그는 돌아서서 너무 빨리 베어서 그들이 그의 뒤로 돌아올 수 없게 했습니다.

Néanmoins, leur nombre l'obligea à céder du terrain et à reculer.

그럼에도 불구하고, 그들의 수 때문에 그는 물러서야 했고 후퇴해야 했습니다.

Il passa devant la piscine et descendit dans le lit rocheux du ruisseau.

그는 수영장을 지나 바위투성이의 개울바닥으로 내려갔습니다.

Là, il se heurta à un talus abrupt de gravier et de terre.

그는 그곳에서 자갈과 흙으로 이루어진 가파른 언덕에 다다랐습니다.

Il s'est retrouvé coincé dans un coin coupé lors des fouilles des mineurs.

그는 광부들이 옛날에 땅을 파던 중에 생긴 모서리에 다가갔다.

Désormais protégé sur trois côtés, Buck ne faisait face qu'au loup de devant.

이제 세 면이 보호받게 된 벅은 앞쪽 늑대만을 마주하게 되었다.

Là, il se tenait à distance, prêt pour la prochaine vague d'assaut.

그는 그곳에서 다음 공격에 대비해 궁지에 몰렸습니다.

Buck a tenu bon si farouchement que les loups ont reculé.

벅은 늑대들이 물러설 정도로 사납게 자리를 지켰습니다.

Au bout d'une demi-heure, ils étaient épuisés et visiblement vaincus.

30분 후, 그들은 지쳐 있었고 눈에 띄게 패배했습니다.

Leurs langues pendaient, leurs crocs blancs brillaient au clair de lune.

그들의 혀가 늘어져 있었고, 하얀 송곳니가 달빛에 반짝였다.

Certains loups se sont couchés, la tête levée, les oreilles dressées vers Buck.

늑대 몇 마리가 머리를 들고 벅 쪽으로 귀를 쫑긋 세운 채 누워 있었습니다.

D'autres restaient immobiles, vigilants et observant chacun de ses mouvements.

다른 사람들은 움직이지 않고 경계하며 그의 모든 움직임을 지켜보았습니다.

Quelques-uns se sont dirigés vers la piscine et ont bu de l'eau froide.

몇몇은 수영장으로 가서 차가운 물을 마셨습니다.

Puis un loup gris, long et maigre, s'avança doucement.

그러자 길고 마른 회색 늑대 한 마리가 부드럽게 앞으로 기어나왔다.

**Buck le reconnut : c'était le frère sauvage de tout à l'heure.**
벅은 그를 알아보았다. 아까 봤던 그 야생형제였다.

**Le loup gris gémit doucement, et Buck répondit par un gémissement.**
회색 늑대가 부드럽게 징징거리자, 벅은 징징거리며 대답했다.

**Ils se touchèrent le nez, tranquillement et sans menace ni peur.**
그들은 조용히, 위협이나 두려움 없이 코를 만졌습니다.

**Ensuite est arrivé un loup plus âgé, maigre et marqué par de nombreuses batailles.**
그 다음은 나이 많은 늑대 한 마리였는데, 수많은 전투로 인해 수척하고 흉터가 있었다.

**Buck commença à grogner, mais s'arrêta et renifla le nez du vieux loup.**
벅은 으르렁거리기 시작했지만, 잠시 멈추고 늙은 늑대의 코를 맡았습니다.

**Le vieux s'assit, leva le nez et hurla à la lune.**
그 노인은 앉아서 코를 치켜들고 달을 향해 울부짖었다.

**Le reste de la meute s'assit et se joignit au long hurlement.**
나머지 무리도 앉아서 긴 울부짖음에 동참했습니다.

**Et maintenant, l'appel est venu à Buck, indubitable et fort.**
그리고 이제 벅에게 분명하고 강력한 부름이 왔습니다.

**Il s'assit, leva la tête et hurla avec les autres.**
그는 앉아서 머리를 들고 다른 사람들과 함께 울부짖었다.

**Lorsque les hurlements ont cessé, Buck est sorti de son abri rocheux.**
울부짖음이 끝나자 벅은 바위로 된 은신처에서 나왔다.

**La meute se referma autour de lui, reniflant à la fois gentiment et avec prudence.**
무리가 그의 주위로 모여들어 친절하면서도 조심스럽게 냄새를 맡았다.

**Les chefs ont alors poussé un cri et se sont précipités dans la forêt.**

그러자 지도자들은 비명을 지르며 숲으로 달려갔다.

**Les autres loups suivirent, hurlant en chœur, sauvages et rapides dans la nuit.**

다른 늑대들도 뒤따라서 밤에 사납고 빠르게 울부짖으며 합창했다.

**Buck courait avec eux, à côté de son frère sauvage, hurlant en courant.**

벅은 거친 형 옆에서 그들과 함께 울부짖으며 달렸다.

**Ici, l'histoire de Buck fait bien de se terminer.**

여기서 벅의 이야기는 마무리되는 게 좋을 듯합니다.

**Dans les années qui suivirent, les Yeehats remarquèrent d'étranges loups.**

그 후 몇 년 동안, 예하트 부부는 이상한 늑대들을 발견했습니다.

**Certains avaient du brun sur la tête et le museau, du blanc sur la poitrine.**

어떤 종은 머리와 주둥이는 갈색이고 가슴은 흰색이었습니다.

**Mais plus encore, ils craignaient une silhouette fantomatique parmi les loups.**

하지만 그보다 더 두려웠던 것은 늑대들 사이에 유령 같은 존재가 있다는 것이었습니다.

**Ils parlaient à voix basse du Chien Fantôme, chef de la meute.**

그들은 무리의 우두머리인 유령개에 대해 속삭이듯 이야기를 나누었습니다.

**Ce chien fantôme était plus rusé que le plus audacieux des chasseurs Yeehat.**

이 유령 개는 가장 대담한 예하트 사냥꾼보다 더 교활했습니다.

**Le chien fantôme a volé dans les camps en plein hiver et a déchiré leurs pièges.**

유령 개는 한겨울에 캠프에서 훔쳐와서 함정을
찢어버렸습니다.

**Le chien fantôme a tué leurs chiens et a échappé à leurs
flèches sans laisser de trace.**

유령 개는 그들의 개를 죽이고 흔적도 없이 화살을 피해
도망쳤습니다.

**Même leurs guerriers les plus courageux craignaient
d'affronter cet esprit sauvage.**

가장 용감한 전사들조차도 이 거친 영혼에 맞서는 것을
두려워했습니다.

**Non, l'histoire devient encore plus sombre à mesure que les
années passent dans la nature.**

아니, 세월이 흐르면서 이야기는 더욱 어두워진다.

**Certains chasseurs disparaissent et ne reviennent jamais
dans leurs camps éloignés.**

일부 사냥꾼은 사라져서 다시는 먼 캠프로 돌아오지
않습니다.

**D'autres sont retrouvés la gorge arrachée, tués dans la neige.**

어떤 동물들은 목이 찢어진 채 눈 속에서 죽은 채로
발견됩니다.

**Autour de leur corps se trouvent des traces plus grandes que
celles que n'importe quel loup pourrait laisser.**

그들의 몸 주위에는 늑대가 만들 수 있는 것보다 더 큰
발자국이 있습니다.

**Chaque automne, les Yeehats suivent la piste de l'élan.**

매년 가을이면 예하트들은 무스의 흔적을 따라간다.

**Mais ils évitent une vallée avec la peur profondément gravée
dans leur cœur.**

하지만 그들은 두려움을 가슴 깊이 새긴 채 계곡 하나를
피합니다.

**Ils disent que la vallée a été choisie par l'Esprit du Mal pour
y vivre.**

그들은 이 계곡을 악령이 자신의 집으로 선택했다고
말합니다.

**Et quand l'histoire est racontée, certaines femmes pleurent
près du feu.**

그리고 그 이야기가 전해졌을 때, 몇몇 여자들은 불 옆에서 울었습니다.

**Mais en été, un visiteur vient dans cette vallée tranquille et sacrée.**

하지만 여름이면 그 조용하고 신성한 계곡을 찾는 방문객이 한 명 있습니다.

**Les Yeehats ne le connaissent pas et ne peuvent pas le comprendre.**

예하트족은 그를 알지도 못하고, 이해할 수도 없었다.

**Le loup est un grand loup, revêtu de gloire, comme aucun autre de son espèce.**

늑대는 다른 어떤 늑대와도 비교할 수 없을 만큼 위대한 존재로, 영광으로 뒤덮여 있습니다.

**Lui seul traverse le bois vert et entre dans la clairière de la forêt.**

그는 혼자서 푸른 숲을 건너 숲 사이의 빈터로 들어간다.

**Là, la poussière dorée des sacs en peau d'élan s'infiltre dans le sol.**

그곳에서는 무스 가죽 자루에서 나온 황금빛 먼지가 땅으로 스며든다.

**L'herbe et les vieilles feuilles ont caché le jaune du soleil.**

풀과 오래된 잎사귀가 햇빛으로부터 노란색을 가렸습니다.

**Ici, le loup se tient en silence, réfléchissant et se souvenant.**

여기 늑대는 침묵 속에 서서 생각하며 기억하고 있습니다.

**Il hurle une fois, longuement et tristement, avant de se retourner pour partir.**

그는 돌아서서 떠나기 전에 길고 슬픈 울부짖음을 한 번 울부짖는다.

**Mais il n'est pas toujours seul au pays du froid et de la neige.**

하지만 그는 추위와 눈의 땅에서 항상 혼자 있는 것은 아닙니다.

**Quand les longues nuits d'hiver descendent sur les basses vallées.**

긴 겨울밤이 계곡 아래쪽에 내려올 때.

**Quand les loups suivent le gibier à travers le clair de lune et le gel.**

늑대들이 달빛과 서리 속에서 사냥감을 쫓을 때.

**Puis il court en tête du peloton, sautant haut et sauvagement.**

그러고 나서 그는 무리의 선두로 달려가 높이, 사납게 뛰어오른다.

**Sa silhouette domine les autres, sa gorge est animée par le chant.**

그의 모습은 다른 이들보다 훨씬 크고, 그의 목구멍은 노래로 가득 차 있습니다.

**C'est le chant du monde plus jeune, la voix de la meute.**

그것은 젊은 세계의 노래이며, 무리의 목소리입니다.

**Il chante en courant, fort, libre et toujours sauvage.**

그는 달리면서 노래를 부릅니다. 강하고, 자유롭고, 언제나 거칠죠.